韩愈传

王 路 著

人民交通出版社股份有限公司
北京

图书在版编目(CIP)数据

韩愈传 / 王路著. —北京：人民交通出版社股份有限公司，2021.5
ISBN 978-7-114-16608-2

Ⅰ.①韩… Ⅱ.①王… Ⅲ.①韩愈（768—824）—传记 Ⅳ.①K825.6

中国版本图书馆CIP数据核字(2020)第093912号

Hanyu Zhuan
书　　名：韩愈传
著 作 者：王　路
监　　制：邵　江
策　　划：李梦霁
责任编辑：李梦霁
特约编辑：刘楚馨　陈力维　苗　苗
营　　销：吴　迪　赵闻恺
责任校对：孙国靖　魏佳宁
责任印制：张　凯
出　　版：人民交通出版社股份有限公司
地　　址：（100011）北京市朝阳区安定门外外馆斜街3号
网　　址：http://www.ccpcl.com.cn
销售电话：（010）59636983
总 经 销：北京有容书邦文化传媒有限公司
经　　销：各地新华书店
印　　刷：中国电影出版社印刷厂
开　　本：880×1230　1/32
印　　张：12.5
字　　数：280千
版　　次：2021年5月　第1版
印　　次：2021年5月　第1次印刷
书　　号：ISBN 978-7-114-16608-2
定　　价：68.80元

（有印刷、装订质量问题的图书由本公司负责调换）

序言

杜甫和韩愈,曾经同时活在这世界上。杜甫活着的时候,不知道世间有韩愈。韩愈活着的时候,也不知道世间将会有欧阳修、王安石、苏轼。欧阳修、王安石、苏轼,也不知道世间会有朱熹。朱熹不知道世间会有朱彝尊、方世举。

可是,他们离得很近。每一个后来者,都对前面的人太熟悉了。他们就像联榻促膝,娓娓夜谈。

那是个神秘的世界。

孟郊、张署、张籍、侯喜,都曾和韩愈联榻夜谈。

长庆四年(824),八月十八之夜,韩愈、张籍、王建对着泠泠风露,坐了一夜。晤谈得少,默坐得多。

默坐,是他们的言语。

那也是个神秘的世界。

今天的人,不太容易进入这些神秘世界了。

一旦进入,你会发现,自己也坐在榻边,与他们促膝并肩。

他们是暗夜的星,他们是世间的灯。

亘古窈冥的长河里,那榻永在。

目录

1. 文蔑曹谢 — 1
2. 汴泗交流 — 16
3. 天下无马 — 29
4. 文起八代 — 46
5. 人间事势 — 62
6. 歌于逵道 — 76
7. 我负神明 — 92
8. 鸟语夷面 — 108
9. 庸夫丁夭 — 127
10. 首下尻高 — 145
11. 玲珑晚澌 — 163

12. 当时勋者 184
13. 露泫秋树 205
14. 西极骧首 230
15. 艳姬青眸 246
16. 剑戟秋明 265
17. 云横秦岭 281
18. 潮人识孟 296
19. 子实命我 316
20. 归期春尽 335
21. 绝胜烟柳 353

附录 383

参考文献 390

1. 文葸曹谢

汴水泛着月影，流在闃寂的夜里。

宣武军中，三十一岁的观察推官韩愈正给冯宿回信。

"承蒙老兄不弃，寄来大作，很有意思。"

惜墨如金的一句开场白后，笔锋陡转：

"只要肯努力，写到古人的地步也不难。问题是，写得像古人，今天的人就喜欢吗？我写文章年头也不短了，每每写出自己觉得好的文章，人家必然说烂。小称自己心意，人家就有点奇怪；大称自己心意，人家就非常奇怪。有时候写点流俗的应酬文字，下笔时真是惭愧。等写完拿给人看，人家肯定说：写得可真好！自己小惭愧，人家觉得小好；大惭愧，人家觉得大好。学古文今天还有用吗？

"当年扬雄写《太玄经》，人家都笑话。扬雄说，这个时代不了解我，没有关系，后世还会再出一个扬雄，他会喜欢的。扬雄死了快一千年了吧，居然没有再出个扬雄。唉！

当时的桓谭，认为扬雄的书比《老子》好，老子算什么，扬雄难道还跟他争抢？真是不了解扬雄呀！扬雄的弟子侯芭，认为扬雄的文章比《周易》强，但也没见过侯芭别的文章，不知水平怎么样。看来，作者真是不能期待别人的理解呀。哪怕要等到百世以后圣人才出现，他也不会有困惑；哪怕把文章拿到鬼神面前，他也不会有怀疑！"

韩愈十九岁到京师，二十岁开始考进士，连考三次都没考中。第三次失败后，韩愈回了一趟家。三年后再考，终于考上了。

考了四次才中，并不是韩愈的文章有什么问题。那时候想中进士，"走关系"是相当重要的环节。唐朝的科举，试卷不密封，谁写了什么文章，大家都知道。而且，中进士并不完全根据考场上的发挥，往往还要参照平时的文章。因此，考生会经常往考官和有权势的人那里跑，投递文章。有时候，甚至在考试前，要录取谁已经基本定下了，考试只是走个形式。

但也不是说韩愈的文章什么问题都没有。韩愈和别人的文章还是相当不一样的。"我到京师，见谁中了进士，人家就高看一眼。我当然感兴趣，就向人家请教，他们就把礼部考试的赋、试、策拿出来给我看。我一看，都是些什么东西呀，不用学就会。"

韩愈写自己喜欢的，却不被认可。

好在二十五岁的韩愈，总算中了进士。但是，中了进士，也不是立刻就有官当。严格地说，这时叫"进士出身"，只是具备了当官的资格，真要当官，还需要再参加一次吏部考试。吏部考试分"身、言、书、判"四个方面。"书"和"判"先考，就是书法和文辞，然后考察"身"和"言"。"身"，就是外表，按照《新唐书》的说法，要"体貌丰伟"；"言"，就是说话，如果结巴，或者前言不搭后语，也会被刷下来。有人取得了"进士出身"，过了二十年还没通过吏部考试。

韩愈参加吏部考试之前，先去看考上的人写的文章，一看，又是礼部那一套。

第一次考吏部博学宏词科，韩愈本来过了，又被中书省刷了下来。过了一年又考，压根儿没过。韩愈很生气，把从前通过的文章翻出来，一看很脸红，觉得像戏台上俳优说的话！好几个月之后，一想到这些文章还是会不舒服。

就这样，又过了三年。

待在京城是很花钱的。且不说长安的米价很贵，居住并不容易。除了吃住，还有很多往来应酬。文人之间，如果不能在圈子里混出名声，想中进士做官非常难。因此，文人都希望多结交朋友，尤其是结交大佬。结交的人影响力不够，也不行。白居易刚到长安时，只有十六岁，当时就谒见了顾况。顾况读到"野火烧不尽，春风吹又生"，立刻对白居易充满欣赏。但顾况影响力不够，已经六十多岁了，他对白居易的宣传没起到实质性作用。十一年后，白居易才中进士。

结识名士，在今天看，好像有点"巴结"的意思。但唐朝人不叫巴结，他们都是读书人，用他们的话说，叫"求知己"。

也有一定道理。"巴结"是要看"资源"和"回馈"的。而"求知己"，重要的首先是"三观"、才学和文章。"三观"不容易一下子看清，才学也要通过文章彰显，"求知己"中发挥重要作用的还是文章。当然，诗也算。李白刚到长安时，拿出一篇《蜀道难》给贺知章看。贺知章惊为天人，李白一下就出名了。

不过，文章的优劣高下，没有统一的标准。尤其是时代的风潮，会严重影响时人对文章的判断。韩愈没法让自己的文章向流行看齐。而在结交大佬方面，他的优势更谈不上——一方面，他个性太强；另一方面，他很穷。

二十八岁是血气最盛的年纪，韩愈又在京城混得落魄，穷得叮当响。吏部考试屡次失败,让他觉得受尽羞辱。这时,他收到崔立之一封信,说他就像进献和氏璧的人,只是目前玉还藏在石头里,别人看不出来,需要匠人的雕琢和打磨。崔立之劝他最好沉潜下来,不要太躁,不要再跑到有本事的人门前找羞辱。

韩愈可不吃他这一套,回信说:

"我见到危险也不能停,行事不合潮流,颠簸困顿,狼狈不堪,连平素的操守也失去了,身陷困境也没学会变通,以至再三被羞辱。君子、小人都怜悯我,笑话我,我是和天下人背道而驰呀!足下仍然觉得我可以教导,放下身段,写信问候,劝慰鼓励,真是对得起老朋友!……只是,足下似乎还不够了解我,不然为何不把我当大丈夫看?我既然把足下当朋友,就不能沉默:我十六七岁时,还不太了解人事,读圣人的书,以为仕进都是为了别人,不是为了自己。等到二十岁,家里穷,吃穿不够,求亲戚救济,才知道仕进不单是为了别人……"

韩愈说,看到那些考中做官的人的文章,深感羞耻,自己可不想写那种烂文章。但是没办法,太穷了,再没官当就要饿死了,只能逼自己继续考,就像《尚书》中说的"耻过作非",明明错了,因为羞耻,还装作不知,继续错下去……

"我还是继续考博学宏词。可还是考不上。于是开始怀疑,考上的人比我强吧?等拿到他们写的东西一看,就没那么惭愧了。所谓博学,所谓宏词,就是今天这个样子吗?让古代的豪杰之士,屈原、孟轲、司马迁、司马相如、扬雄,考博学宏词试试!他们能不惭愧?让他们跟今天这帮人同场竞技,真是耻辱!他们生在今天怎么办?要跟不学无术之辈去争区区一介考官眼里的高下吗?

"我这么渴望功名,往小了说,是想有身衣服穿,有口饭吃;往大了说,是想让别人也能了解圣贤之学的快乐。我有多少本事,自己心里有数,用不着别人认可。足下把我比成献玉的人,说只有等匠人剖开了,天下才能接受,说我就算被砍掉两只脚也不该气馁,劝我先不要去有本事的人那里找羞辱了。足下对我真是厚爱!难道仕进除了吏部就没门了?难道我一定要被雕琢了才能进献?告诉足下,我的玉没有进献,我的脚也没有被砍,没必要替我发愁。现在天下风俗不如古代,边境有战乱,皇上有心事,宰相正犯愁,我虽然本事不算大,但一些心得总是有的。给宰相写封信,向皇帝做个推荐,上有可能取卿大夫之位,下有可能独当一面。实在不行,就回去种地,到寂寞的水滨垂钓,把家国遗事、圣哲行迹写出来,作一部唐朝的经,垂范后世,声讨死去的奸诈谄媚的人，张扬隐士鲜为人知的美德。两条路，必然有一条可走。足下以为我的玉进献几次？脚被砍几次？足下知道到底谁才叫真正的强者？刳我？我还怕刳？谢谢足下，让我有机会发这番狂言。"

假如不是崔立之的信，韩愈会不会给宰相上书，还不一定。佛教有个词，"逆增上缘"。一个人本来没打算往南，恰好有人怕他往南，劝他千万不要往南，结果很可能他就往南了。

物极必反。八代的靡靡之音达到极致，韩愈也该出现了。韩愈偏激的性格，也有相当一部分是时代造成的。"偏激"，在今天不是个好词，但有些时候，偏激是很重要的品质，甚至是伟大的。各人禀赋不同，刚生下来，性情总有些偏，理学家把这叫"气禀之杂"。把偏颇的性情扔到时代洪流中，是不可能不挫败的。屡屡挫败后，性情就被时代重新塑造了，但绝不是变得正了，而是变成了另一种偏——时代之偏。只是，处在时代当中的人难以明白。

也有一种人，无论怎样经受时代洪流的冲刷，也没有把与时代不侔的特点抹去。他像一块磐石踞守在时代洪流中，久久不能被冲走，于是，洪流渐渐转向了。

让磐石砥柱中流的，并非先天力量，生而如此。实际上,它是从洪流之外得到力量,在更辽阔、更浩瀚的视野中确立自身的位置。由此知道时代的洪流毕竟不是洪流,而是潮流、漫流、涓涓细流,是亘古不变的宇宙洪流中的小浪花。只有见到了真正的洪流,才能明了这一点。用韩愈《伯夷颂》中的话说,"信道笃而自知明者也"。

回复了崔立之,韩愈的郁郁之气不能平息,他不得不给宰相写信。给宰相写信,未必出于理智,只是无形之中有一种力量,迫使他不得不如此。

时节刚刚入春,天气还很寒冷。给宰相写信的韩愈,不敢流露太狂简的一面,遣词很有分寸。他先引用《诗序》,说"君子能长育人才,则天下喜乐之矣"。"菁菁者莪,在彼中阿。既见君子,乐且有仪",这是《小雅》的诗句,韩愈抄下,并一个字一个字解释,"说者曰:菁菁者,盛也;莪,微草也;阿,大陵也。"他小心翼翼地抖搂自己的学问。

不知二十年后,成为文坛领袖的韩愈,再看到这封信会是什么心情。

接下来,韩愈又引用《孟子》,说"得天下英才而教育之",是圣贤最快乐的事,古今都应当效法。"那么,谁能长育天下的英才?难道不是我们的圣上和宰相吗?"

就这样，怯生生地，把想说的话推出来。似乎每一句都不是自己所说，都来自圣贤和经典，但串在一起，恰好完美地表达了自己的意思。

"现在有个人，二十八岁了，姓名不在农工商贾之间，职业正是读书作文。他歌颂尧舜之道，每天鸡鸣而起，孜孜不倦，不慕名利。他所读的，都是圣人的书，完全没有被杨墨释老这些乱七八糟的思想污染。"——这一句很重要，在二十八岁的韩愈看来，思想没有被污染是至关重要的。可宰相是否在乎思想的纯洁呢，韩愈没太考虑。韩愈只是担心宰相不信，毕竟自己写过不少奇怪张狂的文章。他生怕宰相读过这些文章，以为自己并非正直端庄之人，于是接着说：

"虽然他也写过一些感激的、怨怼的、奇怪的文辞，那只是因为他太渴望天下知道自己，况且他的言论并不悖于教化，绝对没有一句妖淫、谀佞、诪张之词。这样的人，礼部四次才考中，吏部三次都落选，难道连个九品的位置都没希望吗？难道连个一亩的房宅都不能想吗？凄惶得四海无处可去，忧愁不已，饿了没有饭吃，冻了没有衣服穿，濒临在死亡的边缘，志气还那么坚固。功名称心的人都笑话他，也有那么一瞬间，他忽然想放弃了，想回去种地，拜老农老圃为师了。"

这里包含一个典故。一天,孔子的弟子樊迟突然跑来说,想学种地。孔子明白,樊迟学不下去了,要打退堂鼓,说想学种地,不过是找个借口。但孔子没有直接拆穿他,也没有当面批评他,只是说,种地的话,我可不如老农。意思就是,你要学种地,我就当不了你的老师了。樊迟不想离开老师,就说,那好吧,我想学种菜。孔子说,种菜的话,我不如老圃。樊迟就不知该找什么借口了,只好离开。孔子就对其他弟子说,樊迟没有太大的出息呀。孔子这么说,是想勉励樊迟,让他辗转听到,为自己遇到挫败就放弃的习惯而惭愧。但樊迟在场时孔子不方便说,因为当一个人陷在情绪中时,很难听得进去劝。所以孔子不戳穿他,也不批评他,只是让他退下之后,自己思量明白。

韩愈拿孔子不赞许的事情,说自己也冒出了这样的想法,是想得到宰相的哀悯。实际上,韩愈哪里会打退堂鼓呢。他接着说:

"可是,想到早年的志向就要改变了,伤心得半夜涕泪滚落到下巴……听说古代贤人辅佐君主,但凡有一个人没被放到该放的位置上,就仿佛是自己把他推向沟壑。现在,有人从七岁就开始学习圣人之道,学了二十年,不得已,要一朝毁弃所学,他没有被放在合适位置上呀!他又想,当今有仁德之士在朝，如果不打声招呼就走，实在是自暴自弃，不是君子的礼节。能这样对待我们的宰相吗？当然不能。宁可打声招呼。如果还不行，那就是命。"

韩愈觉得，这封信千回百转，淋漓尽致，宰相但凡有一点仁慈，都会被打动。

可是他低估了宰相。

足足十九天，没有消息。韩愈的心情，从期待变成失落，从失落变成愤怒，从愤怒变成羞辱。一个以文章自负的人，写出来的文章，别人无动于衷。自以为汪洋恣肆的风，连一丁点儿波澜都没掀起。

韩愈不能不给宰相写第二封信。

"再拜相公阁下，上次写信后，等了十九天，没有回复。我很恐惧，但也不敢遁逃。想想，还是要冒着危险把话说完。我听说，一个人掉进水坑、火坑时，会等到父亲、兄弟在旁边才呼救吗？不会。旁边只要有人，哪怕是他平素憎恨的人，只要不是希望他赶紧死掉的，他就会求救。那人但凡有一点仁慈，就算平时不喜欢这人，也会赶紧跑去救，哪怕弄湿手脚，烧焦毛发，都在所不惜。为什么？因为形势危急。因为陷溺在水火里的人太可怜了！韩愈，强学力行有些年头了，眼下正陷溺在穷饿的水火里，大声疾呼，阁下听见了,也看见了,是跑来救呢,还是端坐不动呢?"

这封信里,韩愈把"子曰诗云"的套话都扔掉了。他说的,就是他想说的,他不再借别人的话来表达他的想法。但是,圣贤的意思依然有。他扔掉了典籍上的词汇,却更加透辟地发挥圣贤的思想。

孟子说:"恻隐之心,仁之端也。"韩愈坚信从恻隐之心入手,必定能打动宰相。只是,韩愈此时的幼稚在于,恻隐之心的扩充,不是那么容易的,不是一朝一夕之功,更不是一篇文章就可以收到成效的。

宰相见过很多世面,见过很多人。韩愈这样偏执的人,他也见过不少。经验告诉他,对想入非非的干谒者,最好是无视。他们自己碰到软钉子,就退却了,不再自取其辱。很多偏执者把自己想得很有本事,实际并非如此。所谓锐气,不过是因为世面见得太少。宰相才不会觉得自己没有恻隐之心,只是很难向这样一个后生去解释:难道全天下没有官做的人都陷溺在水火之中?难道所有读书人命里都必然该有官当?让他自生自灭吧。

假如宰相真的因此赏识了韩愈,韩愈一生的命运就要改写。纵然还有惊人的天赋,却不会得到落拓境遇的冶炼。或者说,他的性格要换一种姿态与时代碰撞,还能否碰撞出后来排山倒海的气魄，就难说了。也许韩愈应该感谢宰相。不给他机会，是对他的成全。这一点，后来的韩愈越来越明了，清晰地表露在他晚年给柳宗元写的墓志铭里。

第二封信后，韩愈等了二十九天。春天已经渐渐过去，还是没有消息。于是，韩愈写了第三封信。这封信，不再是自荐，而是对宰相的控诉。

韩愈的每一封信，都是不得已。第一封，是有一腔血气迫使他不得不写；第二封，是对文章的自负迫使他不得不写；第三封，是以道统自居的观念迫使他不得不对在上位者提出批评。

宰相的漠视让韩愈变到主动的位置上，哪怕在外人看来，这种主动只是韩愈的想象。可对韩愈来说，千真万确。

孔子说："君使臣以礼，臣事君以忠。"虽然君在上，臣在下，但君臣平等。在上位者所做不当，在下位者必然要批评。韩愈说：

"我听说周公为相，有贤人来见，哪怕正吃饭，也来不及吞下，要把饭吐掉去见；哪怕正洗澡，也来不及擦干，要握着头发去见。一顿饭，三吐哺；一回澡，三握发。当时，天下贤才都任用了，奸邪谄佞都摒除了，四海都无虞了，九夷八蛮都宾贡了，天灾时变都消歇了，礼乐刑政都理顺了。

而前来求见的人又哪里能比得了周公？别说周公，就连在朝的人都不能比。可是，周公以圣人的天才，以天子叔父的亲缘，以辅理承化的大功，还要这样做。今天，天下贤才都举用了吗？奸邪谄佞都摒除了吗？四海都无虞了吗？九夷八蛮都宾贡了吗？天灾时变都消歇了吗？礼乐刑政都理顺了吗？前来求见的人，难道都比不上在朝的吗？他们的意见就一钱不值吗？……我韩愈等了四十多天，写过两封信，三次登门拜访，都被门房赶出……古人在周王室得不到机会，就去鲁国，鲁国没有机会就去齐国、宋国、郑国、秦国、楚国……今天，四海一国，之外就是夷狄，我能往哪里去？再去就离开父母之邦了，唉！"

这封信递上去，韩愈也就不期待回复了。他检点行囊，准备离开京城。确实不必再待下去了。

收拾行李时，他发现了两封侯继的信。侯继是和他同年的进士，混到如今，京城待不下去，走了。他之前收到侯继的信时没有回复，是隐约觉得自己还有机会。现在，他也要走了，那就回封信吧：

"足下的信，我把玩了好多遍，还是不能平静。足下不能留在京城，我也被考官羞辱了，本来想写封信开导足下，也抒发心中积郁，有一肚子话要说，又不知该说什么。后来，得到足下两封信,发现我想说的,足下都很清楚,再说什么也没必要了,所以决意不说。现在,我也准备走了,要到没有人烟的地方去,和时世不再往来,哪怕足下思念我,也没法再听到我的声音,见到我的身影。因此,不能不写封信作别,并不是有什么感发。

"我从小爱好学问,五经之外,诸子百家没有不读的。不过,我志在明了义理。至于礼乐之名数、阴阳、土地、星辰、方药,了解不多。虽然今天出仕不需要这些,但古代大贤君子都懂。我天资不算高,每每读书,总惭愧学问太少。现在很幸运,没有人用我,正好可以免去役劳,潜心学问。就算努力后也做不出名堂,总比跟流俗之辈争名争利、怨天尤人强吧!这是我如今的志趣。我怕足下以为我走了,就是退了,不再自强不息了,所以要写封信,向足下汇报:愿足下知道,我的退,未尝不是进;而众人的进,未尝不是退。"

2. 汴 泗 交 流

给宰相上了三封信后,没有得到答复,韩愈就离开了京城。是不是三封信一点效果也没有呢?如果说预期的效果,确实没有,但事情往往会有旁逸斜出的效果。虽然宰相没有理睬韩愈,但前宰相、现任礼部尚书董晋注意到了他。这一年冬天,朝廷任命董晋为宣武军节度使,董晋奏请韩愈为"观察推官",就是他的幕僚,随他去了汴州。

董晋去汴州时,只带了十几个人。走到郑州,没见宣武军迎接,左右和当地官吏都害怕了。行到离汴州只有十来里时,邓惟恭才来迎接。董晋让邓惟恭免去下马的礼节,进入汴州后,一切军政又都委托给他。后来,董晋瞅准机会,找了个理由把邓惟恭押解到京城,又发配汀州。

在汴州,韩愈待了两年半。董晋死了,韩愈也就离开了。韩愈离开后的第四天,汴州叛乱,没离开的僚属都被杀死了。

后来,卫中行提起此事,说命运的穷通取决于自己,韩愈不同意，说：

"祸福吉凶，似乎不在自己。不过，君子遭遇灾祸是不幸，小人遭遇灾祸是寻常；君子得到福佑是寻常，小人得到福佑是幸运。因为他们的行为似乎会带来相应的结果。定要说君子吉、小人凶，是不可以的。贤与不肖，在自己；贵与贱，祸与福，在上天；名声善恶，在别人。在自己，我勉力而为；在上天和别人，我就只能放任不管了。我所持守的，岂不简约易行？"

离开汴州后，韩愈去了徐州，遇见了李翱。李翱比韩愈小四岁，向武宁节度使张建封推荐韩愈，说韩愈很了不起，是数百年难得一见的豪杰。当时韩愈只有三十二岁，履历上也看不出过人之处。

张建封接触了韩愈，觉得他有些才气，但要说数百年难得一见，就夸张了。不过，安排食宿还是没问题的，就把他安排在符离。

韩愈在徐州待了几个月，准备走，被张建封留住了，给他安排了个节度推官。于是，韩愈又成了张建封的幕僚。

到使院第一天，小吏拿来规章制度。其中写道，从九月起到次年二月底，每天必须晨入夜归，除了生病等特殊情形，不得请假。

韩愈觉得很别扭。但既然刚来，只好迁就一下。很快，他无法再迁就，九月的第一天就给张建封写信说：

"刚入职时，我就注意到了这条规定。当时刚来，不敢提。古人说，人各有能有不能。这一条，不是韩愈所能。硬要勉强，必发狂疾。那就不能为您效劳，无法报答您的恩情，自己也废了。因此必须提出。您之所以选择我，绝不是因为我能晨入夜归，而是我有您用得上的地方。不必晨入夜归，用得上的地方仍然在。应该根据各人所长，量力取用，做不到也不勉强。这样，部下不会得罪上司，上司也不会被部下埋怨。"

这不是找借口。人和人确实不一样。让过分敏感的人，从事无聊的工作，面对纠葛的人事，他实在受不了。杜甫也做过类似的工作，也很痛苦，屡次提出辞职。"永夜角声悲自语，中天夜色好谁看"，就是杜甫在幕府中写的。那时杜甫五十多岁，而此时的韩愈才三十出头。

韩愈说，逼他那样做，肯定要发狂疾。用今天的话说，就是得精神病。这恐怕不夸张。古代可能不少人有精神问题，只是当时没有心理科，不好诊断。像明朝的徐渭，把铁钉锤进耳朵，拿铁锥扎肾囊，杀妻，自杀九次，明显是精神问题。其他外在行为表现不明显的人，也不见得精神上没有问题。

杜甫说李白，"天子呼来不上船，自称臣是酒中仙"，这恐怕不单是对权贵的藐视，也是精神异常的表现。"举杯邀明月，对影成三人"，也不是一般的脑回路。李白、张旭这些人，都是严重的酗酒者。以今天的标准看，恐怕精神多少有点问题。艺术家、诗人，罹患精神疾病的概率很高。只是时隔久远，我们能看见他们的成就，却不容易了解他们的心理状态，以及精神上的压力与折磨。

韩愈的敏感，大概与李白不相上下，而偏执又远远超过李白。韩愈年轻时曾遭受许多挫败，按说是容易出现心理问题的。但从留下的诗文看，心理问题似乎并没有侵袭他。韩愈生平最艰难的时候，不是后来被贬，而是二十多岁在长安时。他日后回忆说，就像受伤的人去舔舐伤口，真不知道是如何过来的。

可即便那时候，韩愈也没有出现心理问题。我想，重要的原因可能有两个。一是他的信仰，他以正统的儒家自居，终其一生不曾移易；另一个是他过着谨饬而节制的生活，不铺张，也不耽于逸乐。这是他不同于李白、张旭等人的地方。

韩愈是一流的文学家，但和许多一流文学家不同，韩愈的理性超过感性。也正因此，韩愈不是一流的诗人。这不是说韩愈感性不够。韩愈也是感情极充沛、极炽热的人，但理性盖过了他的感性。他在视听言动种种方面，都以礼约束自己。因此，即便有激情，也都能导归正道，不致泛滥成灾。

放浪形骸的文人是不少的，但韩愈不在此列。韩愈首先是士君子，其次才是文人。他是朴素、节制而理性的文人。他最穷困时的吃穿，和丰约百倍之后没有两样。他后来做国子博士时说，"业精于勤荒于嬉，行成于思毁于随"，这种理念贯穿了他的一生。谨饬节制的生活，对他形成了保护，以至在最挫败的时候，心理也能大体健康。

孔子说："以约失之者，鲜矣。"出于约束的过失，是很少的。孔子的教育是，"博我以文，约我以礼"。如果不约礼，只博文，很多人是扛不住的，就会"好知不好学，其蔽也荡；……好勇不好学，其蔽也乱；好刚不好学，其蔽也狂"。

因此，韩愈说不能忍受规定，"抑而行之，必发狂疾"，不是夸张。他很清楚自己能接受怎样的生活，不能接受怎样的生活。

晨入夜归的制度，确实压抑。韩愈说，愿意早上工作五六个小时，下午三四个小时，中午有些休息时间，这样"亦不废事"。算下来，这就超过八小时了。可见，规定本身太严苛。

但没有人敢提。就算在严武幕府的杜甫，虽然难以忍受,也只是提出辞职,并没有质疑规定。对大多数人来说,只有忍;忍不了的,就辞职。而韩愈是指出规定有问题。这在当时文士谋职不易的情形下很难得。韩愈对张建封说:"当今王公大人中,只有执事您可以听到这番话,只有韩愈我能够对您提出这些。"

韩愈这样做,源于他的所学,他对世界、对道理的认知。他认为,只要合乎道,哪怕众人都缄默,他也要说;哪怕众人都回避,他也要做。他不以大多数人的标准为标准,只问该不该如此。

他还说:

"孟子讲,许多诸侯国毫无过人之处,是因为在上位者总是任用听话的臣子,不肯任用足以教导他们的臣子。今天,这一点还是没变,都喜欢任用听到命令马上跑去办的人,不喜欢讲真话的人。闻命奔走的,是好利者;正道直行的,是好义者。没有好利而爱其君的,也没有好义而忘其君的……

"如果执事同意我的请求,天下必然会说,执事如此惜才,执事对待君子如此尽礼,执事有如此雅量不扭曲人的性情,执事如此成就他人名声,执事如此厚待朋友。也会说,韩愈如此不诣屈富贵,韩愈如此贤德而令执事尽礼。那么,我就是死在执事门下也不后悔。如果让我每天跟着队伍小跑上班，话也不敢说，有违自持的道德行事，天下也会说，执事用韩愈，不过是可怜他，收养他；韩愈事奉执事，不过是自利。那样，即便我每天受千金赏赐，每年受九次拔擢，要说感恩，确实有；要说执事是我的知己，不可能。"

在这封上书之前，韩愈和张建封的关系还是不错的。韩愈在符离的时候，和张建封有些距离，接触没那么频繁，也不是上下级关系。那是两人最相契的时候。人与人的疏远往往是从走近开始的，近到一定程度，就会暴露分歧，产生龃龉，渐行渐远。

张建封比韩愈年长三十三岁。他是文人出身，却慷慨尚武。这一年三月，淮西吴少诚侵扰唐州，杀死监军。徐州离淮西很近，张建封却没有动静。当时韩愈刚到徐州，在一次酒筵上，韩愈写了首《赠张徐州莫辞酒》。那时韩愈还不是张建封下属，称他"张徐州"，后来就称他"张仆射"了。诗中，韩愈写"春雷三月不作响"，批评张建封没动静。

可是，张建封六十五岁了，老了。尽管他欣赏韩愈的锐气，却不想再卷入很多事情，只想安享晚年。

张建封爱打马球。打马球是从皇帝到公卿都很喜欢的娱乐。韩愈却认为打马球铺张浪费，损耗物力，于道德无补。

作为幕僚，韩愈有一项特殊的工作。说特殊，是因为它不像分内之事，但很多时候又必不可少。那就是在酒筵或者其他场合写点应酬诗文。

之前在汴州时，监军俱文珍要去京师，节度使董晋在青门外摆酒饯行，韩愈等幕僚都要作诗。后来，因为俱文珍名声不好，有人就把这首诗从韩愈的正集里删去。其实，应酬之作是少不了的，就像很多时候，喝酒不是喝酒，是工作的一部分。在当时，写应酬诗也是工作的一部分。

张建封打马球，虽然是娱乐，有时候也需要诗篇助兴。韩愈作为"笔杆子"，尽管不赞同打马球，却不能不动笔歌颂。

应酬诗往往充斥着套话、空话，不是为了披露真实，而是要显得好看。像《红楼梦》里元春省亲，林黛玉写"盛世无饥馁，何须耕织忙"，大观园哪需要什么耕织，可偏偏要叫"稻香村"。应酬诗就像发在朋友圈的照片，大都经过滤镜和修图。

韩愈的应酬之作，往往会留下把柄。就是说，虽然修了图，但还是留有死角。你不知道他是故意还是无意，大概是个性使然。文人的自负，儒家的自矜，让他不愿写空话、套话，哪怕写应酬诗也要在中间夹上一两句真话。

就像给俱文珍的诗,中二联极尽夸赞,"冲天鹏翅阔,报国剑铓寒。晓日驱征骑,春风咏采兰",末尾却来一句"谁言臣子道,忠孝两全难"。这是说,俱文珍为了忠,放弃了孝。这也是有典故的,但借用到俱文珍身上,就有点不太好听了。因为俱文珍是宦官。

让对方高兴和真实表达,往往存在矛盾。应酬诗的标准,是让对方高兴;而诗的标准,是"言志",说自己真实的感受。

张建封打马球,韩愈写了应酬诗《汴泗交流赠张仆射》。汴泗交流,就是汴水和泗水的交汇处——徐州。如果砍掉结尾,这就是一篇标准的应酬诗。什么"侧身转臂著马腹,霹雳应手神珠驰""发难得巧意气粗,欢声四合壮士呼",都很好,是不错的宣传稿。张建封也会很满意。

可是,韩愈图穷匕见,在诗的末尾写道:

"此诚习战非为剧,岂若安坐行良图。当今忠臣不可得,公马莫走须杀贼。"

当时有种说法,打球是"武事",骑马驰骋,分胜负,相当于小型军事演习。这当然只是天子、王公玩乐的借口。韩愈顺着这种说法表明态度:既然是为了战争,不是娱乐,那还不如安坐在营帐中,想想平叛的事。当今忠臣难得,仆射的马不该在球场上,该去杀贼。

下属为上司写诗,上司是不一定要回赠的。而韩愈这首,张建封特地回了一首《酬韩校书愈打毬歌》。

开头说:"仆本修文持笔者,今来帅领红旌下。不能无事习蛇矛,闲就平场学使马。"意思是,我本来是个文人,现在做武官,没法操练戈矛,只好打打马球。中间描写了打球的场面,结尾说:

"韩生讶我为斯艺,劝我徐驱作安计。不知戎事竟何成,且愧吾人一言惠。"小韩惊讶我爱打马球,劝我慢点,注意安全。不知战事最终会怎样,对他的嘉言,我也只有惭愧了。

韩愈的劝谏,张建封特意回赠一诗去解释,且表示惭愧,这很给韩愈面子。但后来就不同了。

这次唱和在初秋。当时,韩愈刚刚成为张建封下属,他们之间还是朋友关系多一点。一个多月后,韩愈上了那封反对晨入夜归的书信后,就令张建封对他的态度有所变化了。史料中没有记载张建封是怎么回应的。不过,韩愈文集中收录了他给张建封的另一封信,依然是对打马球提出劝谏。

同样是劝谏,写诗和写信很不一样。就好比酒桌提意见和开会提意见是不一样的,私下提意见和公开提意见是不一样的,口头提意见和书面提意见是不一样的。写诗相对随意、非正式,更像是朋友关系。

也正因此,诗可以比信直率。诗中可以说"公马莫走须杀贼",上书就不能。上书是很正式的,这么说,就很不尊重领导。诗中可以说"春雷三月不作响",上书就不太得体。

因此,哪怕韩愈反对打马球是因为铺张浪费、玩物丧志,但这些都不方便讲,只能讲打马球有违养生之道。

但如果单说不养生,就没意思了。如同韩愈很多应酬之作要留把柄,这封上书也一样。韩愈在结尾引了《春秋传》:"夫有尤物,足以移人;苟非德义,则必有祸。"

这句话,我咂摸了很久。手头的资料都没有对这篇文章做特殊的解说。我总觉得,韩愈不只是说打马球。

尤物,多指美女;移人,就是移易人的性情、持守。这是比较重的话。

白居易的诗集中提到,徐州从前的张尚书有个爱妓,叫盼盼,擅长歌舞,风姿绰约。白居易路过徐州时,张尚书宴请他,酒酣之后,命盼盼佐欢。白居易尽欢,写诗赠她,"醉娇胜不得,风袅牡丹花"。白居易离开了,很久没有盼盼的消息。很多年后,听张仲素说,张尚书死后,盼盼念旧爱，不改嫁，孤身在燕子楼住了十余年。

这就是后世传说的关盼盼、燕子楼。《红楼梦》里林黛玉写诗，"粉堕百花洲，香残燕子楼"，用的就是关盼盼的典故。

很长一段时间，张尚书被认为是张建封。连文天祥都写诗说，"唐时燕子楼，风流张建封"。其实，白居易到徐州时，张建封已经死了，招待他的是张建封的儿子张愔。

张建封是不是像他儿子那样风流，不知道，但我们且看看韩愈这封信。

要理解这封信，需要知道韩愈很喜欢用影射讥讽的笔法。像《毛颖传》，说毛颖是中山人，祖先是明视，被封在卯地，等等。这里的毛颖，就是毛笔，毛笔大多用兔毛做，中山产兔子，"明视"和"卯"都是兔的别名。这是第一层。另外，韩愈可能是在借着毛颖说当时陆贽的遭遇。

熟悉韩愈喜欢影射暗讽的特点后，再看《上张仆射第二书》。开头说："劝执事不要击毬的人太多了，理由都是容易从马上摔下来、容易被毬砸中之类，这些我都不说。我不是要拿别的事跟击毬相比，我就是说击毬。"

如果就是说击毬，还何必写这句呢？

韩愈先说马：

"马和人,性情不同。而筋骸之相束,血气之相持,安逸则舒适,劳顿则疲惫,又是相同的。"

可不可以理解成:

"击毬和纵欲,性质不同,而筋骸之相束,血气之相持,安逸则舒适,劳顿则疲惫,又是相同的。"

接下来,韩愈说:

"如果按照规律,按步骤、有节制地做,年轻时也不会有什么问题,老了肯定不行。毬在场上驰骋,心腑荡摇,骨筋振挠,气喘吁吁,回旋不及,慢则三四年,快则一二年,马就不行了。"

接着感慨道:"颠顿驰骋,呜呼,其危哉!"

最后说"夫有尤物,足以移人;苟非德义,则必有祸",并劝张建封"广虑之,深思之,亦养寿命之一端也"。

"夫有尤物"背后的典故,是叔向母亲告诉他,漂亮的女人很可怕,不要娶她。

不知六十五岁的张建封看了这封信会是什么感受。后来,韩愈好像没有再给张建封上书过了。

很多时候,龃龉是一点点开始的,像水滴泅入木头,渐渐貌合神离。张建封对韩愈,依然不坏。但韩愈越来越觉得,在徐州很不惬意。

3. 天 下 无 马

"有品位"是个好词。至少很多人这么认为。实际上,"有品位"不是一个词,它牵连到很多东西。一个人有品位,意味着庸俗的东西不太能入他的法眼,伪劣的东西不太能被他赞誉。哪怕缄口不言,在举手投足间,他的态度与神情,取与弃,都流露出臧否。这样就容易得罪人了。如果撒谎呢?又做不到。因为良好的品位不允许撒谎。

品位不是学问,不是名望,不是财富。品位是人的格调,它体现在道德上,以学问为点缀。"学识""学养",离品位近些;"学问",远一些;"知识",更远了。一个知识丰富的人,也可能品位极差。孔子说:"如有周公之才之美,使骄且吝,其余不足观也已。"至于连知识都匮乏的人,想用奢华来体现品位,就更等而下之了。

因此,人有品位,容易给周围人造成一种印象:自视甚高。"自视甚高"是个坏词。但"有品位"和"自视甚高"

往往不能分开,哪怕他不想自视甚高,也会给人自视甚高的感觉。别人都说假话,他说真话,就成了自视甚高,成了骄傲、目中无人。

鹤站在鸡群里,除非永远缩头屈腿,不然就无法不俯视群鸡。如果鹤永远缩头屈腿,它就成了鸡;不这么做,就会被群鸡驱摒。

孔子周游列国,走到陈国断粮了,要饿死了。子路忍不住,跳起来问:"君子亦有穷乎?"孔子说:

"君子固穷,小人穷斯滥矣。"

子路大为震撼。

什么叫"滥"?

没有标准了,以假充真,以次充好。

品位是对真相的坚持,不夸张,不矫饰。儒家说,"如恶恶臭,如好好色"。真能做到,就是"毋自欺",就是品位。打个粗糙的比方,饭是香的,屎是臭的,到哪儿都是这样,就算饿死,也还是这样。

为什么很多人活着活着就活成了"曾经最讨厌的样子",因为他饿。他认为不得已,不这样就饿死了。他不能不说假话,不能不把一钱不值的破烂说成宝贝,到处忽悠。一开始还有点不好意思,后来看很多人都这吃相,也不顾了，甚至理直气壮，摇旗呐喊，指着屎说香。碰见坚决不同意的人，就流露出轻蔑且仇恨的表情：你还不够饿！

轻蔑，是他要说服自己，告诉自己这样选择是"对"的。仇恨，是因为对方的存在，映衬出自己的不堪。

他不知道，饿死也是一种选择。儒家说，"饿死事小，失节事大"。饿死，的确是小事，失节才是大事。节，就是品位。香的就是香的，臭的就是臭的。

因此，君子也"有穷"，有走不通的时候。如果他愿意放弃从前的坚持，站在庸俗的队伍里，大路就会敞开。否则，他就要山穷水尽。可怜他的人会说：真戆呀，真轴呀，念书念傻了吗？

韩愈在张建封幕府就很快到了这种地步。他脖子太长，又不肯缩起来冒充鸡。

困顿中，韩愈写了首诗。和应酬诗不同，这种诗不得不写。"鹤鸣于九皋，声闻于天。"不是期冀天听到，是不得不鸣，宁鸣而死。

诗叫《驽骥》。驽，就是劣马。骥，就是骐骥，千里马。

> 驽骀诚龌龊，市者何其稠。
> 力小若易制，价微良易酬。

> 渴饮一斗水，饥食一束刍。
>
> 嘶鸣当大路，志气若有余。

劣马，可真是龌龊呀！但买它的人何其多。它力气小，容易制伏，也便宜。渴了，一斗水就行；饿了，一把草就够。站在大路中间嘶鸣，好像很有志气。

> 骐骥生绝域，自矜无匹俦。
>
> 牵驱入市门，行者不为留。
>
> 借问价几何？黄金比嵩丘。
>
> 借问行几何？咫尺视九州。

骐骥生在绝域，放眼望不见同类。牵到集市上，路过的人都不会看一眼。它值多少钱呢？黄金堆成山。它能跑多远？九州就像在咫尺间。

> 饥食玉山禾，渴饮醴泉流。
>
> 问谁能为御？旷世不可求。
>
> 惟昔穆天子，乘之极遨游。
>
> 王良执其辔，造父挟其辀。

骐骥饿了，要吃玉山的谷子；渴了，要喝醴泉的清流。谁能驾驭它？旷世都难得合适的人。当年穆天子乘着它到极遥远的地方，王良执鞭，造父驾辕。

> 因言天外事，茫惚使人愁。

> 驽骀谓骐骥，饿死余尔羞。
>
> 有能必见用，有德必见收。
>
> 孰云时与命，通塞皆自由。

骐骥说起天外的事，虚无缥缈，人们不知所云。劣马说，饿死你个不知惭愧的！但凡有一点才能，早被人用了；但凡有半点美德，早被人收了。说什么时也命也，世界这么宽广，难道还没你施展的空间？

> 骐骥不敢言，低徊但垂头。
>
> 人皆劣骐骥，共以驽骀优。
>
> 喟余独兴叹，才命不同谋。
>
> 寄诗同心子，为我商声讴。

骐骥不敢说什么，垂着头徘徊。人们都看不上骐骥，认为劣马很优秀。只有我喟然感慨，有才未必有命，有命未必有才。写诗寄给同心的朋友，为我高歌一曲《商颂》吧！

《商颂》，出自《庄子·让王》。曾子住在卫国，袍子破得连皮都没了，脸色浮肿，手脚长满老茧，三天不生火做饭，十年不添衣服。摆正帽子，缨就断了；拉拉衣襟，肘就露出。他趿拉着后跟破了洞的鞋，唱起《商颂》，声音充塞天地，有如金石。

这首诗，韩愈寄给了欧阳詹。欧阳詹和他是同年进士，此时在国子监任四门助教。

韩愈还写了篇《马说》。

单从文学上看,《驽骥》不算好诗,《马说》也不算好文章。不过,有些诗和文章不能和生活割裂。你要知道他是在什么时候写的。"世有伯乐,然后有千里马。千里马常有,而伯乐不常有。"如果不知道作者的处境与心情,就会觉得,这是故意剑走偏锋吧!

《马说》说的不是马,是人;不是别人,是自己。

韩愈说:"日行千里的马,一顿可能要吃光一石。喂马的不知道它有那么大的能耐,就喂一点点。马虽然有千里的才能,可是吃不饱,本事也显不出来。"

"策之不以其道,食之不能尽其材,鸣之而不能通其意。"这说的不就是张建封吗?驱策韩愈,不以其道;饭食韩愈,而不能尽韩愈之才;韩愈作诗呼吁,又不能理解。执起马鞭站在骐骥身边说:"天下无马!"

韩愈感慨:"呜呼!其真无马邪!其真不知马也!"

像这样的文章,不是"写"出来的。它就在那里,当你身临其境的时候,这样的话自然就蹦出来了。

《马说》被李翱读到了。当初,是李翱把韩愈推荐给张建封的。现在,李翱觉得韩愈不该再待下去了。他婉言劝韩愈离开徐州去京师，京师有更大的天地。

韩愈回复李翱说：

"收到足下的信，欢喜惭愧交集。唉！你说得很对，想得也不错，我该怎么辩解呢。你爱我，厚待我，这让我觉得别人也会像你一样对我好吧！

"我家里本来就穷，又遭遇了宣武军乱，没有衣服和资生之具。家中将近三十口，带着他们能去哪呢？抛下他们自己去京城，不行；带着去，也不行。足下能帮我想到好办法吗？况且，去京城有帮助吗？我有你这样的朋友，尚且对我的难处有所不知，更何况别人呢。以我的持守，在公卿间奔走伺候、开口议论能相合吗？我曾在京城八九年，没有收入，每天到处求人。当时还不觉得，现在回想，真是痛定思痛，不知是怎么过来的。现在年纪大了，再去漂泊，也很难呀！"

韩愈春天离开汴州时，女儿还在吃奶，现在又添了个儿子，有了更多家口之累。

"去京城图什么？不就图上有圣明的天子，下有贤达的公卿，没有为官的读书人也有不少坐以论道吗？只是我在其间遑遑奔走，可能闻达吗？况且理解我的人少，其中爱我、不忌恨我的人更少。家里没钱，外面没朋友，我去那里做什么?唉!你批评得很对,你很爱我。可如今天下的人,还有像你这样的吗?尧舜以来,士人难道就没有终身不遇的?你能保证我活得洁清不污、怡然自乐?不是我不想照你说的做,实在是没能力,形势不便呀。

"我在这里哪有什么相知,不过是随大流,混在人群里,饿了吃,饱了耍。之所以没走,也是张仆射确实对我有照顾,但他对我虽有小小的照顾,却又深深的不了解呀。我哪里喜欢这里,只是困顿的现实让我不能不止息在这里。唉!你确实爱我,你的批评真的很对。可是,恐怕你有来不及责备我而要怜悯我的地方吧!恐怕又有来不及怜悯我而要责备自己、怜悯自己的地方吧!到了那个地步,才知道不容易。孔子称赞颜回,一箪食,一瓢饮,在陋巷,人不堪其忧,回也不改其乐。颜回有圣人依归,又有箪食瓢饮不致饿死,快乐岂不容易?像我这样没有依归,没有箪食瓢饮,再没资助就饿死了,我不难吗?你听我说这些,也会悲伤吧。"

秋深了。嗷嗷寒雁向南飞去,哀鸣声里,韩愈写下诗句:

嗷嗷鸣雁鸣且飞,穷秋南去春北归。
去寒就暖识所依,天长地阔栖息稀。

> 风霜酸苦稻粱微，毛羽摧落身不肥。
> 裴回反顾群侣违，哀鸣欲下洲渚非。
> 江南水阔朝云多，草长沙软无网罗。
> ……

人像寒雁一样，知道去寒就暖。可纵然天长地阔，却没有栖息之处。历尽了风霜酸苦，只能寻到一丁点儿食物，羽毛一片片凋残，身体也越来越羸瘦。徘徊着回顾，却与雁群飞向了不同的方向，哀鸣着想下来，洲渚也不再是从前的模样……

江南是很好的地方，有辽阔的水面与朝云，有丰茂的草、柔软的沙，再也没有遍布的网罗……

寒雁可以飞去江南，可我去哪里呢？

这年冬天，张建封去京师朝正，韩愈跟着去了趟京师。朝正，就是臣僚去朝见天子，一般在正月。所以冬天就出发了。

韩愈虽然之前在京师待过八九年，但那时候是穷书生，和如今跟随节度使朝正，遇见的场面，应酬的人事，都大不相同。

前年关中大旱，去年东郡发水，饿死了不少百姓。这年三月，吴少诚叛乱。九月，朝廷下诏宣武、河阳等十六路兵马进讨，却吃了败仗。此行去京师，韩愈也很想给自己找找机会，献上谋略。

到了京师，发生的一切，和韩愈想的既一样，又不一样。一样的是，他的确见到了达官贵人，近距离接触了。不一样的是，由于地位的巨大差别，他根本没有开口的机会：

> 我欲进短策，无由至彤墀。
>
> 刳肝以为纸，沥血以书辞。
>
> 上言陈尧舜，下言引龙夔。

哪怕韩愈想刳肝为纸，沥血为书，陈尧舜之道，进龙夔之谋，但是并没有他的发言机会。他的身份是幕僚，他的角色设定是听别人谈笑风生并喝彩。

韩愈想通过写信的方式进言。文章是他的长项。回到客舍，他在灯下密密麻麻写了很多，写了又涂，涂了又写，想尽一切办法让言词得体——既体现才学谋略，又不失身份。他不敢再像五年前上宰相书那样，表现得像个愣头青。毕竟，在公门好几年的经历，让他更懂得规矩了。

这封信，韩愈写得非常费力。写好之后，重新读了一遍，垂头丧气，充满挫败：

> 言词多感激，文字少葳蕤。
>
> 一读已自怪，再寻良自疑。
>
> 食芹虽云美，献御固已痴。

> 缄封在骨髓，耿耿空自奇。

为什么言词间流露的都是感激，毫无气势和亮点？韩愈反复读，越读越自我怀疑。

《列子》中有个故事，说乡下人吃了野芹菜，觉得美味，跑去推荐给乡豪。乡豪尝了一口，蜇得嘴疼，难受了半天。还有人冬天晒太阳，觉得舒服极了，要把这个发现献给国君，以求重赏。

韩愈怕自己也成了"食芹献曝"的人，只好把所见所感，深深缄封在骨髓里。郁积之气，无处发泄，耿耿自奇。

韩愈不能不面对不愿承认的事实：自己也有俗人的一面。真把自己放到某些处境下、角色中，恐怕未必比别人高明勇敢。写《驽骥》《马说》时的一腔不平之气，等再见到王公大臣，突然哑火了。奇气虽然没有消失，还在胸中沸涌，但韩愈萎苶了。韩愈毕竟不熟悉王公大臣的生活。在简单的接触中，他感受到自己身份的卑微。因为身份的卑微，连同自己所持的见解与谋略也不敢很肯定了，怕惹人嗤笑。

> 昨者到京师，屡陪高车驰。
> 周行多俊异，议论无瑕疵。
> 见待颇异礼，未能去毛皮。
> 到口不敢吐，徐徐俟其鹾。

韩愈在京师时，屡番陪坐在高广大车中，奔驰在长安的大道上。周围多是俊异人物，谈吐高明，没有瑕疵。人家这样对待韩愈，免不了一些客套。韩愈很多想说的话，也就不太好说出口了，只能等待能插上话的间隙。

去京师前，韩愈以"骐骥"自比，回到彭城后，再写诗，就有些不一样了，"我鳞不盈寸，我羽不盈尺"——作为鱼，我的鳞甲还很短；作为鸟，我的羽毛还不长。

不过，人的秉性是很难改变的。结尾，韩愈又说，"我鳞日已大，我羽日已修；风波无所苦，还作鲸鹏游。"——鳞甲一天天长大，羽毛一天天丰满，我终究还是要成为鲸鹏的！

只是，当时在京师的旅舍中，被沮丧和挫败包围的韩愈，顾影自怜，伤心不已。在伤心中，他想到亲人，想到十二郎。

十二郎也叫"老成"，是韩愈哥哥韩会的儿子。韩愈幼年失怙，由兄嫂抚养长大。兄长韩会因为元载受牵连，被贬岭南，于韩愈十二岁时去世。长嫂郑夫人带着韩愈、老成，把灵柩送回河阳老家下葬。韩愈和老成，情同手足。韩会在世时曾对韩愈说："你是嫂嫂抚养的，将来她死了，你要服丧一年。"按旧礼，小叔原是不必为嫂嫂服丧的。韩愈二十八岁那年,郑夫人去世,韩愈服丧一年。

前几年,在汴州时,老成来看韩愈,住了一年。韩愈让他回去把家小接来一起住。老成回去后没多久,董晋死了,韩愈也离开了。到现在,有三年没见了。在京师,见到富贵奢华的生活,那些公卿一家长幼都住在一起,韩愈很想念老成,就写诗给他:

> 河之水,去悠悠。
> 我不如,水东流。
> 我有孤侄在海陬。
> 三年不见兮,使我生忧。
> 日复日,夜复夜。
> 三年不见汝,
> 使我鬓发未老而先化。

"我不如,水东流",什么意思呢?诗无达诂。可以说,是我不如流水那样,流向海陬孤侄的身边。也可以说,"臣之壮也,犹不如人",而年华像流水那样不舍昼夜地逝去。

还有一首:

> 河之水,悠悠去。
> 我不如,水东注。

> 我有孤侄在海浦。
>
> 三年不见兮,使我心苦。
>
> 采蕨于山,缗鱼于渊。
>
> 我徂京师,不远其还。

韩愈说,不久,我要从京师回去了,那时候,就到山中过采蕨的生活,到水滨过钓鱼的生活。

他希望到那时候,老成也能搬来一起住。

但是,回到徐州后,形势不对了:

> 归来戎马间,惊顾似羁雌。
>
> 连日或不语,终朝见相欺。
>
> 乘闲辄骑马,茫茫诣空陂。
>
> 遇酒即酩酊,君知我为谁?

回去后,韩愈像失偶的雌鸟,惊惶张顾。有时接连好几天不说话,成天像被什么事瞒着。有空了,韩愈就骑马跑到茫茫无人的空陂,也时常酩酊大醉。

这不是韩愈的放纵,是一场风暴在暗中酝酿。这年春天,韩愈写了首《幽怀》:

> 幽怀不能写,行此春江浔。
>
> 适与佳节会,士女竞光阴。
>
> 凝妆耀洲渚,繁吹荡人心。

> 间关林中鸟,亦知和为音。
>
> 岂无一樽酒,自酌还自吟。
>
> 但悲时易失,四序迭相侵。
>
> 我歌君子行,视古犹视今。

韩愈说"幽怀不能写",可他却不能不写诗。

行走在暮春的江畔,正逢良辰佳节。士女杂坐在一处,爱惜这美好的光阴。华丽的妆饰,照耀在洲渚间;丝管的曲子,令人心荡神摇。林中鸟儿间关鸣叫,与歌声婉转相和。我也有自己的酒壶呀,于是一个人斟,一个人饮,一个人沉吟。可惜春光很快要过去。对此怎能不悲伤!时序的转轮,重重叠叠地倾轧。我歌一曲《君子行》,看见过去的事情如今又上演。

《君子行》是古乐府,历代很多同题之作。最早一篇是这样的:

> 君子防未然,不处嫌疑间。
>
> 瓜田不纳履,李下不正冠。
>
> 嫂叔不亲授,长幼不比肩。
>
> 劳谦得其柄,和光甚独难。
>
> ……

但韩愈所唱的,恐怕是陆机这篇:

> 天道夷且简，人道险而难。
>
> 休咎相乘蹑，翻覆若波澜。
>
> 去疾苦不远，疑似实生患。
>
> 近火固宜热，履冰岂恶寒。
>
> ……
>
> 福钟恒有兆，祸集非无端。
>
> 天损未易辞，人益犹可欢。
>
> ……

陆机是大文豪，陆逊的孙子，后来被司马氏杀死。

韩愈唱《君子行》，感慨过去的事情如今又上演，是他对正在酝酿的风暴有所觉察。所谓"惊顾似羁雌""终朝见相欺"，指的就是这种事情。对身家性命的担忧，对时局的焦虑，像阴云覆盖在韩愈心头，但是又不能说出来，于是"幽怀不能写"。在春日的江浔，凝妆和丝管中，伏藏着这样的阴云。

韩愈有一首《赠郑兵曹》，有人认为写于这个时候：

> 樽酒相逢十载前，君为壮夫我少年。
>
> 樽酒相逢十载后，我为壮夫君白首。
>
> 我材与世不相当，戢鳞委翅无复望。
>
> 当今贤俊皆周行，君何为乎亦遑遑？

> 杯行到君莫停手,破除万事无过酒。

所谓"戢鳞委翅",就是敛起鳞甲,收起翅膀。韩愈说,你不要这么惶惶不安,喝酒吧,不要停杯,酒能把一切烦恼都浇灭。

不久,韩愈翩然而去。

韩愈去后,张建封死,徐州乱,副使郑通诚被杀。

4. 文 起 八 代

昔日龌龊不足夸，今朝放荡思无涯。

春风得意马蹄疾，一日看尽长安花。

这是孟郊的诗。孟郊很有才。只是这首诗，让人觉得格局小了点，因为太激动。登第，当然是好事。但碰见好事，就忘乎所以，放飞自我，给人感觉太情绪化，承受不起大事。

孟郊和韩愈是非常好的朋友。孟郊比韩愈大十八岁。贞元七年（791），两人在长安考试，因此订交。"那时的长安，穷人和穷人玩儿，富人和富人玩儿，有钱人爱笙竽，我们爱文史"，韩愈当年赠孟郊的诗里这么说。

相识第二年，韩愈中了进士。同榜的有李观、李绛、崔群、王涯、欧阳詹等，都是才俊，人称"龙虎榜"。而孟郊不在此列。

孟郊落第了。

进士出身的韩愈在京师继续考吏部，孟郊则去徐州找张建封。韩愈写诗送行，说他是江海之客，古貌古心，骑驴来到京城，想拿下功名施展抱负，但京城阶级门第网罗森严，孟郊又不肯低下高贵的华簪。

有个词叫"郊寒岛瘦"。孟郊诗"寒"。从一个"寒"字，就能看出孟郊的气质和境遇。孟郊最有名的诗还不是"春风得意马蹄疾"，而是"慈母手中线，游子身上衣。临行密密缝，意恐迟迟归。谁言寸草心，报得三春晖"。

孟郊很孝顺，对世间、对人充满了爱。但孟郊的爱，是以孤僻耿介、落落寡合表现的。世间则报孟郊以坎坷。

倏忽十年过去。从徐州回到京洛的韩愈已是壮年，孟郊也到了知天命的年纪。贞元十六年（800）冬，韩愈把家小安顿在洛阳，孤身经过飞雪的华山，再次踏上京师之旅。冬天吏部铨选，明年春出结果，韩愈还有两个孩子在家嗷嗷待哺。

孟郊也在京师，也来铨选。这次孟郊比韩愈运气好，选上了。韩愈落选了。但是，孟郊的运气实在也好不到哪里。他被派到江苏溧阳当县尉，从九品下，很没意思。

孟郊去了溧阳，也很失职，整天寄情山水，老是旷工。领导没办法，向上级汇报，另外找了个人代理县尉，孟郊俸禄被扣掉一半，因此更穷了。

孟郊去溧阳前，韩愈写了篇文章送行，就是鼎鼎大名的《送孟东野序》：

> 大凡物不得其平则鸣：草木之无声，风挠之鸣。水之无声，风荡之鸣！其跃也，或激之；其趋也，或梗之；其沸也，或炙之。金石之无声，或击之鸣。

"人也是如此。人总是不得已才开口。唱，是他有所思。哭，是他有所怀。但凡口中发声，都是心里不平呀……天不是如此吗？天选择善鸣之物，借那声音在世间鸣啸。鸟在春天鸣，雷在夏天鸣，虫在秋天鸣，风在冬天鸣。四时倾轧推夺，一定有其内心的不平吧……

"周朝开始衰落了，孔子鸣，声音大而远……到了周朝晚期，庄周鸣。楚国要亡了，屈原鸣。孟轲、荀卿、杨朱、墨翟、管仲、晏婴、老聃、韩非、尸佼、孙武、张仪、苏秦……个个都鸣起来。秦朝兴，李斯鸣。汉朝，司马迁、司马相如、扬雄鸣……到了魏晋，鸣声不行了，但也没断绝。鸣得最好的，声音清亮而浮泛，节奏繁乱而急促，言辞悲哀而过度，志气松弛而放荡。他们杂乱无章。是上天嫌那个时代德行太丑而弃之不顾了吗？为什么没有一个善鸣者出现？

"唐朝有天下,陈子昂、苏源明、元结、李白、杜甫、李观,个个鸣出声音。现在活着的人,在山野之间的,是孟东野,以他的诗鸣。东野的鸣声,高处超过魏晋,直抵上古,一般的也在汉朝诸公之间。我周围的人,李翱、张籍最善鸣。但不知上天是要他们鸣出家国的强盛,还是要他们穷苦饥饿、忧思哀愁,鸣出自身的不幸!三人之命,悬于上天。又有什么可喜,又有什么可悲。东野要去江南了,心中不释然,我因此说说天和命,来宽慰他。"

这篇序,不是普通文章。它不只是一篇送别之作,还是顶级的文艺批评。

创作有技术吗?有。不过,创作的技术不是独立的,技术和阅历、学养、见识、性情等种种因素有关,没有办法抛开这些谈技术。对文学创作来说,缺乏阅历,技术不会太高;缺乏学养,技术不会太高;缺乏见识,技术不会太高;缺乏性情,技术不会太高……

但假如,就是要粗率一点,单说技术,说对语言的驾驭能力、选题能力、构思能力等,那可以说,韩愈在这个时期,三十四五岁,作为文学宗师的技术已经达标了。

如果技术不达标,再好的阅历和学养也不可能让一个人成为文学家。技术是门槛。陆游说,"汝果欲学诗,工夫在诗外",这也是说跨过门槛之后。连门槛都没跨过,技术之外的功夫再多也没用。一旦跨过门槛,技术的壁垒就消失了,之后的奇光异彩都是别的在起作用。

三十四岁的韩愈,写了篇《送李愿归盘谷序》。欧阳修说,晋朝没有文章,除了陶渊明的《归去来兮辞》;苏轼说,唐朝没有文章,除了韩愈的《送李愿归盘谷序》。苏轼很想仿写,但屡屡罢笔,最后说,算了,就让韩愈当第一。

送别序,在当时属于文人都要写的体裁。但韩愈把它写到了独步。如果单说文学宗师的技术,韩愈这时已经完全够了。不过,他的声望还不够,影响力还不够。韩愈只是一个漂泊在京洛之间,等待吏部铨选的小人物。文学上是大宗师,政治上是小人物,很正常。孟郊的诗,也戛戛独造,也是小人物。杜甫也是。

且不说政坛,只说文坛。这时候的韩愈,在文坛上已经有些名声了,不过还远远没有达到鼎盛。历史上最重要的人物,声望最鼎盛时往往在死后。在世时,声望基本是随着年龄的增加越来越高。但创造力不是。

二、三流以下的人物大多这样:在一个时代声望达到鼎盛,被人称为一流,甚至"大师"。但实际上,他享有那种声望和待遇时,已经基本老朽,做不出新东西了,别人只是拿他年轻时的工作来吆喝,给他冠以荣耀。而在他真正做着激动人心的工作时,还年轻,还不受重视,人们觉得他还不配和大佬相提并论。而大佬之所以成为大佬,多半靠的是年轻时的工作,成为大佬之前的工作。一旦"大佬"的帽子触手可及,就失去了工作的动力,转移了工作的重心,不肯再投掷精力去创造了。

因此,很多天分、才智极高的人,被地位和名声所累,不能百尺竿头更进一步,最终止步于二、三流。一流的创作者,创造性工作是终其一生的,是活下去的需要,也不可能放弃。但凡活一天,就要有一天的创造。其实,二、三流创作者,有人也有这种劲头,只是天赋不够,机遇不好。一流的创作者,尽管技术早已过关,但那不是终结,恰恰是开始,真正精彩的创造,还在后面。

哪怕苏东坡说唐朝只有一篇《送李愿归盘谷序》,但是,即便韩愈不写《送李愿归盘谷序》,即便这篇文章失传,韩愈也还是韩愈,照样能"文起八代之衰"。

所谓"第一""第二""压卷之作",在创作上是靠不住的。顶级的人,没有谁是靠一篇作品封神的。把张若虚的《春江花月夜》拿掉,失传,文学史上就没有张若虚的名字了。而杜甫的诗,挑最好的十篇,砍掉,杜甫还是杜甫。韩愈的文章，挑最好的十篇，怎么挑都行，扔掉，韩愈还是韩愈。在"唐宋八大家"中，古文史上，他还是第一位。

二流以下的创作者，有代表作。一流的创作者没有代表作，代表作也代表不了他。拿作品之一二代表他，是根本无法呈现他的天才和成就的。只有他自己，才是他的代表作。

一流的创作者，在最频繁地创造出激动人心的作品时，只是创造力的巅峰，不是名望的巅峰。三十四五岁的韩愈，哪怕接连写出一生中最响当当的作品，让后世学古文者奉若神明的作品，可是，对当时的大多数人来说，只是觉得还不错。有人甚至觉得并不好，包括他后来的朋友兼上司裴度。

等异议逐渐消失，时代回过味儿来，开始赞叹"真伟大"的时候，很多人其实已经没有办法再写出同样的作品了。因为老了，气血衰弱了。很多机缘，一旦错过是不会再回来的。年轻时能写到的地方，到了晚年，很多写不到了。

不过，晚年也有晚年的好，是另一种好。年齿的增长，气血的衰朽，每个人都不可避免。但以暮年的气血，去重经波澜，风味绝非壮年可比。因此，一流的创作者，虽然技术上早早成熟了，但真正好看的，还在后面。朱熹晚年遭遇党禁，写出《落职罢宫祠谢表》，是极其伟大的作品。年轻时纵然有再好的技术也写不出来。这就是为什么说，技术不是孤立的，不可能和阅历、学养、见识、性情割开。

杜甫晚年写诗，很随意了。韩愈晚年的诗和文章，也非常随意。但这种随意，是别人没有办法学习、模仿的。因为他们之前都经历过很多刻意。

韩愈曾经怎么写文章呢？二十多岁的韩愈，"惟陈言之务去"。"惟陈言之务去"这句话，也是韩愈在三十四岁回复李翊时说的。那封信，是纯粹的"技术流"，韩愈把写文章的技术倾囊相授，总结的经验都是他二十多岁时用过的。但别人看了《答李翊书》能不能成为韩愈呢？不可能。韩愈本人往后的写作，也不会再像这封信中说的那样。这封信，只能作为一颗化石，让我们窥见二十多岁的韩愈怎么写文章，了解他在文章的淬炼上经历过什么。

《答李翊书》写于洛阳。韩愈跑到长安铨选，没选上，回了洛阳。李翊当时还是个在准备进士考试的学生，因为韩愈在文坛渐渐升起的名声，也因为韩愈的文章力反套路，就写信问韩愈，怎样才能立言。

韩愈反问他：你是想立言呢，还是想超过别人或被别人用？要是想超过别人或被人用，那不是难事，你现在的本事就够了。但是，要想立言，还得慢慢来。

韩愈告诉他，自己是怎么学的：

"最开始,除了三代两汉的书,不敢看其他书;除了做圣人,不敢有其他志向。成天浸泡在书和理想里,经常忘记自己在哪儿,恍恍惚惚,苦思冥想,又茫然摸不到头绪。当终于有些线索要写下来了,但凡别人说过的话,必定删掉——惟陈言之务去。写完拿给别人看,哪怕别人笑话、非议,自己也不觉得有问题。

"这样过了一些年,依然不改,然后能慢慢辨别出书上说的哪些对,哪些不对。就算书上说对的地方,只要不透,也能一眼认出来。把别人的话,一概扔掉,慢慢地,文章有点模样了。再把想法倾注到笔下,就像流水,源源不断地来了。拿给别人看,别人嘲笑,就很高兴;别人赞扬,就很忧愁。因为,别人赞扬,说明别人也能想到。

"这样又写了几年,然后浩浩荡荡,沛然落笔,大块文章就出来了。又怕太杂,文思涌来的时候,既欢迎,又抵御,更要平心静气地体察,等所有见解都醇然没有瑕疵了,再放开手恣意挥洒。虽然如此,却不能不养气。要践行在仁义的道路上,泛游在诗书的源泉里,既不能走错路,也不能堵塞源头,就这样,一辈子走下去。"

任何伟大的创作者,都必须经历这些。杜甫年轻时,"颇学阴何苦用心",苦苦模仿阴铿、何逊,费心经营。到了晚年，"老去诗篇浑漫与"，随手写了。"汝去迎妻子，高秋念却回。即今萤已乱，好与雁同来。""只应踏初雪，骑马发荆州。直怕巫山雨，真伤白帝秋。"简直就像说话。但是，这样的"漫与"，一般人学不来。虽是"漫与"，也能处处"中节"，"晚节渐于诗律细"。对老杜来说，草木竹石，皆可为剑，一切都能入诗。

韩愈也一样。不懂的人，看他晚年写的作品，以为是早年，因为很随便；看他早年写的作品，倒以为是晚年，因为技巧精湛。其实，恰好反过来。早年就技术精湛了，到晚年都扔了。扔不掉的东西留下，形成独到的风格。

"天街小雨润如酥，草色遥看近却无。最是一年春好处，绝胜烟柳满皇都。"——韩愈晚年写的。

"岐王宅里寻常见，崔九堂前几度闻。正是江南好风景，落花时节又逢君。"——杜甫晚年写的。

再看看他们早年的作品：

"岱宗夫如何？齐鲁青未了。造化钟神秀，阴阳割昏晓。荡胸生层云，决眦入归鸟。会当凌绝顶，一览众山小。"——《望岳》，杜甫二十五岁写的。

"于是命煊氏，候清夜。或将祀圆丘于玄冬，或将祭方泽于朱夏。持鉴而精气旁射，照月而阴灵潜下。视而不见，谓合道于希夷；挹之则盈，方同功于造化。……夜寂天清，烟消气明。桂华吐耀，兔影腾精。聊设监以取水，伊不注而能盈。霏然而象，的尔而呈。始漠漠而霜积，渐微微而浪生……"——《明水赋》，韩愈二十五岁写的。

《明水赋》，是韩愈中进士的考卷，是命题作文，临场发挥。很多人学一辈子都写不到这地步，韩愈二十五岁即席就有这水平。

但是，《明水赋》好吗？根本不算。它只能证明一个人有才华，读书多，构思好，文字娴熟，仅此而已。而要成为一代宗师，光有才华是不够的，文章不错也是不够的，起码要能"建立行业标准"才行。

建立行业标准，是最起码的。做到这一步，可以称"大佬"。再进一步，能建立时代标准，可以称"大家"，一代宗师。更进一步，能建立历史标准，可以称"大师"，百代宗师。

行业的标准，叫"规范"。"规范"是正面的词，换个表达，叫"套路"。实际上，规范就是套路，套路就是规范。娴熟掌握规范的人，就是深谙套路的人。而时代的标准，叫"潮流"，换个词，叫"风口"。历史的标准，叫"经典"。

韩愈是百代文宗，是在汉语文学史上建立标准的人。这不是那些成天学套路、跟潮流、追风口的庸俗之辈可以理解的。那帮人，跑得快的话，可以占尽便宜，因为总能抓住风口。但韩愈不是，韩愈抓不住风口。因为风口是他制造的。风口总跑到别人前面，但是总跟在韩愈后面。《周易》说，"云从龙，风从虎，圣人作而万物睹。"龙在哪里，云就从哪里起；虎在哪里，风就从哪里生。韩愈中进士的榜，被称为"龙虎榜"。现在看，确实是"龙虎榜"，但原因是其中有个韩愈。

那么，韩愈在文学上建立的标准体现在哪儿呢？被他改变的标准和套路到底是什么呢？

用苏轼的话说，韩愈之前，八代的文章——东汉、魏、晋、宋、齐、梁、陈、隋，数百年来，就一个字——衰。

韩愈改变了"衰"。这也是《送孟东野序》里说的，整个魏晋，没有善鸣的，都是些靡靡之音，一点儿也不雄起。韩愈雄起了。元好问有《论诗绝句》，其中一首说，"有情芍药含春泪，无力蔷薇卧晚枝。拈出退之山石句，始知渠是女郎诗。"秦观的诗，"有情芍药含春泪"，也不错，但是，把韩愈的《山石》往这儿一摆，才知道什么是阳刚。

不过，所谓"阳刚"，绝不是堆砌大词，描写大场面，刻意营造宏大叙事，什么"待到秋来九月八，我花开后百花杀""未离海底千山黑，才到中天万国明"，这不是阳刚。

不是说杀人犯提着刀到处砍就叫阳刚。"海到无边天作岸，山登绝顶我为峰""周公吐哺，天下归心"，也不叫阳刚。霸气，则有之；阳刚，则未必。

那什么叫阳刚？

"吾无隐乎尔""逝者如斯夫，不舍昼夜""四时行焉，百物生焉"，这叫阳刚。就像没有风，树立在那里；没有石头投进去，水面湛然不动。阳刚不是倨傲，不是要拿大山大海照出"我"怎样。阳刚是浩然不息、沛然不止的天理流行，不是夹杂些人欲在里面的。

元好问举韩愈的《山石》来说明"阳刚"。我们可以看到，《山石》里面根本没有大词，整篇长诗就用了一个"大"，还是说芭蕉叶子：

　　山石荦确行径微，黄昏到寺蝙蝠飞。
　　升堂坐阶新雨足，芭蕉叶大栀子肥。
　　僧言古壁佛画好，以火来照所见稀。
　　铺床拂席置羹饭，疏粝亦足饱我饥。
　　夜深静卧百虫绝，清月出岭光入扉。
　　天明独去无道路，出入高下穷烟霏。
　　山红涧碧纷烂漫，时见松枥皆十围。
　　……

不是空洞的大场面，大制作，是平常的场面，铿锵的节奏，扎扎实实，停停当当。这就是韩愈的诗。韩愈也有"河之水，去悠悠，我不如，水东流"的悱恻动人。而"山石荦确行径微，黄昏到寺蝙蝠飞"是阳刚的，是韩愈本色。

《山石》写于韩愈三十四岁。

一代文宗，正冉冉升起。文学史上，推倒百年的典范正在奠基。然而，标准的缔造者韩愈，此时依然是个栖遑奔走寻找安身之地的小人物。这就是现实。不过不要紧，朝廷很快就会派发给他一个工作，四门博士，正七品上，虽然不大，但总比孟郊强不少。

孟郊也建立了时代的标准。孟郊的诗和韩愈的文章并称"孟诗韩笔"。只是可惜，孟诗止步于时代的标准，而韩笔则成为历史的标准。今天提到唐朝诗人，孟郊是难以算进前五的。而提到唐朝文章，甚至把"唐朝"二字去掉，韩愈都是当之无愧的第一。

王勃是文人，韩愈是文豪。文人和文豪的区别就在于能否建立标准。韩愈建立了文章的标准，而王勃没有。《滕王阁序》挺好，但那都是跑在套路之内的。韩愈直接把套路颠覆了。不过，颠覆套路有个前提，你得懂套路，对旧的标准要熟稔，要了解它的弊病，也要掌握它的诀窍。不可能旧的标准都不懂,就妄想建立新的标准,那是胡来。

老杜的诗可以学,但老杜晚年的"漫与"难学;韩愈的文章可以学,但韩愈的"沛然莫之能御"难学。专拣后面那些学,以为好学,不下前面的功夫,就学成乾隆老爷子了。

早年的杜甫、韩愈,可以说跟别人在同一个赛道上。但到了后来,和别人压根儿不在一个赛道了。在同一个赛道,跑第一,叫领先。赛道上只有你,没别人,叫独步。后来的人,都渐渐转到你的赛道上来,由你开辟的赛道成了主流,你就成了宗师。杜甫、韩愈,都是这样。而李白不是,柳宗元也不算。

假如说,找出从旧赛道变向新赛道的阶段,这一时期的作品是可以称为"奠基之作"的。"奠基"这个词很有意思。奠,就是定下来;基,就是标准、基石。之后写的一切,无论怎样信笔划拉,无论多么随意,都有法度在,都是标准,都代表着向未知空间的探索。

到了这时候,作为文学家,韩愈是真正有了信心。这时候,就是在韩愈三十四五岁的时候,经历了两次幕府,重新回到京洛的时候。无论他今后的政治生涯会怎样,在文学上,他已经"奠基"了,他的宗师地位已经开启了。虽然让时代了解这一切还需要点儿时间,但对他本人来说，已经笃定地察觉到了。即便现在死了，他那与众不同的鸣和也已经奏起。而只要他还没死，浩浩荡荡的怒潮就要滚滚而来。

他会不会现在就死？那纯粹是上天的事。是让他鸣出时代的最强音，还是鸣出自身的不幸？交给上天吧。既然如此，又有什么可喜，又有什么可悲。

5. 人间事势

现在来聊聊《送李愿归盘谷序》——这篇被苏轼称为唐代第一的文章。

这种文章，很难翻译。怎样翻译都要丢失不少味道。而且，无论翻不翻译，好处都很难讲。别说今天，就是搁唐朝，很多人恐怕也看不出它好在哪里。

李愿要去盘谷隐居，韩愈写序送他。看起来，这像应酬之作。但是，应酬之作很少有这么写的。

开头是大段引用李愿的话，几乎成了文章的全部：

"世间称为大丈夫的那些人，我是了解的——给别人恩惠，名声显赫。坐在庙堂上号令百官，辅佐天子发号施令。出行时，大旗高举，军车装甲，警卫开道，仆从占满道路。后勤人员携着吃的、喝的、玩的，跟在路边跑。高兴了，赏。不高兴，罚。世间英才天天挤到他门口。从三皇五帝谈到现在，归结为一句，没有谁比他伟大。这些话天天听，月月听,也听不烦。家里的姬妾侍婢,一个比一个标致,弯弯的眉毛,丰润的脸颊,声音清脆,体态轻盈。"

唐朝以丰满为美。不过,丰满不是胖,是"丰颊",脸上肉乎乎的。至于身材,还是轻盈的。"便体",就是很灵巧,主人要什么,马上就来。

"她们不仅脸蛋好看,人也伶俐。走起路来轻裾飘飞,长袖掩曳,面如银粉,眉似青黛。家里蓄养她们的房屋成列,她们却闲居无事。每天彼此嫉妒,怕别人分走了主人的宠爱。被嫉妒的,有恃无恐地撒娇,个个使出浑身解数,争显媚态,以求主人爱怜。

"'这,就是大丈夫遇到明天子的赏识,是有大功的人的事业。'李愿说,'不是我厌倦这些,是我命里没有。一个人,独居在山野,登高望远,在丰茂的树荫下,坐一整天。取来清泉濯洗,上山采些野果,味美可口,去水滨钓鱼,新鲜宜食。每天睡到自然起。与其得到当面的赞誉,哪里比得上背后没人诋毁。与其消受身体的愉悦,哪里比得上没有尤悔。不用舟车劳顿,盛装累身,也不必担心突然进牢里。天下太不太平,与我何干。谁歼谁黜,我也不在意。终身不遇的人,只好这样生活。那么,我就这样生活。让我到公卿门口伺候,为了细碎的事鞍前马后,想靠近又畏缩,要开口又支吾,厮滚在污垢中间也不知羞耻,不小心还有掉脑袋之虞,就这样活过一辈子,是成功还是失败呢!'"

其实,这些话,李愿是绝对说不出的。李愿是谁呢?是个谜。平西王李晟的儿子叫李愿。但这篇序说的不是这个李愿。有人说,李愿是隐者。文章也完全没有叙及李愿的生平、自己和李愿的交往,只是说"友人李愿居之",接下来就"愿之言曰"。

也许,不能排除"李愿"根本就是韩愈杜撰的人。说什么跑到公卿门前伺候,想开口又不敢,都是韩愈的亲身体验。《归彭城》里说,"到口不敢吐,徐徐俟其巇";《答李翱书》里说,"持仆所守,驱而使奔走伺候公卿间,开口论议,其安能有以合乎?"

这一年,韩愈三十四岁。在这半年里,韩愈多次表露归隐的念头。

像《山石》的结尾:

人生如此自可乐,岂必局束为人鞿?

嗟哉吾党二三子,安得至老不更归!

鞿,就是马嚼子,能控制马。韩愈感觉自己像是一匹马,被人套了嚼子。这首诗是七月写的。当时,韩愈和李景兴、侯喜、尉迟汾去洛北惠林寺玩。

几个月前,韩愈离开长安回洛阳,临走时写诗送给孟郊、房次卿,结尾说:

颍水清且寂,箕山坦而夷。

如今便当去,咄咄无自疑。

这两首诗和《送李愿归盘谷序》都写于吏部铨选未中之后的半年。六年前,二十八岁的韩愈考吏部博学宏词科未中,给侯继写信,也说要归隐。还说,别人就算想寻找他的声光,都不可能找到了。

假如一个人真要归隐,不会总挂在嘴上。韩愈说,"如今便当去,咄咄无自疑",这恰恰让人怀疑。果不其然,几个月后,他还在嚷着归隐。人家陶渊明写《归去来兮辞》,就一篇,说归隐就真归隐了。以后再写,就是《归园田居》和《饮酒》了。

是不是韩愈心口不一?明明不想归隐,却装成想归隐的样子?

不是。韩愈说归隐,是真想归隐。没有归隐,也是真不想归隐。这看似矛盾,但恰恰从这矛盾中,才能理解韩愈。就像戒酒的人,发誓戒酒的时候,是真想戒,很清楚酗酒的痛苦。但事后,还会再发誓,说明真的戒不了,戒酒也让他很痛苦。酒和戒酒,都让他痛苦。

"仕宦"对现在的韩愈来说,就是这样。食之无味,弃之可惜。有时候,和朋友出去玩,看到天大地大,觉得混迹官场看人脸色真是恶心。从古书中得到的乐趣,让他厌弃庸俗不堪的尘世生活。相比之下,采蕨缯鱼的生活自在可乐。只是,归来家中,看到老婆孩子要吃饭,就又不能不考虑禄米了。

此外,还有一个重要原因,如果真的归隐,从七岁开始学了二十多年的东西就差不多白学了。不甘心。

陶渊明归隐后,照样看书。但陶渊明看书是怡情,没法在世间施展抱负。而且,看书、写诗只是陶渊明生活的很小一部分,更多的是辛苦种地,每天老早爬起来锄草,天黑了才扛着锄头回去,还要哄孩子。真正的归隐,可不是成天采果子、钓鱼那样诗意。背后很辛苦,甚至想读书都没条件了。韩愈酷爱读书,平时吃饭睡觉都离不了书。吃饭时,一手拿着书看,一手吃饭。睡觉时,躺在床上看,困了用书当枕头。韩愈还特别喜欢和朋友聚在一起,畅聊书中的义理。真归隐的话,与这些都无缘了。而且,孩子将来是不是也要考科举,走这条路?

虽然书上说"隐居以求其志",可毕竟不是"古代"了,什么闭门著书、藏之名山、垂悬万世——现在都是唐朝了,贞元十八年了。如果说韩愈在二十八岁的时候还残留一点那样的想法，现在不可能了。闭门造车，只会很浅陋。几年的公门生涯，让韩愈越来越清楚这一点。

归隐，对别人来说，也许不错，但对韩愈来说，不能甘心。他很渴望投身于时代的波澜壮阔中。"采厥于山，缗鱼于渊"的朝夕，不能给他足够的滋养，不足以让他伟大。"澹泊明志，宁静致远"，不是韩愈想要的。韩愈渴望力挽狂澜，哪怕上刀山、下火海，也比平和安宁有吸引力。他难以容忍平淡。后世的名声固然重要，现世的名声也很重要。缺少了时人的认可，他会寂寞。

韩愈很有唯物主义倾向，因此，他渴望生前就能影响时代。毕竟，死后会怎样谁都不知道。韩愈这样看待生死，宜乎他不信佛，宜乎他对彼岸的世界没有对此岸的世界这么关心。除了给后世留下文学上的名声，他很渴望为如今置身的世界做点什么。于是，归隐山野、在林泉间度过一生，哪里是他能接受的！虽然书上讲"用之则行，舍之则藏"，但时代真的舍弃他，他也很难"藏"。他有读书人的骄傲与矜持，这矜持让他被动，让他痛苦，让他矛盾。

一天，韩愈和侯喜去钓鱼，大清早骑马出了都门，在荆棘林中穿行很久，来到洛水边。水很浅，水面很窄，用韩愈的话说，"蛤蟆都能跳过去，麻雀都能洗澡"。这种地方，就算有鱼,值得钓吗?可是,既然跑了那么久,不钓又可惜。于是,把鱼钩和饭粒投进泥坑,从晡时坐到黄昏,手举累了,眼都酸了,还是没动静。刚要起身歇歇,鱼竿动了,赶紧举起来,果然钓到了。可惜鱼太小,"就一寸大,刚能看出哪是鳞,哪是鳍"。韩愈伤心地唱道:

> 是日侯生与韩子,良久叹息相看悲。
> 我今行事尽如此,此事正好为吾规。
> 半世遑遑就举选,一名始得红颜衰。
> 人间事势岂不见,徒自辛苦终何为?
> 便当提携妻与子,南入箕颍无还时。
> 叔记君今气方锐,我言至切君勿嗤。
> 君欲钓鱼须远去,大鱼岂肯居沮洳。

这一天,侯生和韩子叹息了好久,看着对方悲伤不已。我这一生,行事大多如此,今天的事正好可以作为对我的规劝。半辈子遑遑奔走去举选,好不容易到手了,人也老了。人间事势就是这样呀,还看不清吗?何必这样辛苦呢!真应该携着妻小,到箕山颍水边隐居,再也不要回来。侯叔记呀,你还年轻,还有锐气,我说的这些都是真心话,你别嗤笑。真想钓鱼,去远一点的地方吧,大鱼怎么可能在泥沟里!

韩愈不是不想钓鱼，只是小鱼对他完全没有吸引力。只能钓到小鱼，对他来说和钓不到鱼一样痛苦，甚至更痛苦。人家说，"不鸣则已，一鸣惊人"，对韩愈，"不鸣则已"是不行的。但是，鸣了没有惊人，他又很挫败。"不钓则已"，对韩愈来说不行。不钓也不能已——他毕竟一大早骑马出城，穿过茂密的荆棘林，从天蒙蒙亮跑到太阳快下山，让他不钓，他怎么能放得下？这就是为什么一件钓鱼的小事，都让韩愈伤心得不得了。

需要明白的是，三十四岁的韩愈可不是盛年了。不能用今天的观念看待过去。

韩愈的父亲在他未满两周岁时去世。长兄韩会，熟读医方，活了四十二岁。另外两个兄长，死得更早。韩愈没有把握活到长兄的岁数。这一年，韩愈的几颗牙已经松动，马上要掉了，头发也白了不少。"半世遑遑就举选，一名始得红颜衰"，对他来说，真是这样。所以，他不能不感慨，"是日侯生与韩子，良久叹息相看悲"。

要理解韩愈，需要对他的背景有更多了解。因此，不能不叙及韩愈的原生家庭，以及当时的流行风气。

韩愈的家族算不错，曾祖父曾任曹州司马，祖父曾任桂州长史，父亲曾任秘书郎。父亲去世后，韩愈由兄嫂抚养长大。长兄韩会比他大三十岁左右。

韩愈七岁时,韩会在长安任起居舍人。起居舍人是从六品上,负责写《起居注》,记录皇帝的日常。当时,韩愈的叔父韩云卿也在长安,任礼部郎中,从五品上。韩氏叔侄名望很大,韩云卿和李白有交往,李白称他"文章冠世"。那几年,长兄和叔父的风光,给韩愈留下了很深的印象。

在京城住了四年,韩会被贬韶州。韶州在岭南,当时是"瘴疠地",跟现在没法比。贬谪到韶州不久,韩会就死了。"万里故乡,孤幼在前。相顾不归,泣血号天。"那时从岭南回河南,不知有多难。家里像天塌了,寡嫂拉着两个孩子,泣血号天。

怎么办?只有把遗体运回老家。老家河阳,在今天河南孟州。古代很多人客死他乡,因为没有力量葬回,就先葬在当地,或者找个地方停放,以后有条件再回迁。韩会死后,一家妇孺在岭南没有依靠,嫂嫂想带着韩愈和十二郎回家,岭南那么远,这辈子都不想再来了,以后回迁灵柩也不太现实,干脆就一起吧。这相当不容易,但也没有更好的办法。韩愈很感激嫂嫂,"微嫂之力,化为夷蛮"。

夷蛮在当时很被看不起。禅宗祖师慧能就出生在岭南新州。他跟人家介绍,都先说自己祖籍不是岭南,是范阳。慧能的父亲做官贬到岭南，死在当地，慧能就成了新州百姓。后来，慧能去湖北黄梅见五祖。黄梅也不算什么好地方，但五祖一听慧能是岭南来的，就说："汝是岭南人，又是獦獠，若为堪作佛？"这固然是对慧能的敲打，也反映出唐朝人对岭南的鄙弃。獦獠是对南方少数民族的蔑称，而慧能并不是少数民族，只是上一代才迁去，还被如此鄙视。如果韩愈留在岭南，肯定也那样了。

嫂嫂带着他们回河阳，"水浮陆走，丹旐翩然；至诚感神，返葬中原"。一家乘船走路，举着引魂幡越岭翻山，诚意感动了上天，终于返葬回家了。下葬后，本来打算在老家住下去，却碰上中原战乱，寡嫂只好又带着两个孩子和家中仆从跑到江南宣州。待韩愈成长到十八九岁，又去京师赴考。

韩愈小时候，韩会在京师做官时，"念寒而衣，念饥而飧；疾疹水火，无灾及身"，觉得冷，就有衣服；觉得饿，就有饭，没病没灾，和后来的际遇简直是天壤之别。"在死而生，实维嫂恩"，要不是嫂嫂，他是活不成的。

除了幼年遭遇，韩愈还有个难以启齿的身世秘密：生母是个下人。韩会对他很好，但韩会实际上是他同父异母的哥哥。韩愈的生母从来没有被他在诗文中提起过，可能在韩愈父亲去世前就死了，或者改嫁了。在唐朝，这种事情很不光彩。

唐朝非常注重出身。陈寅恪先生说，唐朝继承了南北朝旧俗，评量人品主要看两点：娶妻是否出自名门，做官是否由清望官。如果不是，"俱为社会所不齿"。元稹自传体小说《莺莺传》中，张生对崔莺莺始乱终弃，当时的人都认为张生是"善补过者"。地位低的女人，不要她了，娶个地位高的，在唐朝人看来是改过自新，弃恶从善。陈寅恪说："舍弃寒女，而别婚高门，当日社会所公认之正当行为也。"如果有士人被贬，正妻死了，在当地几乎是没法结婚的，因为找不到门当户对的。不过，这并不影响他们纳妾。

不管韩愈的生母是死了还是改嫁，总之韩愈不到两周岁就没爹没娘了。乳母觉得韩愈太可怜，不忍离开，就在韩家待了一辈子，看着韩愈长大成人，中进士，到汴州、徐州，又入朝做官，娶妻生子。韩愈对待乳母就像对待亲娘一样，逢年过节都率领老婆孩子列队跪拜。乳母活了六十多岁，死在韩家，韩愈为她立碑写铭。这是很隆重的待遇。因此，有人甚至怀疑乳母就是韩愈生母。卞孝萱在《韩愈评传》中对此有讨论。

后来，朝廷追赠韩愈亡母，但韩愈自己从来不提，韩愈的学生为他写行状、碑志也都不提。因为，追赠只能追到嫡母，也就是韩愈父亲正妻的头上，跟生母没有一点关系。在唐朝，作为女人，如果出身卑下，想嫁个地位高的人都不可能。《琵琶行》里，"老大嫁作商人妇"，商人在当时是很受鄙视的，跟现在反过来。出身卑下的女人，想靠孩子出头都不可能。孩子出头，长的也是嫡母的面子。

生母出身卑贱的事实和年少寄人篱下的经历，以及幼年看到叔父和长兄在京城的风光，都深深刺激着韩愈，让他要想尽一切办法自立，要单枪匹马、赤手空拳，靠个人努力来博得世人认可和赞誉。因此，他虽然也投谒，但唯恐姿态太低，被人看不起，爱和孟郊这种"莫肯低华簪"的人交往。他想靠才学赢得尊重，但一而再再而三地发现这条路行不通。

韩愈很反感时人看重门第的观念，但又不能不被那种观念影响和塑造。实际上，韩愈几乎反感流行的一切，尤其是上流社会流行的。天子公卿爱打马球，他反感；士子投谒的奴颜婢态，他反感；骈四俪六的浮华文风，他反感；从豪贵到百姓的崇信佛道，他反感。

但是，要清楚，韩愈反感的是潮流，不是人。如果落到具体的人身上，是另当别论的。就像政见不同的人也有可能谈笑风生,韩愈在僧人中也有很值得怀念的朋友,比如澄观、大颠。如果当时大多数人喜欢的、追逐的,而那又不是古圣先贤认可的,韩愈多半要反感排斥。所以,就连写文章也要把别人都认同的话删掉,认为是废话,俗气。他一心想与众不同,但又不能彻底与众不同。他还是渴望世人的认可。

在韩愈嚷了半年要归隐后,非但没归隐,还得到了国子监四门博士的位置。这得力于陆傪的推荐。陆傪从外地调回京师,做祠部员外郎。贞元十八年(802),权德舆知贡举,就是主持进士考试,陆傪辅佐。因为这个原因,士子踏破了陆傪的门槛,好多人被陆傪拒绝了,一部分确实是才学不行,但也有一部分是出身不行。

陆傪说:"某人出身商人,某人出身胥吏,他们活着的时候被某人任用,死后被某人写悼文。任用和写悼文的人,难道不是不讲究吗?"

大家都说是。

韩愈说:"那些人受任用,别人写文章哀悼,就没有缘故吗?还是说他们有罪,不值得这些?"

陆傪说:"那倒不是。只是他们出身不好。"

韩愈说:"这就是先生不妥了。当年管仲让两个盗贼做大夫,赵文子推荐七十多个管库房的,他们怎么不问出身?"

陆傪说:"那些都是贤人。"

韩愈说:"先生说的贤人,是大贤呢,还是说比一般人贤?齐国、晋国都有这种人,今天难道就没有?先生考察人恐怕太严苛了吧?圣人不世出,贤人不时出,千百年间总会有出身胥吏、商贾的圣贤。先生的说法流传出去,我真不忍看到很多母亲放弃喂养她们的孩子!"

6. 歌 于 逵 道

韩愈批评了陆傪，又写了篇文章。

陆傪是推荐韩愈做四门博士的人。口头批评就算了，写文章可是要留下记录的。过去有钱人请人写墓志铭，都要把坏事去掉，好事留下，韩愈这么做似乎很不合适。

一千年后，这篇文章还在流传，曾国藩看到说："以《行难》命题，所以表陆先生之贤。"

没错，本来是批评陆傪的，硬生生被韩愈写成一篇"表陆先生之贤"的文章。

韩愈是怎么处理的呢？

开头说，有人问，世上什么最难？答曰：放弃自己的骄矜，听从别人的意见。谁能做到呢？陆傪先生。

接着，韩愈就开始批评陆傪。

看上去好像很容易，其实并不简单。从结构到细节，都体现笔力。结构上，韩愈在批评陆傪之后，又补充了一个小例子，说陆傪虚心听取了韩愈的意见，称赞韩愈贤于孟子。这样，前面加了帽子，后面添了尾巴，韩愈对陆傪的批评就淡化了。

细节上，韩愈批评陆傪时特意强调，陆傪的话满座都赞同。这表示，这是整个时代流行的谬见。这样，针对陆傪的批评就更淡化了。结尾，韩愈说陆傪称赞他胜过孟子，这是以自己的不谦逊来扬陆傪的善。因为这些处理，韩愈的批评可以堂而皇之地写出来，并让人觉得总体还是在表陆傪之贤。

写文章，难就难在这里。中国古代的文章和西方的文学侧重点不同。古人提倡"文以载道"，像小说这种，在古代不是文学主流。情节的曲折、故事的戏剧性、矛盾冲突，不是古人最看重的。他们最看重如何妥帖地表达。打个比方，小说家需要写作技巧，政府工作报告也需要，但两种技巧很不一样。西方文学，以及中国现代文学，都是更关注前者；但中国古代的文章，更关注后者。那些学文章的人，不是靠文章来赚稿费，是靠文章来当官。他们关注的不仅是表达什么，还关注怎样妥帖、得体、严谨地表达。古代写文章，像今天召开新闻发布会，是公开发言。

公开发言，难度非常大。因为面对的不是一个人，是很多人。很多人,就有很多见解,彼此有对立和冲突。那么,你的发言,不管怎样公允,总会被某些人误解和敌视。要避免这种结果,最简单的办法是"和稀泥",不表态。但不表态,发言的意义又何在呢?古人琢磨文章,主要是在琢磨这个问题。不仅是文章的内容,更是文章的口吻,口吻背后的立场、情绪和态度。

不久,陆傪被外放为歙州刺史。虽然歙州刺史的级别比祠部员外郎高,但实际上是很倒霉的事。陆傪走之前,权德舆、韩愈等人都来送行,照例是要写文章的。

权德舆也是当时的文章家。他知贡举,陆傪是副手。我们拿他的文章和韩愈比比。

权德舆《送歙州陆使君员外赴任序》:

"……前年,公佐(陆傪)从南方调回京师。朝廷诸位朋友都以选贤为己任,公佐没来,大家都很遗憾;来了,都拍手欢笑,特别高兴,想着以后可以常聚了。可惜不到两年,他又被调走了。因此,贤德的大夫和士子,都替他可惜。"

你看,明明是送陆傪的序,提到陆傪,却说"公佐"怎样,"他"怎样,可见文章面对的对象并不是陆傪,而是其他人。像李白的《赠汪伦》,"李白乘舟将欲行""不及汪伦送我情",说是"赠汪伦",其实不是单给汪伦看,更是给大家看的,这叫《赠汪伦》。这就是为什么说古代写应酬文章像今天召开新闻发布会,主要是面向广大"听众"。继续看权德舆文章:

"公佐为人正直,从来没有巧言和谄媚。仕宦顺利,是如此;不顺,还是如此。如今,天子爱戴百姓,把许多人才调去地方。在地方做官,并不比在朝廷受轻视,这是很显然的。况且,宣城有了公佐,风俗一定会更清廉。新安山水极佳,堪供玩赏。为仁由己,俸禄也高,这些都是不期而遇的好处。况且,将来朝廷考察政绩,公佐这样的人一定很快会被一纸诏书调回来。那时候,哪怕当地人拥到马路上挽留,也留不住。何必因为今天的短暂离别而忧伤呢?请公佐保重精神,努力自爱,等着未来更好的相会。"

这是标准的、典范的应酬之作。其中说,在地方做官不比在朝廷受轻视"是显然的",实际上恰恰不是这样。这次外放对陆傪打击非常大。权德舆作为他的朋友兼上司,在文章里虽然含蓄地表示了惋惜,却不能公然说朝廷这次调动对陆傪来说是大不幸。

权德舆此时是中书舍人,正五品上,级别不算太高,但位置很重要。中书舍人被称为"文士之极任,朝廷之盛选",是中书省骨干,像进奏、参议、起草诏书等都是由他们负责,大概相当于今天的中央办公厅和国务院办公厅的工作。中书舍人也是做宰相的重要跳板。权德舆后来也做到了宰相。从这篇文章中可以窥见权德舆的风格。现在,再看看韩愈怎么写:

"陆君出使歙州,朝廷宵衣旰食的贤臣、来京城旅居的良士都叹息流涕,认为他不该调走。"

开篇就一目了然,表示这次外放对陆傪来说很不幸。但韩愈也不能对朝廷的调令表示不同意见,所以接下来笔锋一转:

"歙州是大州,刺史是大官。从郎官到刺史,也很合理。天下的税赋,江南占了十分之九,歙州也富庶。陆君过去,是宰臣的推荐、天子的决定,可见朝廷对陆君是重视的。"

既然重视,为什么还外放呢?韩愈笔锋又一转:

"既然如此,大家为什么还叹息流涕?因为,陆君在朝廷,全天下都受用;陆君到地方,就只有一个州受用了。"

没毛病。陆傪在朝廷,举荐了不少人。不久前,韩愈给陆傪写信推荐侯喜、尉迟汾等十个考生,有四个当年就登科了(包括问韩愈如何立言的李翊),第二年侯喜也登科了

（就是和韩愈去洛水钓鱼的侯叔记），还有四人日后相继登科。当年登科的四人，应该得力于陆傪。

韩愈说得婉转跌宕，接下来，又图穷匕见了：

"先一州而后天下，岂是天子和宰相的心？于是，韩愈代表希望陆君留下的人唱道：

> 我衣之华兮，我佩之光；
>
> 陆君之去兮，谁与翱翔？
>
> 敛此大惠兮，施于一州；
>
> 今其去矣，胡为不留？
>
> 我作此诗，歌于逵道；
>
> 无疾其驱，天子有诏。"

翻译一下：

我华丽的朝服呀，我光洁的佩章。

陆君就这样离开，谁和我们翱翔？

朝廷敛起陆君的好，送给一个州。

陆君就要远去，为什么不挽留？

我写下这首诗，站在大道上歌唱。

马儿呀不要跑太快，天子会下诏调转方向。

作为朋友的心情，韩愈和权德舆类似，但韩愈的文章直白显露得多。

韩愈写到"天子有诏"就结束了,没法再写了。希望天子下诏挽回,不过是韩愈的心愿。权德舆说"很快会再相见"也只是安慰。实际上,两个多月后,陆傪就死在去歙州的路上。

韩愈的四门博士任期是两年。这两年里,韩愈名声水涨船高,虽然官职不大,但文名渐起。他率直张扬,又乐于提携后进,很多学子开始找他,想跟着他混。

一天,韩愈收到一封信,某位李姓秀才投来的,称赞韩愈"学问不违孔子,文章不以雕琢为工"。韩愈发现他是李观的老友。李观字元宾,和韩愈同榜进士,那是十年前的事了。李观中进士后,过两年就死了。韩愈回复说:

"十年前,元宾给我看过他离开吴中时写给朋友的六首诗,第一首就是写给你的。元宾行事高洁,对人不随便称赞。可见,你不是一般人。当时,你在吴中,我在京师;后来你到京师,我又离开了,一直没机会认识。元宾死了,他的文章更加可贵。见到元宾的老朋友,也仿佛见到了元宾。读了你的文章,发现元宾没有交错朋友。你的心,真的和元宾很像!我以古代为志,不仅是喜欢古文,更是喜欢古道,我们真的可以坐在一起好好切磋!"

回李秀才的信,却几乎全篇都在说亡友元宾,不知李秀才读后会是什么心情。但这就是韩愈。韩愈和李秀才没有交情,和李元宾有交情,他是什么感受,就怎么说。这也是韩愈文章可贵的原因之一。

来找韩愈的人,也有水平不行的。有位陈某,请教韩愈怎样才能迅速做官,说如果不能迅速做官,就会给家人丢脸。他说得很实在、很直接,觉得韩愈也直率,应该会喜欢他。韩愈回信说:

"今天就算名声很高的人,在上位的有几个呢?足下想迅速做官,来找我,真可谓问声于聋,问道于盲。我志在古道,喜欢古代的辞章。你说自己也有这方面的志向,但你问的都是怎么提升名气,你向往的都是怎样登科。这让我有点儿怀疑。不过,既然你殷勤跑来,我也不能不搭理,那会让你羞辱,因此,姑且说说我的理解:

"'君子要自省,要顺乎天命;待自己要实事求是,待亲人要诚恳。怎样自省?人人都有仁义礼智四端,推而广之,就是圣贤君子,不然,就是小人。什么叫顺乎天命?不管贵贱穷通,都心平气和地接纳。什么叫实事求是待自己?自己行,人家说不行,别信;自己不行,人家说行,也别信。信谁呢?就信自己。什么叫诚恳待亲人?要尽心,但别显摆。看重内在,别看重外在。别把外在的名誉、地位当成父母的荣耀。不要以为做不了大官就给父母丢脸了。这是什么心态！'"

由于韩愈张扬的个性和文章，围绕他的非议不少。再加上他官职很低，韩愈的学生常受到讥笑。有位十七岁的李蟠，跟随韩愈学古文，受到嘲笑。韩愈因此写了篇《师说》。《师说》可以说开了"时代炮"，把整个时代的读书人都攻击了一番，说他们连"巫医、乐师、百工之人"都不如。那些"君子不齿"的人还知道互相拜师学艺（这里的"君子不齿"，也是当时的流行风气，表现出当时士大夫对门第出身的看重），士大夫之间却总是按地位高下来拜师，不把老师当传道授业解惑的，而是给自己撑腰声张的。韩愈痛骂流行风气，说像李蟠这种"不拘于时，学于余"的，才是"行古道"。

韩愈影响力日增，一方面因为他敢说，有话题性；另一方面因为他不遗余力地提携年轻学子。在年轻人中，韩愈渐渐积累了声望。他慢慢想通了一个道理：再过几十年，等那帮老家伙退了、死了，时代的中坚力量就是现在这些年轻人，抓住他们，就抓住了未来。

因此，不仅年轻人需要大佬，大佬也需要年轻人。韩愈之前耻于干谒，干谒的时候不能不端着，就是觉得难免有巴结诿谀的嫌疑。现在，因为和更年轻一辈的互动，韩愈的看法渐渐转变，开始认为干谒与提携是互惠的。一旦有了这种思想转变，韩愈再去干谒大佬，也不像以前那么难为情了。

在给山南东道节度使于𬱖的信（《与于襄阳书》）中，韩愈毫不忌讳地说出这种想法：

"一个人如果在当世名声显赫，一定有先达在前面给他铺路。一个人如果在后世留下美誉，一定有后进给他做殿军。前面没人，才质再美，声名也不彰显；后面没人，功业再盛，也难以流传。这一前一后两个人，未尝不互相需要，可是千百年才碰见一对。难道上面就没有能提携自己的吗？难道下面就没有能助力自己的吗？为什么彼此都有殷切的需求，却很少见互相提携助力的呢？原因在于，下面的人，以才学骄矜，不肯主动攀上面，怕人家说他巴结、谄媚；上面的人，以地位骄矜，不肯主动理下面。因此，很多人才能很高，却贫贱一辈子；很多人地位很高，却不能在后世留下荣光。这两种都不对。没有干谒，就不能说上面没有伯乐；没有寻访，就不能说下面没有千里马……"

韩愈说得很实在。不过，相对来说，下面更需要上面的提携，上面则不太需要下面的助力。老师是大牛，弟子如鱼得水，左右逢源，是不少的；弟子是大牛，老师因此更加荣光，虽然也有，但没那么多。一般能培养出大牛弟子的老师，本来就是大牛了。所以，韩愈的说法，其实讨了便宜。干谒中，本来身份、地位是不对等的，韩愈讨了便宜，说得理直气壮。本来是求人家帮助，倒说得像互惠。

韩愈大赞于襄阳：

"侧闻阁下抱不世之才，特立而独行，道方而事实，卷舒不随乎时，文武唯其所用——这就是韩愈想找的人吧！可是，为什么没听说有后进被阁下提携，获得礼遇？是阁下没找到？是阁下太忙了，总在操心国家大事没顾上？不管如何，韩愈愿做第一个。"

末尾，韩愈终于暴露了要找于襄阳的真实原因：

"韩愈现在连吃饭、雇仆人的钱都不够，每天着急犯愁，而这些不过是阁下一顿饭钱。但如果阁下说，我要忙国家大事，你再有才，我顾不上，那可能是韩愈太浅陋了。龌龊的人，不足以给他讲这些；奇伟的人，给他讲，他又没时间听，那就是命里该穷吧！"

于襄阳名声不好，粗暴骄横。判官薛正伦曾经惹怒他，他就奏请朝廷把薛正伦贬为峡州长史。等朝廷命令下来，于襄阳气消了，又奏请别贬了。薛正伦死后，还没下葬，于襄阳就派兵包围了薛宅，逼薛正伦的女儿嫁给自己儿子。韩愈写这封信后，过了六年，于襄阳做了宰相。又过了五年，于襄阳的儿子于敏仗势杀人，被赐死，于襄阳也被贬。

不过，于襄阳对读书人挺大方。他买过一个婢女。婢女在买来前，曾跟某崔秀才谈过恋爱。崔秀才很穷，姑娘卖到于家后，他写了首诗："公子王孙逐后尘，绿珠垂泪滴罗巾。一入侯门深似海，从此萧郎是路人。"于襄阳读到，心想，诗流传出去，自己铁定被骂，于是派人找到崔秀才，把婢女送给他，还赠了一笔钱。有个隐居的符载，找于襄阳要一大笔钱买山，于襄阳随手给了。

韩愈找于襄阳，也是想得到救济。但这种慌不择人的行为，加上写文章大开"时代炮"的作风，让很多人对韩愈不满，包括之前赏识韩愈的人。

有位陈姓的给事中，和韩愈是老相识了，从前就称赞韩愈。韩愈刚做上四门博士，去他府上拜访，他很热情。韩愈回头对人说，他很照顾自己。但隔了一段时间再去，他就冷淡起来。韩愈不清楚为什么。一开始，韩愈心想，冷淡就冷淡吧。隔了一段时间，韩愈想，还是不要有什么误会，于是主动给陈给事写信：

"韩愈有幸认识阁下有些年头了。最初，承蒙阁下不弃，给我一些称誉。我是贫贱之人，每天为了衣食奔走，不能常亲近阁下。后来,阁下地位越来越尊贵,伺候在门墙的人也越来越多。位置越尊贵,贫贱者就一天天远了;伺候在门墙的人越来越多,就博爱而难以专情了。韩愈的道德没多少长进,文章却一天比一天有名。道德没长进,就不会得到贤者称许;文章名气大,就容易遭到同行忌妒。

"因为韩愈一天天离得远,阁下的朋友又越来越多,阁下既不能赞许韩愈,又听到忌妒的人在背后说话,阁下的门庭就不再有韩愈的影子了。去年春天,韩愈曾进谒阁下,阁下温和的容色,比刚认识时更亲切。阁下殷切的叮咛,好像在怜悯韩愈的穷困。韩愈回去后很欢喜,忍不住将阁下的好告诉别人。后来,韩愈去洛阳接家眷,不能朝夕见到阁下。等韩愈回来,也曾再次进谒阁下,但阁下神情很轻视,好像体察不到韩愈的愚昧,也不怎么说话,好像不领韩愈的情。韩愈回去后有些害怕,不敢再进谒。

"如今韩愈释然省悟,幡然后悔:阁下的轻视,大概因为韩愈之前常来,后来又不常来了吧?阁下不怎么说话,是生韩愈的气了吧?韩愈愚钝,受到这种责罚,实在不能逃避。也不敢冒昧进谒,只好写封信,并将近来文章呈上。有《复志赋》《送孟郊序》等。"

这封信,姿态很低。清朝的林云铭说韩愈太穷困了,不得不做出低姿态,"以熟眼对人冷面,自知扯淡之极,无可奈何,只得如此支离附会也"。

我倒觉得,这恰恰表示韩愈比以前有了更多底气,才能更舒展,能把姿态放得更低。要知道,一个性格刚硬的人,在地位很低的时候,是很难放低姿态的。穷得一无所有的人,没什么拿得出手的硬通货,只有骨头是硬的,生怕头稍微低一点,人家觉得他奴颜婢膝、谄媚巴结。但等到身份、地位逐渐起来,就不一样了。这时候,不妨把姿态放低点。因为他明白,自己的身价绝不可能因为放低姿态而降低,反倒能得到谦逊的美誉。因此,越宽裕的人,越容易和蔼客气、放低姿态;越窘迫的人,倒越难做到——真实处境已经够低了,哪怕踮起脚看别人也要仰视,谦逊的美德也就和他绝缘了。《周易》的"谦"卦,是地在上,山在下。山本来比地高,偏偏要藏在地下面,是为"谦"。洼地是无法"谦"的。

这是贞元十九年,韩愈三十六岁。韩愈的口吻和低姿态,恰恰透露出韩愈比以前有了更多底气。之前说过,韩愈是喜欢"图穷匕见"的。在这封信结尾,韩愈就通过一个细节暗示了他一贯的桀骜骄矜——他送给陈给事的文章是用生纸写成的,没加任何装饰,上面还有涂改。韩愈说:"这是我着急解释并谢罪,因此没来得及誊写,请阁下体谅韩愈心意,忽略那些吧!"

这个细节很重要。韩愈再忙,不至于连誊一遍的工夫都没有。而且,文章肯定是要留底稿的。那么,还把生纸写的,有涂改的文章送人,表示什么呢?

我想,一方面,韩愈要传达的是:如果你认可我,请你看重我的质,而不是文;请你看重我的内在,而不是外在;请你不要偏听别人的评价,不要被乱七八糟的流言影响,请从文章来了解我。

另一方面,也想表示不见外。就像去很熟的朋友家,空着手就去了,并不带礼物。韩愈前面的话,姿态固然低,但他的头并没有真正低下去,他用生纸加草稿的方式,表示他不是巴结谄媚。他在体会孔子说的"可与立,未可与权"。权,就是变通。在"立"之后,还有"权"的学问。

妥协与不妥协,是个问题。这个问题是无解的。除非懂了"权",知道还有一种选择是"既妥协又不妥协","以妥协的方式不妥协"。如果以不妥协的方式不妥协,那就出局了,根本谈不上不妥协。如果以妥协的方式妥协,那就改变了初衷,被同化了,失去了意义。在二者之间,有极狭窄的空间腾挪,就是以妥协的方式不妥协。看上去像妥协,实际上也未必是真妥协。看似的妥协是必要的，是为了坚持，为了不妥协而必须付出的代价。这也容易被诟病，容易两边都不讨好。因此，"权"是最难的。懂得"立"，不一定懂得"权"。不懂"权"，"立"不了太久；懂得"权"，才能长久"立"下去，在变动的洪流中稳住阵脚。

韩愈与以前不同了。四年前在徐州时，他说，如果能得到张建封的知遇，"就是死在执事门下也不后悔"。而一年前的韩愈，给同样是节度使的于襄阳写信，表述已经变成了"在上位和在下位的人，未尝不互相需要"。这种转变的发生，是因为从前总是韩愈找别人，希望能得到别人的认可，而这两年，开始不断有人找韩愈，希望能得到韩愈的认可。

7. 我负神明

三十五岁的韩愈，左牙床第二颗牙掉了，头发白了五分之一，两鬓白了一半，胡须白了几根，眼睛开始昏花。

不久前，收到十二郎来信。十二郎得了软脚病，经常疼得厉害。韩愈宽慰他说，这种病在江南很常见，不要太忧虑。韩愈劝他最好搬来北方。十二郎那时在宣州。

孟郊在溧阳，溧阳离宣州很近，孟郊在那儿也不痛快。韩愈又想到陆傪死在去歙州的路上，虽然是走到洛阳就死了，但这也让韩愈对歙州没有好感。歙州离宣州也很近。总之，在韩愈的印象里，江南不是好地方。

韩愈又想到崔群。崔群也在宣州，在幕府任职。崔群是和韩愈同榜的进士，欧阳詹也是，还有李观、李绛、王涯等人。那是十年前，壬申科进士榜单被称为"龙虎榜"。后来，李观死了。前年，欧阳詹也死了。

欧阳詹死前不久，韩愈还见过他。那时韩愈在徐州幕府，跟随张建封去京师朝正。当时韩愈郁郁不得志，写了《笭骥》给欧阳詹看。欧阳詹在国子监任四门助教，宽慰韩愈之余，打算率领国子监学生跪到皇宫前，请求朝廷让韩愈供职国子监。后来虽然因为一些原因，并没有这么做，但韩愈很感激。欧阳詹死后，韩愈写了篇哀辞，也寄给崔群一份。

现在，韩愈在国子监。四门博士比欧阳詹当时的四门助教低一品，俸禄更少。韩愈又把家小接来京师，生活很困窘。之前韩愈以为做官后生活会有所改善，现在看，并没有改善多少。之前没做官，韩愈常想归隐。现在做了官，韩愈还是常常想归隐，尤其是看到膝下小儿女的时候。不过，即便归隐，也是归隐在嵩山之下、伊颖之上，是不可能去江南的。韩愈给崔群写信说：

"宣州主人贤明，同事都是君子。足下虽然身在羁旅，也还可以度日。乐天知命，是前贤面对逆境的心态。足下比很多人高明千百倍，请不要以仕宦的进退连累心情。宣州虽然清凉高爽，但毕竟是大江之南，风土和北方不同，一定要好好照料情绪，把心安定下来，才能抵御外患入侵……以足下的贤德，穷困中也能不改其乐，更何况宣州也不算太远，周围也有朋友。之所以啰唆这些，是因为我知道以足下的水平，做幕僚实在委屈。"

韩愈在幕府时是很压抑的。因此也担心崔群，还担心江南的风土崔群不适应。加上自己近来身体衰弱，韩愈也怕崔群突然死在江南，所以劝他保重。但韩愈不想让崔群觉得自己是在安慰他：

"说这些不是要安慰足下，只是想表示和足下亲近，对足下敬重。古来贤者少，不贤者多。贤者常不能遇见明主，不贤者却身居上位；贤者常养活不了自己，不贤者却志满气得；贤者即便得到小位置也会很快死掉，不贤者却能活到眉寿。真不知造物主怎么想的！

"我在朋友间往还十七年了。这十七年里，认识的人也有成百上千吧！不能算不多。亲如骨肉兄弟的，也不少。有些是一起共事，有些是因为才气，有些是倾慕美德，有些是接触久了。有些最初不了解，久了也亲密起来，往后如果没有大的过恶，也不会断交；有些虽然人品不太好，但待自己很厚，以后就算后悔，也没有办法。交情浅的不说了，交情深的也就这些。至于心里真正敬服，言行没有瑕疵，窥测不到涯际，明净醇粹、笃实光辉又气象常新的，只有崔君你了。我虽然愚陋无知，但圣人的书没有不读的，其中精粗巨细，出入明晦，不能说了如指掌，也都有所涉猎。因此知道足下出群拔萃。不要问我怎么知道的,和足下的感情还需要说吗?但之所以还是要说,是因为怕足下以为我和很多人深交,以为我不分黑白。不过,话说回来,我既然自以为了解足下,却怕足下不了解我,也有点不应该。"

韩愈诚恳地表白,有两个原因。

一个是,韩愈近来声名鹊起,又广泛交游,有交不择人的诟病,比如和于襄阳结交。韩愈生怕别人,尤其是过去的好朋友认为自己黑白不分,交往太滥。和孟郊、张籍、侯喜这些密友不同,韩愈对崔群更多的是敬重,因此才向崔群解释剖白,说有些朋友只是因为相处久了,或者厚待自己,不见得内心就赞许他们的人品。

当然,人品不好的韩愈也不会深交。只是,慢慢地,韩愈不再像以前那么苛刻,也学着在人群中周旋,保留一些"面子上的朋友"。虽然算不上真朋友,甚至内心都未必看得起,但只要不太糟糕,也就遇见了说句场面话。必要的客套与褒奖,韩愈也在学着施予他人。毕竟,文名渐起,这些应酬是免不了的。但韩愈也有顾忌,怕崔群因此看低了自己。

另一个原因,他真的怕崔群死在江南,毕竟这样辉光日新的朋友还是很少的。韩愈说:

"我的牙掉了,鬓白了,眼花了,突然很想念足下,很想和足下见一面,互诉衷肠。但我家小儿女都在膝前,我舍不得他们,也不能去看你,你什么时候能回北方?我不喜欢江南,打算官满了就搬到嵩山下,你要能搬来该多好,我是走不了的。你珍重自爱,饮食一定要注意,别思虑太多。这是我所有的期望。"

其实,崔群的适应能力比韩愈好很多。十年前,他们一起科举,副考官梁肃说,崔群虽然年轻,将来必定位至公辅。没多久,梁肃就死了。二十多年后,崔群真的做了宰相。还因为崔群的求情,韩愈免去了杀头之祸。那是后话了。

崔群没有因为韩愈交不择人而觉得韩愈黑白不分,但韩愈自己却放不下。那次给于襄阳写信后,收到了于襄阳的回复和赞许,韩愈和于襄阳也就成了朋友。于襄阳阔绰大方,但对百姓很压榨。这让韩愈不满。韩愈给崔群的信中说,有些人人品算不上好,但是厚待自己,以后就是后悔也来不及了,恐怕指的就是于襄阳这种朋友。第二年,有两个人到于襄阳管辖的郢州、复州任刺史,韩愈就在送他们的文章中,委婉规劝于襄阳。

这两个人中,郢州刺史许君和韩愈相对熟些,韩愈的序文中说了自己和于襄阳的关系，然后说：

"天下的事，上下一心就能成，上下异心就要败。如果刺史偏袒本州，不实事求是向上级反映，或者上级征敛过急，不能体察各州疾苦，刺史就无法安稳，观察使也不能有政绩。百姓穷困，赋敛不停，就只好做盗贼。如果刺史不偏袒本州，观察使不急于征敛，政令就不可能不好。我之前对于公说的，于公赞同，现在说这些，于公又岂能不信……我和使君并非点头之交，因此，用规劝而不是歌颂，来为使君送行。"

复州刺史崔君，和韩愈就没那么熟了，韩愈给他的序，说得更委婉：

"边远的小民，从没去过县里，有什么困难，可能连乡下小吏都不知道，更不要说县官。县官知道的就很少，更不要说刺史。税总是这么多，百姓收成却不稳定，遇到水旱瘟疫，百姓能怎么办？基层的县官不汇报，上面的连帅不了解，下面百姓穷，上面征税急，刺史在中间不好当呀！不过，崔君去复州做刺史，连帅是于公。崔君的仁德足以纾解复州百姓，于公的贤明足以让崔君逊色。崔君此去，只有做刺史的荣耀，没有做刺史的困难。我承蒙于公不弃，又和崔君是朋友，就替复州百姓感谢于公和崔君的恩泽吧！"

意思明白条畅，言辞温婉，不像前些年的峻厉。原因之一是，在国子监的两年里，在诸多交游和应酬的浸淫中，韩愈越来越驾轻就熟地掌握文章的"柔"。这种"柔"不是"娘"，不是"无力蔷薇卧晚枝"的"女郎"风格，而是为了讲真话不得不拿捏的分寸。另一个原因，是韩愈比以前老了，气血没那么旺盛了。

这一年，韩愈三十六岁。正月，传来杨凝的死讯。杨凝是韩愈在汴州幕府的同事，当时常一起讨论文章。这让韩愈悲恸不已。一天早上起来，想到杨凝，又想到陆傪，韩愈坐着哭了很久。

不久，韩愈掉了第二颗牙。接着，第三颗、第四颗……

韩愈写了首《落齿》：

去年掉一颗牙，

今年又掉一颗。

很快掉了六七颗，

还没有要停的样子。

没掉的，也活动了，

掉完就不会再掉了。

刚掉第一颗时，

觉得豁牙很可耻。

掉了第二颗、第三颗，

就担心自己快死了。

每次牙要掉的时候，

既谨慎，又害怕。

不能好好嚼饭，

也不敢漱口。

不管怎样，牙最终都要抛弃我，

看着牙掉，感觉就像山崩。

掉多了，就习惯了，

感觉跟以前也差不多。

现在，还剩下二十来颗，

它们会一个个掉下去。

一年掉一颗，

还能掉二十四年。

和六十岁时一下掉完，

好像也差不多。

人家说，牙掉了，

就活不太久了。

我想，活着总有个头，

长短总归要死。

人家说，牙豁了，

别人就会惊讶地盯着。

我想，庄周讲过，

树木和大雁，各有各的命运。

口齿不清了，沉默也好。

嚼不动硬的，软的也好。

写首诗吧，

给老婆孩子看看。

从掉第一颗牙开始，韩愈就担心自己活不太久了。那时候孟郊去溧阳，韩愈让他给十二郎带封信，希望十二郎能回北方。韩愈说，我不到四十眼就花了，头发就白了，牙也不行了，想到父兄都壮年早逝，我这么衰朽，还能活多久吗？我没法离开北方，你又不肯来，说不定什么时候我就突然死了，给你留下无尽的伤心。

韩愈完全没想到的是，这时候，十二郎死了。十二郎比他年轻，比他强健，却先死了。韩愈不敢相信，但孟郊、耿兰的消息，让他不得不相信。韩愈哀号：

"我哥哥这么善良，孩子怎么就活不到老呢？你这么淳朴，怎么就不能蒙受先人的恩泽呢？为什么老的、病的还活着，年轻的倒先死了？……你病，我不知道是什么时候；你死,我不知道是哪天;活着没能力把你接来,死了不能在你身边。入殓,我摸不着棺材;下葬,我看不见墓穴。是我辜负了神明,才让你死这么早!我对先人不孝,对你不慈!不能好好养活你,不能守着你一起死。一个在天之涯,一个在地之角,你活着不能在我身边,死了不能到我梦里。这都是我的错,我能怨谁?苍天,哪里才是尽头!"

韩愈没法离开京师,只有派人去祭奠。韩愈安排去的人问问十二郎家里的存粮够不够孩子吃到守孝期满,够的话,就守满孝再接过来,不够,就现在接过来。其他奴仆就留在那里守满孝。祭文里,韩愈说:

"今年,我的身体越来越差,毛血一天比一天衰,志气一天比一天弱,要不了多久,就会跟你一块儿走了吧!死后如果有知,我们不会离开太久;死后如果无知,我也不会悲伤太久了,在以后无穷无尽的日子里都不会再悲伤……我要是有能力改葬,就把你迁回祖坟……从今往后,我对人世再没什么留恋,以后就在伊颍之上弄几亩田,教你我的孩子长大,养你我的女儿到出嫁,也就这些了……说这些,你能听见吗?恐怕听不见吧!唉!"

十二郎死后不久,韩愈的四门博士任期满了。韩愈成了散官将仕郎。将仕郎是散官中级别最低的,从九品下。为了养活家人，韩愈只有再谋职位。

当时，京兆尹李实受皇帝器重。京兆尹是京师一把手，从三品。韩愈把诗文寄给他，希望他能提携自己。

也许是去信起了作用，韩愈被调到御史台，做监察御史。御史台是监察机构，最高长官是御史大夫，当时没有御史大夫，由御史中丞负责。表面上看，韩愈是御史中丞李汶举荐的。但为什么李汶会举荐韩愈，就不好说了。

也许和韩愈不久前上的《论今年权停选举状》有关。七月，因为关辅一带饥馑，朝廷下诏暂停明年吏部的选举、礼部的贡举。停掉选举，很多来长安考试的学子就会回去，外地的暂时也不会来了，京城人口减少，饥馑会缓解一些。

韩愈认为，停掉选举会影响很多学生，还会让远近惊惶。京师人口不下百万，应考的学生也就几千，加上僮仆畜马，也没多少，不会成为太大的负担。因此，韩愈上了状子，但并没有被采纳，第二年选举还是停了。

不过，这封奏状会给人一种印象，即饥馑不是很严重。作为京兆尹的李实，很需要人们有这种印象，尤其是身在监察机构的官员有这种印象。而韩愈给李实的信中写道：

"韩愈来京师十五年了，见过的公卿大臣不可胜数，他们大多只是守官奉职，没有过失，还没有见谁像阁下这样为国家操心忧虑。今年以来，已经一百余天没下雨了，种子不能入土，田野没有青草，这种形势下，也没见盗贼蜂起、粮价大涨，诸坊、司、军、县，都还井井有条，奸猾者也没出现，若非阁下治理有方，布宣天子威德，是不可能如此的。"

韩愈这封信，可以说表达上很有技巧了。说没有见谁像李实这么忧虑，恰恰表示出旱灾的严重。至于目前秩序还井井有条，也是因为从灾荒到饥馑，到社会动荡，会存在一段时滞。从《论今年权停选举状》也可以看出来，至少七八月份的时候，京城看上去还运转良好。

也许这封状子和信让李实觉得韩愈在向自己靠拢。韩愈做上监察御史可能与此有关。在御史台，韩愈和刘禹锡、柳宗元、张署、李方叔等人成了同事。

迁为监察御史没多久，京城的情况渐渐严重起来。这年秋天，霜下得很早，加上春夏干旱，庄稼几乎绝收。本来朝廷下诏免去租税，但李实不同意，李实告诉皇帝，今年虽然有旱情，但庄稼很好。于是租税没免。此外，李实的聚敛也很急。

庄稼绝收，赋敛又急，到了年底，京城开始出现饿死人的情况。很快，有家庭要卖房拆屋来缴税，接着，甚至有卖妻鬻子的。身为监察御史的韩愈坐不住了。他走在街头，看见出生不久的婴儿被扔在沟壑间，有人抱着孩子向人家换一斗小米，也没人搭理。饥民成群，有人饿死路边，亲人在一旁哭。韩愈受不了，写了封《论天旱人饥状》，恳求朝廷免去租赋。韩愈说，这些情况，群臣都没敢向陛下汇报，陛下也不知道。

我们今天怎么知道当年李实对皇帝说，"今年虽有旱情，但庄稼很好"，并且因此没有免去租赋的呢？主要是通过《顺宗实录》的记载。而《顺宗实录》这一段就是韩愈编写的。那是后来韩愈任史馆修撰期间的工作。

韩愈曾经待了两年的国子监并不是有多少权力的机构，而御史台就不同了。因此，初到御史台的韩愈，完全不了解权力斗争的残酷。其实，之前陈给事对韩愈疏远，恐怕也有一重原因是韩愈张扬的个性，韩愈对外说自己和陈给事的关系，也许会让陈给事担心韩愈的高调会给自己惹来不必要的麻烦。

《论天旱人饥状》递上去后，仅仅十来天，韩愈就被贬岭南阳山。阳山离当年韩会被贬的韶州很近，都在今天的广东，一个是韶关，一个是清远。

岭南的环境可比江南恶劣太多了。

这是非常严酷的处罚了。韩愈完全想不明白为什么会这样，到底是不是《论天旱人饥状》的原因，还是别的什么原因？尽管被贬，他都不清楚被贬的理由。一起被贬的还有同是监察御史的张署、李方叔。

韩愈怀疑是上疏得罪了李实，同时也对刘禹锡、柳宗元有所怀疑。

刘禹锡、柳宗元也是文章大家，和韩愈是御史台的同事。刘禹锡是监察御史，柳宗元是监察御史里行，就是非员额的监察御史。虽然私交上是朋友，但政治上，他们不是一个阵营。

刘禹锡和柳宗元刚调到京师不久，就迅速朝"二王"靠拢。"二王"是翰林待诏王伾、王叔文。王伾擅长书法，王叔文擅长下棋，二人常出入东宫，和太子关系密切。太子年轻气盛，对宫市愤愤不平。宫市，就是皇宫的采购，说是采购，其实是掠夺。宦官到外面，看中什么，说宫里采购，就拿走了，随便丢下一点钱。白居易的《卖炭翁》说的就是宫市对百姓的掠夺。

一天，太子对众侍读说，回头要好好向陛下反映一下宫市的问题。其他人都称赞，只有王叔文默不作声。太子私下问王叔文怎么回事，王叔文说，太子的职责是什么？问安而已。你在陛下面前讲这些，如果陛下怀疑你要笼络人心怎么办？太子吓出一身冷汗，由此更加器重王叔文。王叔文常向太子规划将来即位后宰相、将军的名单，因此，急于仕进的人就向他们靠拢，韦执谊、韩泰、刘禹锡、柳宗元等都在其中。

韩愈很厌恶王叔文、韦执谊一干人。这种厌恶，当然不方便公开表露，但韩愈有个习惯，就是写诗。

诗和诗不一样。有些诗，是应酬之作，谁都可以看到；有些诗，是只给自己和亲近朋友看的。应酬诗里的话，不能全当真。但写给自己的诗，就很不一样。诗言志，从诗中可以看出很多东西。

这年开春，天非常冷，韩愈写了首《苦寒》："一年里，四季应该平分，但是，这个冬天很霸道，该走不走，抢了春天的位置。掌管冬天的大帝颛顼不廉洁，掌管春天的大帝太昊纲纪废弛。这两位失职，苦了天下万物。草木刚抽芽就被冻死，寒风狂飙肆虐，像镰刀割人……上天真该好好整治狂傲奸佞的家伙。"

后来，因为干旱，在炭谷湫祠堂祈雨。韩愈看到男男女女对龙王顶礼膜拜，祈求降雨，非常不屑。他独自走到龙潭，写了首《题炭谷湫祠堂》：

"龙，算什么玩意儿？人不人、鬼不鬼的。也不知道谁在帮它，它还以为自己很有本事……住在幽深的寒潭里，一看就知道是阴险狡诈之徒。鱼鳖拥护着，它骄傲顽鄙……妖怪伺候着，要看它脸色行事。我来时正是中午，四周阴森可怖。这么小的巢穴，也敢兴风作浪？只恨没有利剑，不然我就要血洗这牛蹄大的水洼……"

韩愈当然不是对龙和颛顼、太昊有意见。他在诗里骂龙，骂颛顼、太昊，这是发泄他对某些人的不满。这种诗，是不公开的，但是比较熟的朋友也会给他看看。

刘禹锡、柳宗元和韩愈既是同事，又是文学上的朋友，比较清楚韩愈的思想，以及他对时人的臧否。也因此，韩愈不能不怀疑是否是王叔文一干人让自己贬谪岭南的。

带着重重疑惑，韩愈踏上了南贬的道路。

8. 鸟语夷面

韩愈被贬的阳山，在今天的广东清远。张署被贬的临武，在今天的湖南郴州。当时，临武和阳山都属于江南西道，离得不远，他们一起上路。

被贬是十二月，快过年了。但不能等过完年再走。如果不是被贬，行期会宽松很多，甚至可以收一季庄稼。被贬就不同了，连三五天的准备时间都没有，行程也有规定，每天走多少里，经过几座驿站，多少天到达，等等。即便是家中亲人死了，也不能留下办完丧事。

宫中派人跑到韩愈家门口，催他离开，一刻都不能逗留。女儿生病在床，韩愈担心一去就不能再相见。哭着说要走了，说了一遍又一遍，女儿还是不肯点头。妻子抱着孩子，追出大门拜别，都忘了羞惭。韩愈努力让自己不要回头。昨天还是朝廷命官，今天就成了罪人。

出了长安，进入南山，天阴沉沉的，大雪纷飞，不辨早晚。想看看四周景象,但天气恶劣,扭头都很费劲。风吹得眼泪直淌,什么也看不清。山路太滑,一不小心就溜下去。忽然暴雪扬起,朔风张开饕餮之口,把张署颠于马下。韩愈流涕,张署哀号。

许久起身,马不肯再走了,雪也没有要停的样子。二人挽起衣裳,努力将马往前推。一次次跌倒,一次次滑回,很久也没有前进多少。竹木耸出枝丫,像锐利的矛戟,寒山披着厚雪,有如身着铠甲,竟有些照眼……

夜晚,韩愈和张署挤在一张破席子上睡,隶卒从身边走过,一会儿踢到头,一会儿踩到身子。

两年半后,韩愈重游南山,写了首诗。诗中大肆铺比,连用五十一个"或",后人惊叹:不读《南山》,哪知道五言能写到这地步!很多人拿韩愈的《南山》和杜甫的《北征》相比,有人说《北征》更好,有人说《南山》更好。黄庭坚说,论工巧,《北征》不如《南山》;论一代时事,与《风雅颂》相表里,《北征》不能没有,《南山》倒可以不作。意思是,技法上,《南山》更胜一筹;选题上,还是《北征》更重要。韩愈的《南山》确实把五言的炫技做到了极致:

……

峥嵘跻冢顶,倏闪杂鼯鼬。

前低划开阔，烂漫堆众皱。
或连若相从，或蹙若相斗。
或妥若弭伏，或竦若惊雊。
或散若瓦解，或赴若辐凑。
或翩若船游，或决若马骤。
或背若相恶，或向若相佑。
或乱若抽笋，或嵲若炷灸。
或错若绘画，或缭若篆籀。
或罗若星离，或蓊若云逗。
或浮若波涛，或碎若锄耨。
或如贲育伦，赌胜勇前购。
先强势已出，后钝嗔䛐譳。
或如帝王尊，丛集朝贱幼。
虽亲不亵狎，虽远不悖谬。
或如临食案，肴核纷䜔馂。
又如游九原，坟墓包椰柩。
或累若盆甖，或揭若瓺甀。
或覆若曝鳖，或颓若寝兽。
或蜿若藏龙，或翼若搏鹫。
或齐若友朋，或随若先后。

或逆若流落，或顾若宿留。
或戾若仇雠，或密若婚媾。
或俨若峨冠，或翻若舞袖。
或屹若战阵，或围若蒐狩。
或靡然东注，或偃然北首。
或如火熹焰，或若气馈馏。
或行而不辍，或遗而不收。
或斜而不倚，或弛而不彀。
或赤若秃鬝，或熏若柴樞。
或如龟坼兆，或若卦分繇。
或前横若剥，或后断若姤。
延延离又属，夬夬叛还遘。
喁喁鱼闯萍，落落月经宿。
闯闯树墙垣，巘巘驾库厩。
参参削剑戟，焕焕衔莹琇。
敷敷花披萼，闟闟屋摧霤。
悠悠舒而安，兀兀狂以狃。
超超出犹奔，蠢蠢骇不懋。

……

过了南山，行至商洛，一路冰冻，断绝了车马。出了武关,再往前就是邓州了。邓州往南是襄州,襄州往南是荆州,荆州往南是岳州。

进入岳州,已是正月。洞庭湖汗漫浩渺,铺到天边,连天壁都消失不见了。阵阵风涛从水中腾起,绽开,相撞,又四散……有时訇然发出霹雳声。为了不误行期,阴风怒号中,驾着一叶舟疾驰。过了洞庭,就是屈原沉江之地。一路听到的尽是猿声哀鸣,看见的尽是鱼接连不断从水中踊出。

韩愈采了满满一盘苹藻,想祭奠屈原,又找不到地方,只听见渔父扣舷而歌……相传帝舜两位妃子娥皇、女英,在这里听到帝舜的死讯,洒下泪,染得竹子千斑万点。空山哀啼,江水愁思,伴着韩愈、张署走过一路,临武就到了。

在临武,韩愈、张署分手。二人把盏相饮,不知再会之期。作别后,韩愈独自度过贞女峡。贞女峡水湍流急,江如悬瀑,贯射水府,砸出轰轰雷声。船一旦撞上礁石,必定粉碎。险途中,人命轻如鸿毛。过了贞女峡,是同冠峡。天气晴好,落花飘坠,游丝纷飞,岩洞里有奇形怪状的钟乳,又有数不清的瀑布。岭南终于到了,韩愈说,我无心思念岭北,猿鸟请不要再相撩了。

抵达阳山,是贞元二十年(804)二月中旬。韩愈三十七岁。

二十五年前，随韩会来岭南时，韩愈还小，当时还有一大家子人。韶州在岭南道，阳山在江南西道。但阳山是江南西道最南边，韶州是岭南道最北边。因此，阳山倒比韶州更靠南一点。这次，只有韩愈孤身而来了。

当地土著给韩愈的感觉是，长得像猿猴，性格凶狠，说话无稽。甚至连这里的猫头鹰，叫鸺鹠的，也好勇斗狠，胆敢大白天在屋檐下厮缠。有两头蛇，还有毒蛊，成群成群地飞。岭南气候很怪，大冬天有时候扇扇子，大伏天有时候倒要穿两层皮袄。最可怕的是飓风来时，訇然咆哮，山包都跟着震动。常常雷鸣电闪，撕裂整个天空，北方从来没有见过。一旦瘟疫悄然出现，十家没有一家完好的。

阳山县城没有居民。县衙里，韩愈是光杆县令——没有县丞，也没有县尉。江边荒茅竹林之间，有十来家小吏。韩愈找来他们，发现个个说的是鸟语，长得像蛮夷，比画了半天，也无法沟通，只能在地上画字，才交代了租税。

韩愈在阳山过了小半年冷清寡淡的生活后，广州南海有个叫区册的人，乘舟翩然而来。区册是个俊朗青年，仪表堂堂，来拜韩愈为师。在临别的序里，韩愈说他"仪观甚伟，文义卓然"。其实，这只是夸奖和勉励。区册体格魁梧，为人质朴。所谓"文义卓然"，"文"指外表，"义"指品德。外表壮硕，心地质朴，就可以说"文义卓然"了。以区册的质朴鲁钝，大概想不到文学家有这么多道道儿。

我们何以知道区册并不聪明呢？因为韩愈那篇序里点了一笔典故。《庄子》里，徐无鬼对女商说，越国被流放的人，离开国都几天，再见到朋友就很高兴；离开几十天，再见到打过照面的人就很高兴；离开一年，见到像人的东西就很高兴；而遁逃虚空的人，长久居住在荒无人烟的旷野，蔓草阻塞了老鼠出没的幽径，假如哪天突然听到了脚步声，就会欣喜若狂。

韩愈说，我就是遁逃虚空的人，听到脚步声都要欢喜！这样说，实在有些委屈区册。因此，韩愈又补一笔：更何况是区册呢！这一笔烟幕弹，让人也不好明白区册到底算不算虚空的脚步声。

有时候，韩愈也给区册讲讲诗书仁义，区册很高兴，似乎也有兴趣。不过，他到底不大适合读书。更多时候，韩愈带他去树林里乘凉，到石矶上宴坐，投竿而渔，陶然以乐，也仿佛暂时忘掉了名利，甘心于贫贱。

虽有区册相伴，韩愈依然孤独。南阶下，新笋渐长，一天比一天清幽。秋霜抹上青青的竹节，嫩黄的苞蕾遮掩着苍翠。栏外抽芽五六枝，当户罗列三四盏，挺伫在严秋中，贞正的姿色足以夺去春日的妩媚。竹子不多,稀稀疏疏,好像只是为了稍稍补缀林地的空旷。也有些聚在一起,像彼此争夺地盘,一开始纵横成列,又忽然烂漫无章。清风还未度去,晨露已沾上绿珠,有如涵着盈盈粉泪。无人陪韩愈游赏,他只好独自凝望着清秋。

少年时,韩愈爱对菊饮酒,自比渊明。如今来到阳山,不再饮酒了,见到菊花,总忍不住嗟叹。摘了满手带回,又无人对语,常常悲从中来。

区册陪了韩愈半年,春节时回家了。韩愈送他一篇序,之后就再没见过了。世间很多区册这样质朴真挚的人,默默无闻地度过一生。如果不是韩愈,我们也无从知道曾经在某个时候,他到世间来过。

留下姓名的人,很多并非不慕荣利。有个叫窦存亮的,年轻气盛,乘舟来找韩愈,带着诗文。他之所以见韩愈,不是来陪伴,也不是有心学习,虽然他自称请教文章,但韩愈一眼就看出来,他只是想求赠文。拿着韩愈相赠的诗文,就可以四处招摇。先结交名人,再通过他们的诗文,结交有权势的人,功名富贵唾手可得。这种小算盘,窦存亮打得很清楚。

他想,韩愈沦落到此,自己又不辞辛苦地跑来,想必韩愈会引为知己，大加褒奖。他没打算长待，想要篇诗文就走。但直到走，韩愈也没有写诗文相赠的意思。怀着不满，窦存亮写了封信，渲染自己来的如何辛苦，甚至冒着生命危险，又说对韩愈怀着多高的期待。收到信，韩愈不能不回了。窦存亮总算得到了韩愈一封信，打开看，是这样写的：

"韩愈从小驽钝怯懦，其他才艺都没有，也没别的可努力的方向，不通时事，与世间颇有龃龉，想来一辈子做不了大事，只有发愤文学。可惜不得法，凡是自己擅长的，都对仕进没有帮助，只能说说空话，毫不实用。学成了，生活更加窘迫；年纪越来越大，智力越来越衰弱。如今被贬，忧愁无聊，瘴疠侵袭，每天惴惴不安，担心死掉。

"足下年少才俊，辞雅气锐，朝廷求贤若渴，当道者都是大贤。足下提笔略写几句，高了可以钓爵位，就是按部就班，拿个甲科也不在话下。如今冒着翻船的危险，跑到无人之境，向我请教文章，足下恳切地跑来，却为了这事，真是很不划算。哪怕是古代的大贤君子，想藏匿光辉，不再开口，碰见足下，也不能不倾囊相授，更何况一无是处的韩愈，又哪敢吝惜所学呢？

"以足下的才能，完全足以独立奋发，韩愈却没有能教足下的，只有惭愧羞耻不敢答复了。韩愈的钱财不足以解周围的匮急，文章不足以助足下的事业，令足下满载而来，空囊而归，足下谅解就好！"

最后一句，韩愈的原话是，"稛载而往，垂橐而归，足下亮之而已"。"稛载"，是说窦存亮来的时候满怀希望。"亮"字，通"谅解"的"谅"，同时兼有"明白"的意思。所以，韩愈表面是说，"足下谅解就好"，其实未尝不包含一种意思，"足下明白就好"。韩愈的辞气，是非常兀岸雄硬的。

窦存亮这种人，是来跑人脉钓文章的。也有真心追随韩愈的，区弘就是。区弘追随韩愈很久。后来，韩愈去荆州，区弘跟到荆州；韩愈回长安，区弘跟去长安。只是，区弘比区册聪明不了多少，加上从小长在穷乡僻壤间，学得晚了，很难有所成就。他们不像李翱、张籍、侯喜，都是聪明有积淀的人。韩愈虽然乐意提携后进，但前提是被提携者人品文章俱佳。区弘人品没什么可挑剔的，任劳任怨，质朴无华，文采却不丰茂。他虽然后来跟着韩愈去了长安，却终究不能自立。

在长安时，区弘收到妻子寄来的衣服和母亲托人写的家书——他已经离开家太久了。家书中虽然没有明说要他回去，但想念他的意思很强烈。家人也盼望他取得功名，但更担心他在外面太辛苦。区弘看得直掉眼泪，心想不知多少家庭像他这样，自己纵然跟随韩愈，也许没有读书仕进的命吧！长安的生活孤寂清苦，不能向母亲问安视寝，又冷落妻子独守空闺，实在于心不忍，就决定离开韩愈回去了。韩愈以诗相赠，抚着他的背流泪，劝他回去继续用功，将来如果学成，再向朝廷推荐。

此时在阳山，韩愈每天的生活就是听听猿啸，读读书，到泉水边坐坐，看看青竹，钓钓鱼。其间，还结识了两个僧人，惠法师和灵法师。

惠法师豪放不羁，十五岁出家剃度，跑到四明山参方，半夜露宿在天台最高顶，举头看见星辰罗布，辉光烛天。微风吹动林木山石，荡起层层天籁。半夜往下看，只见沧溟中衔起红日，鱼龙踊跃惊起，悲辛叫啸。奇诡的云霓或紫或赤，敲磨盘旋……

惠法师去过瓯闽，又返回浙江看潮，还跑去峨眉山、岷山、庐山。在庐山时，大雨初霁，飞瀑悬天。前年，惠法师到了罗浮山、南海，又来到连州，就是阳山所在的州。刺史和大小官员都争着宴请，却不易请动。法师身无分文，倒笑那些有钱人穷。也就在这时，韩愈结识了法师。

一天，法师忽然不见了，问起邻居，才知道走了。韩愈赶紧追去，拉着手问法师，怎么也不打声招呼，好设宴作别。法师说，自古有聚就有散，何必太看重辞别。

法师说，早就听说九嶷山好，有湘妃洒泪的斑竹，屈原沉江的湘水，他想去看看。还想看看衡山、洞庭湖。看完那些，再去嵩山、洛阳、华山、长安……云游到哪里，就算哪里。韩愈感慨道：你确实应该去，你所学的和我不同，生在大江里的鱼不能圈在池里，野鸟也不能被笼子驯化；我不认可佛教，但我喜欢你的狂心和醇粹；我讨厌游手好闲，但我喜欢你的愚鲁和恳切！我们确实不是一路人，可是，为什么你要走了，我却哭得像个泪人！

灵法师俗姓皇甫，是贵族后裔，从小读书观史，写文章，后来功名不顺，干脆出家了。灵法师爱下围棋，还爱六博，聚到人堆里，边盯着骰子转边大喝。灵法师诗不错，酒量也大，爱跟人斗诗、斗酒。酒喝多了，就要乱开玩笑。有时候，醉在花月之间，唱一曲歌，清澈悠长，四座寂然无声。法师还爱浪游。过黔江，下瞿塘，瞿塘峡五六月，船快得像闪电，灵法师乘舟飞来，怒涛忽然斩断，坠在千寻之下……

同船二十来人都死了，灵法师被浪头推到岸上，拣回一命。之后，到了开州和忠州（今重庆）。两州长官懒得写文章，灵法师帮他们写，他们招待法师，留着他不让走，命美女相陪。不久前，法师去了林邑（今越南），当地长官多次宴请，贬谪的逐客也以满怀兰荃相赠。法师泛游湖上，宴饮溪边，长官一再挽留，邻州相邀的书札却频繁寄来。十月，法师下了桂岭，连州司户王员外抢先迎去。法师下榻馆舍，韩愈等人抱着被子去，一宿接一宿地和法师待在一起，听他说起京洛之事，历历分明，如在目前。又听他讲起云游所见风土人情，眼界大开。

韩愈感慨法师高才，可惜未加磨研，于是劝他还俗，遵循礼法，不要太放荡。但法师不喜欢那种生活。他听说韶阳李太守慷慨大方，一掷千金，就手持吏部官员赠送的序文，跑去干谒，两人一见如故，开怀畅饮，就又淹留在那里……

在阳山，想到未来，觉得很漫长，回看过去，又像是一转眼。很快到了冬天。去年这时候，韩愈还在御史台，根本想不到现在会在阳山。他和张署也快一年没见了。他们相约在两县边界见一面。根据律法，官吏私自出界是要受罚的。

两人相聚，聊到半夜，在一张席子上睡去。没有枕头，就枕着胳膊。张署睡熟后，大腿搭到了韩愈身上。正睡得沉，僮仆突然跑进来，说有老虎闯入厩中，把驴子衔走了。张署说，老虎是寅，恐怕来年寅月（正月）要有事。

南国的冬天很短暂,春天到来很早,正月,梨花就开了。有个洛阳人刘师命来了。刘师命十年前离开家乡远游,往东走到宋州,又到扬州,跨过大江。在江南,刘师命碰到一位姑娘,为她倾倒,待了三年。后来不知为何,离开了,又到岭南。

韩愈问刘师命怎么总是在外面晃荡,刘师命哈哈一笑,说外面有美酒,有烤肥牛,还有妖歌曼舞的美女,他醉心这些。当年出来时,刘师命还没长胡须,现在头发已经白了,也没有谋求到好的机会。韩愈说,阳山除了猿猴,没什么好看的,只有钓鱼作乐。虽然不欣赏刘师命的生活作风,但在穷山恶水间碰见老乡,韩愈还是感到很亲切,于是写诗相赠:

洛阳城外清明节,百花寥落梨花发。

今日相逢瘴海头,共惊烂漫开正月。

临别,韩愈劝刘师命别浪荡了。后来,在北方,两人又见过面。某年春天,韩愈不忍踏过落下桃花的蹊径,听到城西梨花开的消息,想到在阳山时,正月盛开的梨花,就写了首诗给刘师命:

《闻梨花发赠刘师命》

桃蹊惆怅不能过,红艳纷纷落地多。

闻道郭西千树雪,欲将君去醉如何?

不久，传来朝廷消息。正月，皇帝驾崩，太子李诵即位，是为顺宗。京兆尹李实被贬为通州长史。韦执谊、王伾、王叔文都升迁了。刘禹锡、柳宗元也升迁了。刘禹锡迁工部屯田司员外郎，柳宗元迁礼部司员外郎，都是从六品上。

顺宗即位后，二月大赦，三月诏回被贬的前宰相陆贽、郑馀庆，前京兆尹韩皋、前谏议大夫阳城等人。至于韩愈这种小官，还没有接到赦免消息。在阴晴不定的日子里，韩愈坐在县斋，过往的历历一时涌现：

《县斋有怀》

自小崇尚奇伟的我，

平生遭遇十足悲咤。

嫌弃子夏是小人儒，

看不上樊迟种庄稼。

我窥见皋陶、后稷的伟业，

我不屑曹植、谢灵运的才大。

于江湖中洗濯了冠缨，

兰草麝香在衣间闪飒。

我指向悠悠无尽的道途，

我策起绝尘而去的高驾。

何必要位高权重者的荐赏，

我就是连成璧的神话。

跑去京师参加策试，

屡次展露所学的博洽。

虽然免去十番上书的辛劳，

总是没能一战就称霸。

人情每每忌妒特立独行者，

世间从来充满权谋和欺诈。

劳顿蹉跎颜面越来越低垂，

挫败摧折志气越来越疲沓。

公冶长的牢狱之灾难道是有罪？

侯嬴那样也会被人骂。

背着书担着囊我离开了京师，

衔着眼泪渡过了清灞。

以为一生就要寂寞地老去，

宁愿在山水之间到此生休罢。

每天连顿早饭都吃不饱，

冬日的衣服只能刚刚盖住骱。

既然军队频频来召唤，

我就两番跨上了战马。

大梁董相公气度非凡,

彭城张仆射宴饮笑恰。

挽弓射箭围猎狐兔,

酒炙罗陈丝竹霎霎。

两个幕府相继出事,

我又有了三年休假。

为了求官离开东都,

犯着雪霜穿越雄峻的西华。

紫陌花开委地成尘是长安的春色,

风雨如晦的夜晚独坐灵台听声声漏下。

渐起的文名带来很多朋友,

可是缺乏甘愿援引的姻娅。

一度陪列在朱漆雕饰的皇宫,

又岂能让骐骥之材恣意挥洒。

寒冷的天空耸立着高高的城阙,

破晓的日光照耀着修长的宫厦。

为国输忠的那日天干是丁,

铩羽而坠的那月名字叫腊。

流放荒蛮之境是我无可逃避的职分,

还能做个县令可见朝廷之宽大。

湖海的波涛翻起六龙乘驾的太阳，

岭表的顽石刺出长天亘古的裂罅。

毒雾熏蒸一个又一个的白昼，

烈风灼烧一年又一年的盛夏。

雷霆的威震无以复加，

飓风的肆虐一切践踏。

变幻的气象不能测明，

呼啸的声音极其可怕。

土著的鸟语从未听惯，

岭南的风俗惊惊乍乍。

碰到些小事就猜忌指摘，

随即瞪起眼睛表示惊讶。

只缘朝廷大恩还没报答，

岂是我自诩多高的身价。

嗣皇的光明向天下照耀，

所有国土浸受流布的教化。

我只想改掉一身瑕疵，

余生就和桑树、柘树说说话。

跑到嵩山盖间房子锄锄地，

在颍水度过风吹台榭的刹那。

禾苗麦子种满了田地，

梨树、枣树环绕着屋架。

孩子们一点点长高了，

偷吃的雀鼠终于被驱吓。

自酿的村酒向邻居邀约，

官府的租税如期缴纳。

闲时最爱老农的愚鲁，

归家最喜小女的娇姹。

流放的生涯未必不像隐居，

甚至都不用等完儿女的婚嫁！

9. 庸 夫 干 天

刘禹锡比韩愈小四岁,柳宗元比韩愈小五岁。现在,这两位前同事春风得意,高踞要津指日可待。而韩愈孤寂地待在边鄙,等待赦免。

这种情境下,韩愈是不能不写诗的,他写了首《君子法天运》:

> 君子法天运,四时可前知。
> 小人惟所遇,寒暑不可期。

意思是,某些人不要高兴得太早,你们的沉浮都是运气。别看还是夏天,冬天说来就来。君子就不一样了,君子法天运,未来可以提前知道。这和韩愈几年前的《答卫中行书》意思一样。他接着说:

> 利害有常势,取舍无定姿。
> 焉能使我心,皎皎远忧疑。

之前,韩愈搞不清被贬阳山的原因,现在,依然不能消解对刘禹锡、柳宗元的怀疑。

对刘禹锡、柳宗元,韩愈还算客气。提到王叔文以及其他党羽,韩愈就开骂了:

> 朝蝇不可驱,暮蚊不可拍。
>
> 蝇蚊满八区,可尽与相格?

这帮苍蝇、蚊子,嗡嗡嗡哪里都是,拍都拍不完呀!

> 得时能几时?与汝恣唼咋。
>
> 凉风到九月,扫不见踪迹。

看看到底能闹腾多久,就让你们随意吮血,等凉风吹到九月,你们就灰飞烟灭了!

韩愈说得很准,到了九月,王叔文一党就灰飞烟灭了。

韩愈为什么这么讨厌王叔文、韦执谊一党?

韦执谊比韩愈大四岁,因为巧言便佞,深得宠幸。他的堂兄韦夏卿任吏部侍郎时,韦执谊是翰林学士,收钱帮人求科第,把金子往韦夏卿袖子里塞,被韦夏卿严正斥责。当时,韩愈二十多岁,考礼部四次才中,考吏部三次都没中。而韦执谊居然帮人买科第,韩愈的反感可想而知。

后来,韦执谊见王叔文和太子关系好,就去亲附。很多人都想通过走王叔文这条路,得到迅速蹿升。

贞元二十一年(805)正月,德宗崩,太子即位。很快,王叔文就把韦执谊弄到了宰相的位置上。亲附他的人也都得到了升迁。

王叔文刚得势的时候，还是做了些好事的。比如，禁宫市。"宫市"之前提过，就是宦官出去看到什么，说宫里要，随便给点钱就"买"走了，有时候，甚至要求送货上门，让卖家倒贴"脚价钱"。有个农夫，用驴驮着柴火到城里卖，太监扔了几尺绢，让农夫送到宫里。农夫说，绢就不要了，能不能不送。太监说，不送也可以，把驴留下。农夫说，我家有父母妻子，全靠这头驴养活，柴火钱不要，你还不愿意，我只有死了！

还有"五坊小儿"，张网捕鸟雀，说宫里要。故意把网张在人家门口，不让进出，或者张到井上，不让打水。有人走近，就说他把供奉官府的鸟雀吓跑了，痛打一顿，还要赔钱。他们跑到酒肆吃饱喝足，扬长而去，不懂的店家问他们要钱，就会被暴打，或者留下一袋蛇，说押在这里，钱回头给，说蛇是官府捕鸟雀的诱饵，万一渴着饿着，拿你是问。店家赶紧道歉，求他们把蛇带走。

宫市和五坊使，顺宗即位后很快禁止了。今天评价王叔文的积极意义，这是很重要的一点，甚至称之为"王叔文改革"。这些史料，倒是韩愈记下来的，是他后来当史官时记在《顺宗实录》里的。

是不是一个人做过好事就配被尊敬呢？恐怕不能轻易下结论。孔子说："视其所以，观其所由，察其所安，人焉廋哉？"动机很重要。王叔文罢宫市、禁五坊使，用韩愈的话说，"人情大悦"，但他这么干的目的是什么呢？是为了国家和百姓吗？

如果罢宫市只是因为王叔文对宫市深恶痛绝的话，为什么当年顺宗当太子时，要极陈宫市之弊，所有人都称赞，唯独王叔文反对？知道某件事是好事，所以不允许所有人干，只能由我来干。这样做好事的人，配尊敬吗？

韩愈厌恶王叔文，一是因为王叔文心术不正，二是因为他很"阴"。顺宗即位后，王叔文升迁，制词上说他，"精识瑰材，寡徒少欲。质直无隐，深沉有谋"，所谓"深沉有谋"，换个词，就是"阴险狡诈"。

王叔文升任度支、盐铁副使。这个位置很重要。之前，王叔文就和同党密谋，要搞到这个位置，这样就可以把财政大权捏在手中，想结交谁，就有足够的钱，还可以笼络将士，窃夺兵权。

为什么是副使？因为要拜正使，他资历还不够。正使由宰相杜佑充当。王叔文官阶不高，但权力很大。一天，宰相杜佑、高郢、郑珣瑜、韦执谊正在中书省吃饭，王叔文去找韦执谊。值班人员拦住，说宰相吃饭时百官是从来不谒见的。王叔文大怒说，你敢！赶紧让韦执谊出来。值班人员只好禀告，韦执谊很尴尬，其他宰相都在，这样被王叔文叫走很没面子，但他又不敢不去。

韦执谊去迎接王叔文，在办公室里说了半天话，其他几个宰相都停了筷子等着。过了一会儿，来人报告说，王叔文要吃饭，韦执谊已经和他在办公室吃起来了。杜佑、高郢觉得太不像话，但也不敢说什么。郑珣瑜说，我这宰相还能当吗？立刻找人牵来马，回老家了。之前，宰相贾耽因病回家，现在郑珣瑜又走了，王叔文、韦执谊就更肆无忌惮了。

尚书左丞韩皋资历老，看不惯王叔文，说我怎么可能去伺候得宠的小年轻？他堂弟韩晔是王叔文一党，把话传到王叔文耳朵里，韩皋马上被外放为鄂岳观察使。

王叔文的嚣张，让很多人愤怒。最愤怒的是宦官。宦官的首领是俱文珍，就是韩愈在汴州时，任监军的俱文珍，韩愈还写诗送过他。

俱文珍等人怕王叔文专权，就在他升职的时候，把翰林学士的旧职去了。王叔文看到诏书，大吃一惊，对同党说："我天天来学士院商议公事，不让当翰林学士了，我怎么过来呢？"王伾说，也对，就上疏请求保留王叔文的翰林学士。上面不同意。王伾继续请求，上面说，允许王叔文三五天来学士院一次，但翰林学士不保留了。王伾一看，觉得形势要不好了。

有个羊士谔，站出来批评王叔文。王叔文大怒，要下诏斩他，韦执谊迫于公议，不敢同意。王叔文说，既然不斩，就用杖，把他杖死。韦执谊还是不同意，觉得不能太乱来。后来，羊士谔保住一命，被贬为汀州宁化县尉。王叔文因此很恨韦执谊。

韦执谊派人对王叔文说，不是我不配合，只是你的很多要求不好操作，我也只能暗中帮助你。王叔文不信。王叔文也点儿背，在这节骨眼儿上，母亲病重了。假如母亲去世，王叔文就要去职守孝。他虽然判度支盐铁，但从来不管本职工作，每天找来党羽密谋怎样夺取宦官兵权。王叔文安排范希朝、韩泰总统京西诸城镇行营兵马，当时宦官还没看出来用意。后来，周边军队诸将都上状提出辞掉中尉，也就是军中掌权的宦官，并且要把兵权交给范希朝的时候，宦官才明白过来，大吃一惊，赶紧差人密告诸将，千万不要交出兵权。等范希朝去奉天接管的时候，诸将一个都没来。

不久，王叔文的母亲死了，韦执谊就更不听王叔文的了。王叔文暴怒，天天和党羽密谋复出，发誓复出后先斩韦执谊，再诛杀所有不亲附自己的人。

王叔文和韦执谊的嫌隙，也传到了南方。韩愈半夜醒来，想到这事就很高兴。出户看看天空，东方已经半明，星星大都隐没了，只剩一轮残月和太白星，就写了首诗：

东方半明大星没，

独有太白配残月。

嗟尔残月勿相疑，

同光共影须臾期。

残月晖晖，太白睒睒。

鸡三号，更五点。

太白，说的是韦执谊；残月，说的是王叔文。"嗟尔残月勿相疑"，意思是王叔义你也别怀疑韦执谊——"同光共影须臾期"，很快你们就要同光共影，享受同等待遇了。"残月晖晖，太白睒睒"，这是你们最后的蹦跶了。"鸡三号，更五点"，鸡叫三遍，天就明了，你们的命运就到头了。

这时候，"二王"的另一位，王伾，开始着急了。王伾生活十分奢侈。王叔文虽削减了不少给皇帝的进贡，但王伾家的珍宝与日俱增，为此专门做了个没有门的大柜子，只开个孔，好把金宝藏进去，王伾的老婆有时候甚至睡到上面。王叔文母丧罢官后，王伾每天跑到宦官和杜佑那里要求起用王叔文为宰相，总管北军，没人理他。王伾又提出以威远军使平章事，还是没人理他。王伾坐在翰林院，连上三疏，都没反应，他明白要完了，夜里，突然大叫："我中风了！"第二天，就被车拉回家，再也没能复出。

立秋前后，韩愈写了首《射训狐》。

训狐，也叫鸺鹠，是岭南的猫头鹰，就是胆敢大白天在屋檐下缠斗的那种。韩愈说，这种鸟矜凶挟狡，一天趁着黑夜跑进屋，张狂叫嚣，聚集一帮妖鬼煽风点火，搞得满屋乌烟瘴气，还想把房子弄塌。韩愈说，上天真是有好生之德，这种坏畜生居然还让它活着！那就等它自己走吧。结果倒好，它不仅不走，还越来越嚣张，想扑腾到天亮。那就没办法了，不能再心存侥幸，于是张弓搭箭瞄准了，一箭射去，训狐从梁上栽下来，蛇也窜逃了，其他嚣小马上不行了。

仅仅一个月后，这首影射诗就兑现了。兑现之前，韩愈就接到了朝廷消息，让他去郴州待命。这就意味着离回京不远了。郴州，就是张署任县令的临武所在的州。张署也接到了同样的消息。

郴州刺史李伯康是个好人，他是前年到郴州任刺史的。

去年春天，韩愈和张署南贬，走到郴州，他招待了他们。韩愈在阳山时，曾托人给他送过黄柑，李伯康回赠了纸笔。今年春天，韩愈去河里叉鱼，写诗寄给张署，也一并寄给李伯康。韩愈和张署到了郴州，李伯康安排住宿，宴饮相招，还带他们游赏北湖。

更让韩愈感激的，是李伯康向上面申请，帮助韩愈、张署回长安。李伯康的顶头上司是湖南观察使杨凭。杨凭和韩愈的关系很复杂。

三十年前，韩愈的长兄韩会、柳宗元的父亲柳镇，和杨凭都是朋友。后来，韩会去世。韩愈二十多岁时，在长安考试，很希望得到杨凭的提掖，可惜杨凭并没有这么做。再后来，韩愈离开长安，去了汴州，在董晋幕府任职，有个同事叫杨凝，他们关系很好，前年杨凝死，韩愈还写诗哭他。杨凝是杨凭的弟弟。在面子上，韩愈一直很尊重杨凭。韩愈做四门博士时，太学生何坚回湖南，韩愈写文章相赠，特地说到湖南观察使杨凭之贤。但杨凭似乎不感冒，始终对韩愈有些看法。另外，很重要的一点，杨凭是柳宗元的岳父。

李伯康为争取韩愈、张署回京做出的努力，到杨凭这里，被卡住了。朝中，王叔文的失势几乎已成定局，杨凭女婿柳宗元的未来也不可能好到哪里去。这时候，杨凭不想放韩愈回京城。

能否回京城,对韩愈来说很重要,但对朝廷大局来说,根本微不足道。无论韩愈的命运如何,王叔文的倒台都不可避免。

王叔文之前最大的靠山,太子李诵,也就是现在的皇帝唐顺宗,也靠不住了。顺宗运气不顺,他爹德宗长寿,当了二十多年皇帝,李诵就只好当了二十多年太子。当到后来,得了风疾,话都说不了了,即位时基本废了。即位后,听太监和其他大臣说王叔文的坏话,也越来越讨厌王叔文。顺宗即位三个月,就把儿子李纯立为太子。当时,天下都很高兴,唯独王叔文忧虑不已,常常念杜甫的诗,"出师未捷身先死,长使英雄泪满襟",念着念着就哭了。大家都笑话他。李纯七月监国,八月即位。即位后,马上贬了王叔文,第二年就赐死了。

王叔文三月任度支、盐铁副使,五月迁户部侍郎,八月初就被贬了。实际上,迁户部侍郎时,王叔文已经被动了。这么短的时间里,先蹿升,又急剧跌落,也狠打朝廷的脸,制词都不好写。蹿升时,制词称赞他:

"精识瑰材,寡徒少欲,质直无隐,深沉有谋。其忠也,尽致君之大方;其言也,达为政之要道;凡所询访,皆合大猷。宜继前劳,佇光新命。"

"凡所询访,皆合大猷",是说凡是经王叔文考察的人,都很能治国理政。"宜继前劳,佇光新命",是说最好继续为国家操劳,期盼在新的岗位上肩负起更重要的使命。

等到被贬,制词说他:

"夙以薄伎,并参近署。阶缘际会,遂洽恩荣。骤居左掖之秩,超赞中邦之赋。曾不自厉,以效其诚。而乃漏泄密令,张皇威福,畜奸冒进,黩货彰闻……"

很早就以小小的伎俩爬到靠近天子的位置,凭借攀附和时运,人红大紫。"阶缘际会"的表达很有意思,说王叔文的蹿升只是因为站到了风口,和天子的关系就像台阶,他拾级而上了。好像王叔文的问题只是他个人的问题,和朝廷无关。他起初任起居郎,是左掖(门下省)的职位,后来就操纵了财政大权。那么,王叔文的问题是什么呢?

排在第一的是"漏泄密令",但我们不能仅仅照字面意思来理解,以为王叔文泄漏了什么国家机密。实际上,是说在一段时期内,许多重要的人事权力安排,是王叔文通过韦执谊和其他党羽做的。以王叔文的身份和位置,根本没有资格过问那些,但是,王叔文深度干预了,甚至几乎到了操纵的程度。所以,实际上不是什么"漏泄密令",而是僭越。

但在制词的表达上，不方便这样说，这样说，体制的问题就暴露无遗了，王叔文的问题就不仅是王叔文的问题，而变成了朝廷的问题。现在要把王叔文和朝廷切割，先处理王叔文，再一步步处理他的党羽。所以，王叔文虽然倒台，韦执谊却不能马上贬，要稍后处理。

因此，之前的"凡所询访，皆合大猷"，现在变成了"畜奸冒进"。王叔文考察安排的人，不再"合大猷"，而是"奸"。之前的"质直无隐"，现在变成了"张皇威福"——做事无所顾忌，明目张胆，说好听点儿叫"质直无隐"，说难听点儿叫"张皇威福"。表达措辞不同，但指向的是同样的事。不过，也有相反的，之前说他"寡徒少欲"，现在变成了"黩货彰闻"，就是贪污受贿臭名远扬。可见之前的"寡徒少欲"是不准确的，一个极度渴望权力、结党营私的人，怎么可能寡徒少欲呢。

如果只看制词，不绕几个圈，是不能明白真相的。倒是韩愈在不久后写的《永贞行》里，用一句话把王叔文的问题说白了——"天位未许庸夫干"：天子的事，岂能允许你这个蠢货妄加干预？古人措辞含蓄，"庸夫"就是很重的骂人话了。韩愈说得直白，被不少人批评，说他的话太糙。

韦执谊没有马上被贬，但也知道不行了。韦执谊一直怕贬岭南，以至于连岭南的州县名都很忌讳。他做郎官时，每次碰到岭南地图，就闭目不看，让人拿走。等当了宰相，厅堂北墙挂着地图，他七八天没去。后来，走近了看，是崖州（今海南），觉得大不祥，但又不能拆。后来他被贬，果然贬到了崖州。

在郴州等待命运的日子里，韩愈和张署的心都在悬着。张署尤其焦虑，他写诗给韩愈说，"没有一天不想回去，在这里简直度日如年"。韩愈倒还乐观，回诗说，"竹子竞相长出纤纤的笋，杜鹃闲来开起艳艳的花。圣上的恩波还未报答，可不要在炎瘴之地断送了生涯"。

八月初，宪宗即位，王叔文、王伾立刻被贬，短短几天之内，韩愈、张署的赦书就到了——朝廷任命张署为江陵府功曹参军，韩愈为法曹参军。江陵府在湖北荆州。功曹和法曹参军都是正七品下。功曹稍微好点，负责官吏考核、选举等，法曹负责司法、缉捕等。

这个结果，有点令人失望。虽然比在阳山、临武当县令好了不少，但毕竟没能回京城。

八月十五之夜，纤云四卷，清风拂空，皓月舒波，江上沙平，一点水声都没有。韩愈、张署举杯赏月。韩愈说，唱首歌吧，不管怎样，结果总算下来了。张署比韩愈年长十岁，已经四十八岁了，他不知道这辈子还能不能活着回长安。他唱起了歌，唱得很动情，很辛酸，韩愈听着听着就哭了。不忍再听下去，韩愈说，听我唱吧：

我歌今与君殊科。一年明月今宵多。

人生由命非由他。有酒不饮奈明何。

又待了一段时间，韩愈、张署离开郴州，赴江陵，在郴江口坐船出发，韩愈又写两首诗赠给张署：

山作剑攒江写镜，扁舟斗转疾如飞。

回头笑向张公子，终日思归此日归。

雪飚霜翻看不分，雷惊电激语难闻。

沿涯宛转到深处，何限青天无片云。

多年后的宋朝，有人走到郴江口，还想起韩愈：

扁舟斗转急如飞，对此令人忆退之。

不但郴江有佳句，叉鱼祷雨尽留诗。

走到耒阳北，经过一座小庙，庙里供了根被火烧过的树，人称"木居士"，很多人礼拜求福，韩愈题了两首诗：

火透波穿不计春，根如头面干如身。

偶然题作木居士，便有无穷求福人。

为神讵比沟中断，遇赏还同爨下馀。

> 朽蠹不胜刀锯力，匠人虽巧欲何如。

被火烧过，被水泡过，不知过了多少年。根像人面，干像人身，不知谁偶然说这是木居士，就有了无数来求福的人。被当成神顶礼的命运，就好过断在沟中吗？东汉时，有人拿桐木烧火做饭，噼里啪啦的声音被蔡邕听见，知道是块好木料，就赶紧买下来，请木匠做成琴，果然是好琴。可惜，木居士已经朽蠹，没法再用刀锯雕琢，再好的匠人也没办法了。

又往北，到了衡阳。二人受到衡州刺史邹儒立的接待，逛了合江亭，韩愈还游了衡山。衡山峻伟，"火维地荒足妖怪，天假神柄专其雄"。南方属火，南岳统摄火师，传说赤帝住在南岳之巅，祝融居于衡山之阳。韩愈到衡山脚下，山间喷云泻雾，正是秋雨季节，阴气昏昧，望不见顶。韩愈潜心默祷，希望风起云散。不多久，果然起了风，将乱云扫净，一座座突兀的山峰撑起青穹。紫盖连延到天柱，石廪腾空而起，堆出祝融顶。见此景象，韩愈森然魄动，下马礼拜。拜毕，沿松柏山径疾驰到灵宫。

灵宫粉墙丹柱，壁画瑰奇，神采奕奕。韩愈恭敬上前，进献了脯酒，以微薄的祭品向神明示敬。管庙的老人悄悄目睹了，觉得韩愈不错，于是拿来占卜用的杯珓，帮韩愈占问前程。占毕，老人说，再也没有比这更好的了。韩愈说，我流放到荒蛮之地，幸而不死，能有吃穿就满足了，侯王将相的梦早就不做了，神就是要赐福，恐怕也是徒劳。作别老人后，韩愈夜宿高处佛寺，星月掩映，层云朦胧。不知不觉间，猿啼钟动，杲杲寒日从沧波中涌起……

听说衡山南麓岣嵝山中有块神禹碑，碑石赤色，字青色，篆书，鸾飘凤泊，奇形诡状。韩愈就去探寻，寻了很久，问了不少人，还是没找到，只有森森的绿树和猿猱的悲啸。后来到了南宋，朱熹和张栻也因为韩愈留下的这首诗继续去探寻，也还是没找到。

在衡山，韩愈还见到一位法师，盈上人。虽然只是短暂的相处，却很有好感，离开时，韩愈送他一首诗：

> 山僧爱山出无期，
> 俗士牵俗来何时。
> 祝融峰下一回首，
> 即是此生长别离。

上人爱山，是不会出去的，
韩愈被尘事牵绕，也不能再来。
祝融峰下，一次回首，
今生就永远别离了。

离开衡山，韩愈、张署北去。

夜泊潭州（今长沙），寒冷中，韩愈被鼓笛声吵醒。再听，不是鼓笛，是江水不停拍打城堞的声音，是惊风穿过竹林的声音。主人兀坐，看着使节，客子捧起《离骚》夜读——韩愈蓦然感动：这样的夜舟中，竟有人读《离骚》！可惜自己没有金错刀，不然真要拿去换酒。羁旅寒夜无酒，韩愈只好写首诗，呈给同船诸公解渴。

在长沙，杨凭没有见韩愈。不见，也正常，也不正常。以杨凭三十年前同韩会的交情，或者几年前韩愈同杨凝的交情，似乎应该一见，况且韩愈还曾在文章中不吝赞美杨凭。但杨凭毕竟是大官，更何况韩愈回京的事情被杨凭阻拦了。此时，柳宗元已经因为王叔文倒台被贬，杨凭不见韩愈，也属正常。

韩愈陪同杜侍御游览了湘西两寺，当夜，韩愈独宿寺院，没有月亮，山楼一片漆黑，只见远处渔火点点。夜风喧扰，吹动杉桧，韩愈感到仿佛还宿在船上。想起沉江的屈原，远贬的贾谊，想到子椒、子兰的妒忌，周勃、灌婴的谗诋，又忍不住伤感悲愤。于是作了首诗，托人送给杨凭。

诗中称赞杨凭，"礼贤道何优，奉己事苦俭"。其实，杨凭性格倨傲，不能礼贤下士，生活也极其骄奢，日后还因为骄奢被弹劾去官。可韩愈就是这么写的。至于杨凭没有见自己，韩愈也在诗中为他开解，说他为国事忙碌，自然没有功夫宴游。在客气中，也许藏着讽刺和不满吧。

写到这里，又听到岭猿愁啸，破晓的灯闪着青光。

10. 首下尻高

回京被杨凭阻拦了，韩愈只能去江陵当法曹参军，这是不够满意的。赴江陵的路上，韩愈还在琢磨怎样才能回京。

他想到三个人。王涯，他的同年，当年"龙虎榜"的进士，现在是翰林学士。还有李建、李程，也曾是翰林学士，后来被王叔文免了。王叔文、王伾也做过翰林学士。翰林学士人称"内相"，是皇帝的顾问和秘书，参与起草任免宰相、册封皇后、立太子、征讨等诏书。这也是为什么王叔文在翰林学士被免后大吃一惊。俱文珍等拥立太子，王涯、李程也参与了。韩愈写诗给他们，希望得到帮助。

诗名叫《赴江陵途中寄赠王二十补阙、李十一拾遗、李二十六员外翰林三学士》。

诗从自己被放逐说起，说上了《论天旱人饥状》，天子、司空恻然感慨，但不知为何就被贬了。韩愈猜这是因为刘禹锡、柳宗元：

> 同官尽才俊，偏善柳与刘。
>
> 或虑语言泄，传之落冤雠。
>
> 二子不宜尔，将疑断还不。

同事都是才俊，我偏偏和柳宗元、刘禹锡最好。也许是某些话被他们泄漏，传出去得罪了人。他们似乎不该这样呀，我也搞不清楚。

这是相当怀疑了。不过，韩愈现在还不太清楚，李程和刘禹锡、柳宗元关系也挺不错。韩愈丢了监察御史后，李程做了监察御史，和刘禹锡、柳宗元是同事。

韩愈还说：

> 自从齿牙缺，始慕舌为柔。
>
> 因疾鼻又塞，渐能等薰莸。

从牙掉了之后，我开始羡慕舌头的柔顺。太刚强是没有好果子吃的。因为生病，鼻子也堵塞了，再闻起来，香味和臭味也渐渐差不多了。

这当然是自嘲了。老子说，柔弱胜刚强，牙齿是硬的，舌头是软的，但牙齿不如舌头的寿命长。儒家不这么看。儒家讲"壁立万仞"。子思说，我不做舌头，因此不能事君。韩愈是儒家，对佛、老一向排斥。刚烈的性格给他带来许多挫败，他喜欢用调侃排解。自从贬到阳山，韩愈诗里的"反话"就多了不少。但要说和光同尘，韩愈还是做不到的。

韩愈、张署北去路过洞庭湖时，遭遇了大风，在鹿角驿避风七日，四周没有鸡犬之声，渐渐绝粮了。饥啼啾啾中，从湖里钓鱼，掉到一只这辈子从来没有见过的大鲇鱼，腮帮子怒胀，像生气的小猪。切成片，烤熟佐酒，饕餮了一顿。

过了洞庭湖，是岳州。岳州代刺史是韩愈从小认识的窦庠。窦庠的哥哥窦牟比韩愈大十九岁。韩愈小时候在长安，跟着哥哥去过窦家。当时，韩愈把窦牟当老师对待，长大后，又把窦牟当兄长对待，窦牟不嫌韩愈小，一直把韩愈当朋友。现在，碰见窦庠，韩愈很亲切。

窦庠还有个哥哥窦群，也不满王叔文。王叔文得势时，刘禹锡、柳宗元很怠慢窦群，窦群也不比附他们。有一次，窦群谒见王叔文，说："去年李实得势，炙手可热，你还逡巡在路边，不过是江南一个小吏，现在，你跟去年的李实差不多，焉知路边没有另外一个王叔文呢！"

韩愈见了窦庠，就是见了自己人，可以好好聊聊王叔文一党的倒台。王叔文倒台后，刘禹锡、柳宗元也很快被贬。刘禹锡被贬连州刺史，就是阳山所在的州。连州刺史的级别当然比阳山县令高，不过，还没到连州，刘禹锡就接到再次被贬的消息，贬为朗州司马。

从京城去连州，也要经过岳州。刘禹锡途经岳州的时候，巧了，正是韩愈赴江陵经过岳州的时候。

窦庠在岳阳楼设宴，为韩愈饯别，刘禹锡也在列。筵席上，韩愈送给窦庠一首长诗，《岳阳楼别窦司直》。这首诗中，韩愈暗示怀疑遭到了王叔文一党的谗言。刘禹锡在座，当然也就看到了。

刘禹锡展开诗，见前面大段是写洞庭湖，突然，笔锋一转，韩愈写到自己的遭遇：

……

念昔始读书，志欲干霸王。

屠龙破千金，为艺亦云亢。

爱才不择行，触事得谗谤。

前年出官由，此祸最无妄。

我早年读书，也是要做番事业的。花费那么多心血学到了一身本事，爱惜才华，从不败坏品行，却在任上遭到谗言和毁谤。前年被贬，真是无妄之灾。

公卿采虚名，擢拜识天仗。

奸猜畏弹射，斥逐恣欺诳。

新恩移府庭，逼侧厕诸将。

于嗟苦驽缓，但惧失宜当。

公卿知道我的名声，拔擢到朝班。最怕流言蜚语的臧否，谗言让我遭遇了放逐。好在近来朝廷开恩，把我调到江陵。我是匹劣马，跑得很慢，只怕动不动就有什么不得当的地方呀！

当年在徐州幕府，韩愈自诩为千里马。现在，说自己是劣马。之所以说"于嗟苦驽缓"，也是讽刺王叔文那帮人蹿升得太快了，和他们相比，自己当然是"苦驽缓"了。

追思南渡时，鱼腹甘所葬。
严程迫风帆，劈箭入高浪。
颠沈在须臾，忠鲠谁复谅？
生还真可喜，克己自惩创。
庶从今日后，粗识得与丧。
……

想当年南渡，差一点葬身鱼腹。那么紧的行程，冒着疾风巨浪往前赶。命说丢就丢，又有谁能理解我的忠鲠？现在活着回来，真该高兴。从今往后，该汲取教训了……

这些话，让刘禹锡面子往哪里搁呢？作为主人，窦庠也很尴尬，但也没什么办法。他回了首诗，都是些场面话。

刘禹锡在贬谪途中，本来就没有好心情，见韩愈诗中这样怀疑自己，更加郁郁不平。刘禹锡也是大材，不甘示弱，提笔和了首长诗。

刘禹锡的和诗,前面大段也是铺陈,描写景观,写到三分之二,才开始为自己申辩。申辩前,还费笔墨解释了缘由:刺史殷勤地嘘寒问暖,拎着酒宽慰流放的人。岳州虽然地偏,山水却好。贵客在座,招待也丰盛。美女不断添酒佐欢,在银烛高照的夜晚,大家越喝越高兴,高兴极了,话就说开了:

> 伊余负微尚,夙昔惭知己。
>
> 出入金马门,交结青云士。
>
> 袭芳践兰室,学古游槐市。
>
> 策慕宋前军,文师汉中垒。

在下也身负微小的志趣,过去面对知己,总有些惭愧。我出入学士待诏的门庭,结交有青云之志的人士;我沾染芳香,与贤善长者为伍;我游学槐市,和饱学宿儒往来。我羡慕推崇鲍照、刘向那样的人。

虽然明知韩愈对王叔文的厌恶,明知"二王"已经倒台,没有东山再起的可能,刘禹锡依然拒绝用任何贬抑的语言评价曾经的朋友兼恩人。

这倒让韩愈敬重不少。刘禹锡接着写:

> 陋容昧俯仰,孤志无依倚。
>
> 卫足不如葵,漏川空叹蚁……

就像长得难看的人，抬头低头都不是，像我这样的人，恐怕怎样周旋都有过失吧！空有孤高的志向，却没有能依赖的人。向日葵还能用叶子遮蔽根脚，我却连自身都不能保全。大堤崩溃，只能徒然慨叹蝼蚁……

等等，谁是蝼蚁？

王叔文的倒台，对韩愈、对很多人来说，是值得欢庆的，可对刘禹锡来说，有如大堤崩塌。韩愈虽然厌恶王叔文，却没有近距离接触过。刘禹锡则亲密接触过。王叔文的起落，在韩愈看是闹剧，在刘禹锡看是悲剧。王叔文失势时，喜欢吟"出师未捷身先死，长使英雄泪满襟"，韩愈当成笑话，刘禹锡却感到沉痛和悲哀——他和王叔文在一条船上。

现在，船翻了。

刘禹锡反用"溃于蚁穴"的典故，说自己的命运就像大堤溃决下的蝼蚁。不仅韩愈遭遇悲惨，自己又何尝不是，对此只有空叹。

不管怎样，事到如今，刘禹锡自身难保。

这时的韩愈，不是以政治参与者的身份，也不是以朋友的身份，而是以容易共情的普通人身份，对刘禹锡转向了同情，在世间，谁还不是身不由己！

想到此前批评刘禹锡、柳宗元,韩愈也察觉到了自己的苛刻和误解。如今所有人都踩王叔文,刘禹锡也没说一句王叔文的不是,倒是个磊落的人!

韩愈的疑虑,刘禹锡傲然面对,没有解释一个字。他只说:

> 为余出新什,笑抃随伸纸。
> 晔若观五色,欢然臻四美。
> 委曲风涛事,分明穷达旨。
> 洪韵发华钟,凄音激清徵。
> ……

朋友(韩愈)拿出新作,我拍手欢笑着打开看。文采熠熠,五光十色,面对这音乐、珍味、文章、言谈,是多么可珍惜的良辰、美景、赏心、乐事呀!历经了那些曲折艰险,把命运的穷通看得更分明。华钟发出洪韵,清澄的徵调激扬着凄美之音……

韩愈前嫌尽释。

尽管对王叔文依然厌恶不减,但对刘禹锡、柳宗元,韩愈更多的是惋惜和同情。

怀着释然和感喟,韩愈离开了岳州。赴江陵的路上,他忍不住作了首《永贞行》。

开头说，太上皇居丧不能理政，小人趁机盗窃了权柄，天子的百万北军一夜间被夺走。狐枭上蹿下跳，晚上拟了诏书，清早就拜官，越级提拔、公然受贿成了常态，老臣都不敢声张出气……

接下来，韩愈骂道：

> 董贤三公谁复惜？侯景九锡行可叹。
> 国家功高德且厚，天位未许庸夫干。

这四句特别狠。董贤什么人？用男色侍奉汉哀帝，成为宠臣，二十二岁位列三公，百官要通过他奏事。有一次，董贤睡觉枕住了哀帝袖子，哀帝想起来，又怕惊动董贤，就用剑割了袖子，因此叫"断袖之癖"。哀帝死后，王莽罢免了董贤，董贤自杀。

侯景是梁武帝时的人，伪托诏书，自加九锡之礼，入朝不趋，剑履上殿，位居丞相之上。一般加了九锡，就离篡位不远了。

这里拿董贤来比王叔文，几乎把顺宗也骂了。

但最有争议的，还是"天位未许庸夫干"。争议其实来自汉语的模糊。"叹""干"，这两个韵脚是平声，相当于普通话的第一声。"干"，是"干预"的"干"，不是"干革命"的"干"（幹）。"天位未许庸夫干"，是说天子的位置是不许你王叔文这个庸夫干预的。王叔文确实僭越了，以近侍的身份干预朝政大事，拟出宰相、将军的人选，说"干天位"，也并非不是事实。

那为什么古今很多学者觉得韩愈太过呢？因为也可以把这句话理解为，说王叔文要夺权，当皇帝。如果这么说王叔文，那就诛心了，至少证据是不足的。今天如果不熟悉古诗的韵，把"干"读成第四声，"干革命"的"干"（幹），就很粗鄙了。但如果按过去的读法，"干"虽然是平声，但不读"干"，而读"奸"。班彪《王命论》说"暗奸天位"。"奸"，就是"窃夺"的意思。"天位未许庸夫奸"，也太难听。

不过，也有人觉得韩愈骂得好，像金庸的祖上查慎行就说，"二句笔力气骨，极似少陵"。

后面，韩愈又写了流放的经历：

湖波连天日相腾，
蛮俗生梗瘴疠烝，
江氛岭祲昏若凝，
一蛇两头见未曾……

韩愈这里换了节奏，变成了一句一韵。这样写岭南的艰苦，更能渲染出效果。比较搞笑的是"一蛇两头见未曾"。

要不怎么说韩愈是大文豪,一般人不敢这么写。正常的表达是"一蛇两头未曾见",但那样就不押韵了。为了押韵,硬生生搞成"一蛇两头见未曾"。但也可以理解为"见到了之前不曾见的东西"。

韩愈经常这么粗暴。比如为了押韵把"参差"改成"差参"。之所以敢这样,也是因为读书多,见过先例,像《汉书·扬雄传》把"玲珑"叫"珑玲",左思把"慷慨"叫"慨慷"。没过多久,到了元和年间,就有好多诗人都这么玩了,白居易把"揣摩"叫"摩揣",卢仝把"揶揄"叫"揄揶"。

不过,自创新词或句法是很危险的,如果书读得少,这么做,就是腹笥不丰,黔驴技穷;如果书读得多,这么做,就是才气纵横,规矩束缚不住。宋朝苏东坡,填词不合格律的地方,叫"豪放杰出,自是曲子中缚不住者"。东坡当然不可能不懂,只是放得太开。这也有向韩愈致敬的意思。韩愈就经常自创句法,像《路傍堠》,"千以高山遮,万以远水隔",别人很难想到还可以这么写。就像正常人说,"我喝一个酒,你喝两个酒",韩愈说,"一是我喝的酒,二是你喝的酒"。像《送区弘南归》,"子去矣时若发机""落以斧引以纆徽",七言诗节奏向来是前四后三,韩愈硬要前三后四。别人这么写，铁定要挨批，但韩愈这么写，一般人没法批他，他的才太大了。他硬要横着走，我们只好在他走过的地方画道斑马线，表示这样也可以。

韩愈北去江陵的路上，还发生了一个小插曲。他一路总是碰到一个去长安应考的小伙子，孟琯。在郴州，孟琯拜见过韩愈，给韩愈一卷文章，期待韩愈能写篇序送他，但韩愈没有。后来每次"偶遇"，他总会提，韩愈都没答应。

到了江陵，他们又"偶遇"，小伙子最后一次提出请求，韩愈答应了。

也许部分是因为韩愈刚给三学士寄过诗，自己也在期待别人的帮助吧。

序说：

"今年秋，见孟氏子琯于郴，年甚少，礼甚度，手其文一编，甚巨。退披其编以读之，尽其书，无有不能，吾固心存而目识矣。"

这就表示，孟琯文章不怎么样。韩愈只是说，我看了，有印象。没说哪里好，那就是不好。"年甚少"，文章却"无有不能"，恐怕不是赞扬而是批评。韩愈又说：

"其十月，吾道于衡、潭以之荆，累累见孟氏子焉，其所与偕尽善人长者，吾益以奇之。"

写应酬文章，很难的地方就是明明想批评，又不能直接批评。要把批评讲得像夸，让人家读了舒服，最起码不能太不舒服。但意见又不能隐瞒，该怎样就怎样。

韩愈说，我经过衡阳、潭州，到江陵，屡次碰见孟琯。这就表明，邂逅是孟琯有意制造的。韩愈在每个地方停留的时间都不同，屡屡碰到，也太巧了。韩愈还说，和孟琯待在一起的，都是"善人""长者"，这让他更加奇怪。其实，韩愈一点都不奇怪，说"奇怪"，是隐藏了批评，表示韩愈不太赞同这种做法。

韩愈非常清楚，孟琯这样的后生，难免爱攀附有名望的人，无论走到哪儿，都爱往这些人跟前跑。所以"惊奇"他身为少年却总是与"长者""善人"游。就像今天，很多年轻人总是爱晒和大佬的合影，韩愈碰见这种人，也会说，"累累见孟氏子焉，其所与偕尽善人长者，吾益以奇之"，翻译成今天的话就是，"怎么哪儿都有你，而且跟你在一块的还都是大佬，让我更加奇怪"。韩愈说他"礼甚度"，也是指这方面，懂得怎么混圈子、打交道。孟琯比区册、区弘机灵得多，但韩愈还是更喜欢区册、区弘这种呀！

"今将去是而随举于京师，虽不有请，犹将强而授之，以就其志，况其请之烦邪！"

现在,孟琯要离开江陵到京师参加科举了,他就是不来请,我也想主动给他一点忠告,更何况他老来烦我!

"烦",是"繁"的通假字,本义是说,孟琯请求得频繁,但暗含着"这小子老来烦我"的意思。韩愈很喜欢这样。之前给窦存亮的信,结尾说"足下亮之而已",也是这样,在表面的客气中,包含着很不客气的口吻。

不过,相比窦存亮,孟琯没那么讨厌。孟琯还年轻,另外,也比较礼貌,不像窦存亮锐气太盛,急功近利。孟琯虽然沾染了人情世故,毕竟所染尚少,因此,韩愈愿意以过来人的身份,给他几句忠告:

"京师之进士以千数,其人靡所不有,吾常折肱焉。其要在详择而固交之。善虽不吾与,吾将强而附;不善虽不吾恶,吾将强而拒。苟如是,其于高爵犹阶而升堂,又况其细者邪?"

孟琯打小在小地方,见的世面不多,所以但凡碰见有些名望的,都想结交攀附。韩愈提醒他,京师的进士,数以千计,什么人都有——言外之意,鱼龙混杂,别看顶着进士的名头,草包多得是。

"吾常折肱焉",这句话非常有意思。韩愈的话,有时候含义很丰富,歧义很多。歧义多,放在今天,是要被当成病句的，但放在韩愈那儿，恰恰体现娴熟驾驭语言的功力——要同时传达表面的意思和真实的意思。很多时候，真实的意思不能直说。总不能说，京师的进士有很多是草包吧，只有说"京师进士数以千计，什么人没有，我常常折肱于此"。

"折肱"的用法是大师级别。《汉语大词典》和《国语辞典》解释"折肱"都专门辟了一个义项，例句就是韩愈这句。我们用一个词，词典里找不到对应义项，就表示用得不准，要换词。但韩愈用词，词典要专门为他辟个义项，关键是，两个词典的解释还不一样。

"折肱"，《汉语大词典》说，"犹折节"，表示这些人让韩愈很服气。这个解释很不准确。《国语辞典》解释为，"曲臂为礼，比喻来往结交"，相对准确。其实，即便不辟新义坝，就用原来的义项，"三折肱为良医"的"折肱"可能更准确。这就是韩愈的天才——他总是用旧词，但旧词在他手里每每翻出新意思，因为翻出了新意思，再看旧意思，就显得不确切了。其实，"吾常折肱焉"，什么意思呢？

"我是身经百战，见得多了。"

就这个意思。"三折肱为良医"有两方面含义，一方面，多次创伤；一方面，经验丰富。韩愈是说，在和京师靡所不有的各色进士打交道的过程中，我曾多次掉到坑里，也因此积攒了丰富的经验教训,所以,你就是不来求我,我也很想把这些告诉你,好让你少走些弯路。

"折肱焉"的"焉"也很精准。换个人,可能就是"吾常折肱也"了。"折肱也"和"折肱焉"差了十万八千里。为什么说《汉语大词典》解释为"折节"不准确?如果是"折节",就该"折肱也"而不是"折肱焉"。"焉",是"于此"的意思,表示"在这个地方"。韩愈意思是,我"折肱"就"折"在这个地方。就像之前韩愈给崔群写信,说和有些人成了朋友,后悔都来不及。这正是为什么韩愈要给孟琯一点忠告:

交朋友,一定要慎重、慎重、再慎重,不要逮着个人就交,要"详择而固交"。交之前,仔细审察,察定了,固交。不要泛泛地交。怎么"固交"?

人品好的,不想和我来往,我也强行亲附;人品差的,就算不讨厌我,我也强行拒绝。

这就是韩愈作为"常折肱"的长者给年轻人的忠告。

对孟琯来说,韩愈是长者。但在江陵,韩愈却是小官。在江陵和在御史台不一样,和在阳山也不一样。御史台是中央,江陵是地方。阳山虽然是地方,但在阳山做的是县令,虽然是光杆县令,但毕竟是一把手,没人管,上级在连州。

做了江陵法曹，就相当于基层公务员，虽然是干部身份，但处理的是杂事，还要经常伺候领导。

基层的日常，韩愈用了四个字形容：

"首下尻高"。

这是个成语。韩愈创造的。韩愈一生创造了数以百计的成语，有时候一篇文章就能创造好几个甚至十几个，像九百多字的《进学解》，创造出了不下二十个成语：

业精于勤、行成于思、爬罗剔抉、刮垢磨光、提要钩玄、贪多务得、细大不捐、焚膏继晷、补苴罅漏、旁搜远绍、力挽狂澜、含英咀华、佶屈聱牙、异曲同工、闳中肆外、跋前踬后、动辄得咎、兼收并蓄、校短量长、投闲置散……

"首下尻高"在韩愈创造的诸多成语中，是很平凡的一个，甚至很多人都不知道。

这个成语的诞生，要感谢张署，就是和韩愈一起做监察御史，又一起被贬南方，并迁回江陵的张署。

首，是头；尻，是屁股。首下尻高，说的是跪拜，头贴到地上，屁股撅得高高的。

这是张署死后韩愈写的祭文，文中声情并茂地描绘两人的过往。

刚被贬出长安时：

"岁弊寒凶，雪虐风饕；颠于马下，我泗君咷。"

路过洞庭时：

"洞庭汗漫，粘天无壁；风涛相豗，中作霹雳。"

在阳山、临武县界聚首时：

"枕臂欹眠，加余以股；仆来告言，虎入厩处……"

北赴江陵遇风，钓鱼救饥时：

"钩登大鲇，怒颊豕豞；觞盘炙酒，群奴余啄。"

一起在江陵做小官时：

"走官阶下，首下尻高；下马伏涂，从事是遭。"

韩愈用了十六个字，讲了个故事：

一天，韩愈、张署正骑着马，忽然见旌旗扬起，看架势是领导到了。二人赶紧翻身下马，伏在地上，"首下尻高"，让领导过去，等走近了，嗨！原来不是领导，是跟班儿的从事。

这就是韩愈、张署在江陵的日子。张署死后，韩愈回忆起这些。

11. 玲珑晚澌

江陵下雪了。

韩愈写了首《喜雪献裴尚书》。裴尚书是荆南节度使裴均,韩愈在江陵的上司。

宿云寒不卷,春雪堕如篪。
骋巧先投隙,潜光半入池。
喜深将策试,惊密仰檐窥。
自下何曾污,增高未觉危。
比心明可烛,拂面爱还吹。
妒舞时飘袖,欺梅并压枝。
地空迷界限,砌满接高卑。
浩荡乾坤合,霏微物象移。
为祥矜大熟,布泽荷平施。
已分年华晚,犹怜曙色随。
气严当酒挣,洒急听窗知。

照曜临初日，玲珑滴晚澌。
聚庭看岳耸，扫路见云披。
阵势鱼丽远，书文鸟篆奇。
纵欢罗艳黠，列贺拥熊螭。
履敝行偏冷，门扃卧更羸。
悲嘶闻病马，浪走信娇儿。
灶静愁烟绝，丝繁念鬓衰。
拟盐吟旧句，授简慕前规。
捧赠同燕石，多惭失所宜。

《红楼梦》里有一首咏雪联句，从王熙凤的"一夜北风紧"开始，跟着李纨的"开门雪尚飘，入泥怜洁白"，后面，几乎所有大观园的儿女都参与了，最后，变成了湘云、黛玉、宝琴的竞赛。因为大家对《红楼梦》熟一点，我拿这篇和韩愈做些对比。

先看看韩愈是怎么写雪的。一句句看。

宿云寒不卷，春雪堕如簁。

"簁"，念"徙"，改成第二声。"簁"和"筛"是一个意思，也可以念"筛"，但念"筛"就不押韵了。

宿云，是夜晚的云。仅仅是"夜晚的云"，还不足以完全体现"宿云"的味道，宿云还隐含着滞涩、阴沉沉的感觉。

夜晚的云彩,仿佛被冻住了。春天的雪,片片从空中筛落。

骋巧先投隙,潜光半入池。

有些雪花很机灵,瞅着哪里有缝,就偷偷溜进屋了。

南朝谢惠连的《雪赋》说,"始缘甍而冒栋,终开帘而入隙",雪一开始趴在屋脊上,好像给房梁戴上了帽子,慢慢地,扑开帘,穿过缝隙飞进屋。韩愈略作变化,说机灵的雪花,一早就溜进来了。

"潜光半入池",有些雪花潜藏了光彩,飘入池水,化掉了。

《红楼梦》中有一句,"阶墀随上下,池水任浮漂",岫烟和湘云写的。"池水任浮漂",就是偷韩愈的"潜光半入池";"阶墀随上下",化韩愈的"砌满接高卑"。

喜深将策试,惊密仰檐窥。

策,是马鞭。看到雪,很高兴,扬起马鞭打打,试试多深。密密的雪纷纷飘下,韩愈惊奇,仰着脸朝檐外看。——为什么是朝檐外看,不是朝天上看?因为雪太大,所以站在屋檐底下,伸出半颗脑袋,"仰檐窥"。这和"仰天窥"味道不一样。"仰天"就和"窥"不搭了。"天"是大词,

"檐"是具体的、很小的词。写诗会用大词不稀奇,小词用得准确、到位,才体现功力。

韩愈摹写功力惊人。《红楼梦》中的咏雪诗虽然也不错,但在体物上,达不到韩愈的细腻。"惊密仰檐窥"还有望逼近,"喜深将策试"就够不着了。就好比分辨率,韩愈写诗,分辨率是超高的。

自下何曾污,增高未觉危。

前三联是描写,这联转成议论,有节奏感。

"自下何曾污",雪从天上降到人间,又何曾染污?《尚书》说:"若升高,必自下;若陟遐,必自迩。"想到高处,得从下面一步步往上走。泰山脚下有块石头,写着"登高必自"。不过,韩愈是反过来,说雪从天上落到人间,也一样洁白。这也是说自己。他从朝廷贬到阳山,又到江陵,好比从天上掉下来,又何曾染污呢。

"增高未觉危",雪一层层铺起,道路、树干、房屋,一切都增高了,不过,没有危殆。一般来说,越高就越危险,但雪让万物增高,是平等的,也就没有危殆的迹象了。扬雄说"自下者人高之",《礼记》说"继长增高,毋有坏隳"。韩愈就是这个意思。

比心明可烛,拂面爱还吹。

"比心"的"比",有双关的含义,既有"贴近心"的意思,又有"如同心"的意思。南朝江总诗说,"净心抱冰雪"。韩愈另一层意思是:皑皑白雪,烛照天下,有如此心。清朝姚鼐在《登泰山记》中说,"苍山负雪,明烛天南",就是从韩愈的"比心明可烛"而来的。白雪烛照世间,心也如此澄明。

"拂面爱还吹",爱那飘近面前的雪花,忍不住要去吹它。

妒舞时飘袖,欺梅并压枝。

雪花浩荡起舞,仿佛嫉妒彼此的舞姿,在漫天阒寂中相竞,有时飘落到怀袖中,又仿佛欺凌梅花,重重压向枝头。

地空迷界限,砌满接高卑。

天地间迷失了界限,只剩一望无际的白。台阶层层铺满,几乎分不出高下。

清朝朱彝尊说这句"拙"。他说,韩愈描写景物,每每要极度相似,用力过猛,反而不灵动。这是审美的不同。有个词叫"狮子搏兔",狮子搏象用全力,搏兔也用全力。韩愈就爱狮子搏兔。"砌满接高卑",一般的雪做不到,但遇到暴雪就会这样。

浩荡乾坤合,霏微物象移。

前面的"比心""拂面""妒舞""欺梅",都是近景,到上一联"地空迷界限,砌满接高卑",转向了远景。这一联,先是更宏大的远景,由具体转到抽象,再转,就由空间转到了时间:

乾坤浩浩荡荡交融在一起,飘飘洒洒,不知不觉中,万物变了模样。

由近转远,由具体转抽象,又由空间转时间,似乎已经没有再转的余地,可韩愈接下来还要转。写诗就得这样,要一层层往上翻,翻不动的地方,还要继续翻。那怎么转呢?前面的近、远、具体、抽象、空间、时间,都是客观,接下来,由客观转向主观:

为祥矜大熟,布泽荷平施。

雪是祥瑞之兆,此前连年干旱,有了这么大的雪,就可以期待明年的大熟了。"布泽荷平施",上天的德泽,平等流布率土。《周易·谦卦》说,"君子以裒多益寡,称物平施"。平施,是平等施予。"平施"对"大熟",非常巧妙,连爱挑剔的朱彝尊都说"平施字借得好"。

已分年华晚,犹怜曙色随。

刀郎有首歌,"2002年的第一场雪,比以往时候来得更晚一些",如果"比以往时候来得更早一些",就没意思了，来得晚，才有感觉。"已分年华晚"就带着这个意思。可在曙色中，见它飘飘洒洒奔赴世间，依然教人爱怜。

气严当酒换，洒急听窗知。

总不能老站在外面，这么冷，还是回到了屋里。下了雪，怎能不喝点酒呢。略微换盏之间，寒气更逼人了。笃笃洒在窗上，好像驿马疾驰，由此知道，雪下得更紧了。

有的版本，把"换"字改成了"煖"。何焯不同意，《义门读书记》里说，"换字绝妙，略停杯，冷已不禁也"。如果是"煖"，换个人也不难写出，"换"的话，一百个人都不好想到。

北宋的王安石也喜欢推陈出新。他的文章，如果别人能想到类似的意思，宁可烧掉。王安石写诗说韩愈，"纷纷易尽百年身，举世何人识道真。力去陈言夸末俗，可怜无补费精神"。一生就短暂的百十年，整个世间有谁识得真正的道？韩公你力去陈言，想让俗人见道，可惜天下没有人懂，你是枉费精神，于事无补呀！

有人不太会读诗。像邵雍的儿子邵伯温，在《邵氏闻见录》中说，王安石批评韩愈枉费精神，于事无补，可王安石自己咏雪，"借问火城将策试，何如云屋听窗知"，两句都是用韩愈的诗句，难道扔掉陈言不对，用陈言倒该被赞美吗？

其实，是邵伯温没抓住王安石的感情色彩，要么就是故意挑刺儿。王安石恰恰不是批评韩愈，而是称赞韩愈。称赞的同时，也感慨同情韩愈。王安石不是要称赞同情韩愈，是要借着对韩愈的称赞同情，感慨自身。王安石是以韩愈自比的。天下没有谁识得真东西，可怜韩愈（我王安石）这样辛辛苦苦，于事无补呀！王安石咏雪诗借用韩愈的诗句，实在是致敬。

照曜临初日，玲珑滴晚澌。

《红楼梦》里的"照耀临清晓，缤纷入永宵"就是借鉴了韩愈的这句诗。谢惠连在《雪赋》中说，"若乃积素未亏，白日朝鲜。烂兮若烛龙，衔耀照昆山"。太阳刚出，山上积雪还没有化，照上去像烛龙。烛龙是昆山的神龙，衔着火炬，照耀天下。毛泽东的词"须晴日、看红装素裹""山舞银蛇"，跟这一个意思，但表达上逊色不少。

"玲珑滴晚澌"，也是化用谢惠连的《雪赋》，"尔其流滴垂冰，缘霤承隅。灿兮若冯夷，剖蚌列明珠"。白日照久了，雪渐渐消融，化作冰锥垂在房檐，又一滴滴坠下，好像水神冯夷剖开了蚌，罗列着珍珠。谢惠连只写雪化，没写时间，韩愈的"玲珑滴晚澌"则是说到了暮色四起，积雪化去，长夜寂静，只听见淙淙滴水声。

《红楼梦》中的"照耀临清晓"几乎是抄"照曜临初日",但"缤纷入永宵"就不同了——白天出了太阳,到了夜晚,雪又缤纷下起来。"照耀临清晓"是史湘云起的,"缤纷入永宵"是林黛玉对的。湘云写的是早上雪霁,黛玉则让雪在夜里下得更深,也显出二人性格的不同。

> 聚庭看岳耸,扫路见云披。

庭中雪,聚在一处,像高耸的山岳。道上雪,扫向两边,像纷披的层云。

这又从"初日""晚渐"的时间线上,转回了空间。但这次与之前不同的是,从单纯写雪,变成了雪与人的互动。

> 阵势鱼丽远,书文鸟篆奇。

鱼丽,是古代打仗时排兵布下的阵,极其坚密,难败易胜。雪宛转到天边,像兵阵一样迤迤逦逦,层层叠叠。"书文鸟篆奇",人和动物在雪上留下印迹,奇形怪状,像上古的鸟形篆文。

写了人雪互动,下面的焦点就从雪转向了人:

> 纵欢罗艳黠,列贺拥熊螭。

艳黠,是美女。艳,是美貌;黠,是聪慧。又漂亮又聪慧的美女罗陈在宴席上,恣意狂欢。"列贺拥熊螭",侍卫个个像熊一样壮,像螭一样猛,列起队伍庆贺。

这当然是领导家的场景。诗名叫《喜雪献裴尚书》，裴尚书是大官，他府上摆酒，自然"纵欢罗艳黠，列贺拥熊螭"。

但像韩愈、张署这种基层干部，就远不是那样了：

> 履弊行偏冷，门扃卧更羸。

履弊，指鞋破，是《史记》中的典故。东郭先生在雪里走，鞋破得只有面，没有底，脚踩在冰雪中。"门扃卧更羸"，是东汉袁安的典故。大雪下了丈余深，洛阳令走到袁安门口，见门闭着，路堵上了，以为袁安死了，命人扫开雪进去，见袁安卧在床上冻僵了。《红楼梦》中也用了这个典故，"僵卧谁相问"，史湘云写的。但重点不同，史湘云更突出孤独，韩愈更突出贫穷。

前一联写下雪时富贵人家纵酒欢庆，这一联写穷人的贫困惨状。朱彝尊说，这里不错，就是不够喜庆。

不喜庆的还在后面呢：

> 悲嘶闻病马，浪走信娇儿。

一声悲嘶，是病马的哀啼。只有不解人世艰辛的孩童，在雪中欢天喜地的浪走。

韩愈的笔在描写了许多场面后，渐渐转向了重点：人世艰辛。

> 灶静愁烟绝,丝繁念鬓衰。

炉灶静静的,断绝了炊烟——没有存粮,生活令人犯愁。这说的是百姓。鬓间白发越来越多,感念衰朽的来临。这说的是自己。

其实,到这里全诗就结束了。高潮,就是结局。不过,不能停笔在这儿,因为这是献给领导的诗。于是,又用两联收尾:

> 拟盐吟旧句,授简慕前规。

"拟盐",也是典故。一天大雪,谢安把孩子们叫来,问他们雪像什么。侄儿谢朗说,"撒盐空中差可拟",侄女谢道韫说,"未若柳絮因风起"。用柳絮比喻飞雪,比撒盐更有诗意。《红楼梦》中也用了这个典故,"撒盐是旧谣",贾宝玉写的。——为什么韩愈和贾宝玉都用"撒盐",而不用"飘絮"呢?为什么不说"絮飘吟旧句","絮飞是旧谣"?无论韩愈还是宝玉,都要把自己比作谢朗那个笨孩子,而不是谢道韫,这才得体。

"授简慕前规",也是用《雪赋》。"授简",是把简札交给你,意思是你要写点儿东西。这里韩愈是说,我虽然不才,也愿追慕前人的风规。

> 捧赠同燕石,多惭失所宜。

宋国人偶然捡到个石头，以为是稀世珍宝，别人说，这是燕国的石头而已，跟瓦块没什么区别。宋国人大怒。韩愈说，我捧着这首诗献上，就像宋国人捧着燕国的石头，真惭愧不够得体。

诗结束了。

清朝纪晓岚说，"此非正声，勿为盛名所慑"。意思是，咏雪诗，这不是常规的写法，不要因为韩愈名气大，被他吓住了。

纪晓岚为什么不赞同？大概有两个原因。

第一，避开了俗套。

一般人写诗，因为词汇量有限，认得的字少，只能把陈旧的意思反复说。一百个人写雪，恐怕一百篇都差不多。宋朝欧阳修说，这多没意思，有本事就把常用的字都回避掉，像什么"玉、月、梨、梅、絮、鹤、鹅、银、舞、白"，不用这些字，再去写雪，才见本事。苏东坡一听，说这样好，就这么来。这叫"白战"。形容雪，最容易想到的就是"白"，写雪，把"白"相关的俗字都禁掉，"舞"这种俗字也禁掉，这就不容易了。

《红楼梦》里，"入泥怜洁白""天机断缟带""月窟翻银浪"，都是白；《沁园春·雪》里，"山舞银蛇""原驰蜡象""红装素裹",也都是白。而韩愈的《喜雪献裴尚书》,没用一个"白"。有一句"欺梅并压枝",但韩愈不是刻意,不是像欧阳修、苏东坡那样有意回避掉这些字,而是自然避开。韩愈"去陈言"已经成了习惯。诗离不开用典,韩愈的用典,也往往翻出新意思。

像韩愈这样作诗写文,完全颠覆套路,和应制诗恰恰相反。纪晓岚是清朝的大官,替皇帝掌笔的,他不喜欢韩愈这种打法,太自然了。乾隆皇帝虽然一辈子追摹杜甫、韩愈,写到老,还是那么差。没办法,假如韩愈生在乾隆时代,诗文也一定不受待见。

第二,不喜庆。

诗当然不是喜庆才好,相反,喜庆的诗往往不好。但这首诗,名字叫《喜雪献裴尚书》,是献给领导的,那就需要歌颂美好事物,让领导高兴才是正能量。韩愈写的很不正能量,虽然有一句"纵欢罗艳黠,列贺拥熊螭",但紧跟着就是"履敝行偏冷,门扃卧更羸。悲嘶闻病马,浪走信娇儿。灶静愁烟绝,丝繁念鬓衰",在描写民间疾苦上,达到一篇的高潮。所以纪晓岚说,"此非正声,勿为盛名所慑"。意思是,想当官,千万别学韩愈这路子。

清朝不少人学韩愈的文章,但学韩愈的诗的,就不太多了，学韩愈性格脾气的，更少了。其实，诗言志，诗文的好坏和性情分不开。纪晓岚虽然学问渊博，但在文学上、审美上，可以说他的话毫无分量。

《红楼梦》中的咏雪诗也好，毛泽东的《沁园春·雪》也好，从技术上看，和韩愈的《喜雪献裴尚书》完全不在一个级别，就像网络电影、手机短视频和院线电影的区别。后人这样评价韩愈的咏雪诗：

李东阳：韩退之雪诗，冠绝古今。

朱彝尊：只凿空形容，更不用套语，真是妙手。

方世举：退之两篇，工殆无以逾也。

不过，可不要以为李东阳、朱彝尊说的是《喜雪献裴尚书》，其实，他们说的是《咏雪赠张籍》。如果把《喜雪献裴尚书》放在一般人的集子里，一定很耀眼。可惜，放在韩愈的集子里，它就平平了。更不巧的是，韩愈还写过一首《咏雪赠张籍》。

诗就怕比。两首搁一起，《喜雪献裴尚书》立刻黯淡了。

《咏雪赠张籍》才是真正的大手笔。但这篇大手笔到底是在写什么，学者们却争论不休。有人说通篇是讥刺；有人说完全没有讥刺，就是写雪；有人说前边是写雪，后面变成了讥刺。

看了《咏雪赠张籍》就会发现，《红楼梦》中的"鳌愁坤轴陷"，是偷韩愈的"坤轴压将颓"。毛泽东写"山舞银蛇，原驰蜡象"，是看过《红楼梦》中的"伏象千峰凸，盘蛇一径遥"，而《红楼梦》中这句，又是偷韩愈的"岸类长蛇搅，陵犹巨象豗"……

不说了，上诗：

> 只见纵横落，宁知远近来。
>
> 飘飘还自弄，历乱竟谁催。
>
> 座暖销那怪，池清失可猜。
>
> 坳中初盖底，坯处遂成堆。
>
> 慢有先居后，轻多去却回。
>
> 度前铺瓦陇，发本积墙隈。
>
> 穿细时双透，乘危忽半摧。
>
> 舞深逢坎井，集早值层台。
>
> 砧练终宜捣，阶纨未暇裁。
>
> 城寒装睥睨，树冻裹莓苔。
>
> 片片匀如剪，纷纷碎若挼。
>
> 定非燖鹄鹭，真是屑琼瑰。
>
> 纬繣观朝萼，冥茫瞩晚埃。

当窗恒凛凛，出户即皑皑。
压野荣芝菌，倾都委货财。
娥嬉华荡漾，胥怒浪崔嵬。
碛迥疑浮地，云平想辗雷。
随车翻缟带，逐马散银杯。
万屋漫汗合，千株照曜开。
松篁遭挫抑，粪壤获饶培。
隔绝门庭遽，挤排陛级才。
岂堪神岳镇，强欲效盐梅。
隐匿瑕疵尽，包罗琐碎该。
误鸡宵呃喔，惊雀暗徘徊。
浩浩过三暮，悠悠匝九垓。
鲸鲵陆死骨，玉石火炎灰。
厚虑填溟壑，高愁掇斗魁。
日轮埋欲侧，坤轴压将颓。
岸类长蛇搅，陵犹巨象豗。
水官夸杰黠，木气怯胚胎。
著地无由卷，连天不易推。
龙鱼冷蛰苦，虎豹饿号哀。
巧借奢豪便，专绳困约灾。

威贪陵布被，光肯离金罍。

赏玩捐他事，歌谣放我才。

狂教诗碑矶，兴与酒陪鳃。

惟子能谙耳，诸人得语哉！

助留风作党，劝坐火为媒。

雕刻文刀利，搜求智网恢。

莫烦相属和，传示及提孩。

勉强翻译一下吧：

只见它纵横落下，

辨不出远近和方向。

恣意地随风飘飞，

是谁让舞姿纷乱成这样？

暖暖的座上化去，

清清的池中隐没。

刚遮住低坳的底，

早堆成凸耸的垛。

扬起时翩跹徘徊，

坠地又向天旋斡。

奋勇扑上前横的瓦陇，

暗暗掘向坚固的墙基。

时而弥散在细微的渗透，
忽然阵亡于危险的奔袭。
坠入幽深的坎井上下跌宕，
飘向高峻的层台先后结集。
砧上白练不见人来捶捣，
阶前纨素没有谁去剪裁。
寒冷的城郭装上侦伺的女墙，
冰冻的树木裹起层层的霉苔。
均匀得像片片修剪后坠下，
纷碎得像千般揉搓又飘来。
绝非鹄鹭的毛羽被上苍煨烬，
定是琼瑰的碎屑教天公簸筛。
晨朝的花萼是世间的奇异，
暮色中的尘埃苍茫又无际。
推开门即见皑皑白光，
对着窗总有凛凛寒意。
压向旷野让芝菌滋润，
洒满京城如货财弃销。
姮娥嬉游荡漾下月华，
胥人震怒激抟起风涛。

辽远的沙碛浮泛在地，
平垂的彤云辗出奔雷。
车轮翻起一张张缟带，
马蹄散开一盏盏银杯。
千万间房舍汗漫相合，
万千株树木照耀清晖。
积雪压挫了青松翠篁，
融水培益了腐壤粪堆。
骤然隔绝起门庭来往，
随即在陛阶倾轧排推。
岂能辅佐巍峙的山岳？
强欲效颦洁白的盐梅。
隐伏藏匿了所有瑕疵，
包罗殆尽了一切委琐。
蛊惑得荒鸡半夜啼叫，
惊吓起鸟雀无处栖躲。
浩浩荡荡横贯三夜而倾注，
汗汗漫漫席卷九州而封锁。
鲸鲵尸骨屠戮在陆地化作盐田，
昆冈烈火吞噬向玉石烧成劫灰。

深厚的忧虑塞满大海和溪谷,
高耸的愁思刺向星斗之渠魁。
白日的御驾掩埋而倾覆,
大地的轴心碾压而崩颓。
河岸是长蛇在盘搅,
山陵是巨象在奔豗。
水神高炫起凶顽狡诈,
木气死死冰封在胚胎。
铺尽大地无从卷起,
连向长天难以推开。
龙鱼囚禁于苦苦的寒冷,
虎豹发出了饥饿的嚎哀。
这是豪门欢笑的盛宴,
这是饥民惨绝的天灾。
威势喜欢欺凌贫家的破褥,
光华甘愿朗耀王侯的酒台。
捐弃了众事来赏玩,
我不能不纵情歌咏。
奇气驱策得酒兴奋发,
狂心逼迫得诗句高耸。

这意思除了你明白，
其他人还有谁会懂？
门外是狂风在呼啸，
屋内是炉火在喷涌。
锋利的刀是我的笔，
恢恢的网是我的诗。
不劳枉费心力去唱和，
让它流传得孩提也知。

12. 当时勍者

到江陵不久，有人来找韩愈，请他写殡表。

是施州刺史房武的夫人死了，暂时殡在江陵。

房武的儿子房次卿和韩愈是朋友，弟弟房式在朝中做官。殡表和墓志铭类似，一般要请有名望、有文采的人写。韩愈二十八岁时，李元宾死，他写了第一篇墓志铭。在张建封幕府时，写过《崔评事墓铭》；做四门博士时，写过《施先生墓铭》《卢法曹夫人苗氏墓志铭》。被贬的两年没再写过。现在有人请，他就答应了。

对郑夫人，韩愈毫无了解。但墓志铭有套路，无非是祖上、籍贯、家世、生平，再加几句评语。韩愈要做的，只不过是把亡者的信息套进模版，再稍加评价。

韩愈给出了一篇让人惊讶不已的殡表，只有短短七十字：

> 夫人之先出于周，以郑为氏因初侯。
> 曾祖讳随祖讳玠，厥考讳绛咸垂休。
> 归于房宗生九子，左右黍稷祠春秋。
> 道顺德严显且裕，宜寿而富今何谬。
> 永贞冬至前四日，寓殡坟此非其丘。

前两句是说郑姓来历，祖先是周王室，封在郑国，后代就姓郑了。曾祖父叫郑随、祖父叫郑玠、父亲叫郑绛，现在都死了。郑氏嫁到房家生了九个孩子，辅佐房公，左黍右稷，按时祭祀。夫人道德好，地位尊崇，家境宽裕，本该富贵长寿，可惜死了。某年某月某日，暂时殡在这里，将来还要迁回去。

房家人很满意。六年后，房武死了，他们家继续请韩愈写墓志铭。那时候，韩愈"业务"多了，每年都有好几篇，想推，但推不掉——当时韩愈是河南令，房式是河南尹，韩愈的顶头上司。

可见唐朝在文化上的开放和自由。墓志铭、殡表是很严肃的文体，放到现在，不按陈腐的套路写，就得重写。但那时候，只要你写得好，别人就认。

像"道顺德严显且裕，宜寿而富今何谬"是套话，很虚。南宋的朱熹到了晚年，请写墓志铭的人一大堆，他一概拒绝。

陈亮生前曾和朱熹往来书信多达数万字，死后，儿子和女婿不远千里从浙江跑到福建，求一篇墓志铭，朱熹不写，只题了"有宋龙川先生陈君同父之墓"十二个字。那时候朱熹已经立了不写墓志铭的规矩。因为不愿意写套话、溢美之词。

韩愈受人之托写墓志铭，没法不这样。但给亲人的墓志铭，韩愈从来不写这种废话。

侄女韩好死，韩愈铭曰：

"夫失少妇，子失壮母，归咎无处。"

十二郎的儿子韩湘死时才十九岁，韩愈铭曰：

"天固生之邪，偶自生邪？天杀也邪，其偶自死邪？莫不归于死，寿何少多？铭以送汝，其悲奈何！"

韩挐，韩愈的小女儿，十二岁死了，韩愈祭文痛彻心扉，墓志铭却非常朴素，铭曰：

"汝宗葬于是，汝安归之，惟永宁。"

你的祖上都葬在这里，今天，你安然回来了，愿长久宁静。

乳母李氏，韩愈把她的话刻在石头上，作为铭。

可见，好的铭不是空话、套话，是实实在在的、来过世间一趟的记录。

柳宗元的墓志铭，也是韩愈写的，对他的赞扬和批评，都没有隐瞒。刘禹锡说，欲知柳宗元平生如何，有韩愈的墓志铭、祭文在。

韩愈的上司，荆南节度使裴均，和湖南观察使杨凭往来唱和，加上下属的和诗，编成一卷《荆潭唱和集》，序是韩愈写的。

杨凭、裴均都比韩愈年长，比韩愈官阶高，他们的唱和集却请韩愈作序，可见唐朝尊重文人。放在今天，这种结集一定是领导作序。当然，领导未必亲自作，可能还是文笔好的下属代作，但署名一定是领导。

关键是，韩愈序里是这么写的：

"夫和平之音淡薄，而愁思之声要妙；谨愉之辞难工，而穷苦之言易好也。是故文章之作，恒发于羁旅草野；至若王公贵人气满志得，非性能而好之，则不暇以为。"

意思是，领导写诗，一般是不行的，因为生活太好了。开头这两句，已经成为论诗论文的"高引"名言，其实它出现在应酬之作中。

韩愈又说，如今裴、杨二公，官这么大，居然还能写诗，写的诗居然还和陋巷布衣一较高下，可谓全才。

这种话，放在今天，领导不发脾气才怪。但裴均、杨凭却把这当成肯定——因为领导的诗一般写得烂，这是事实。

在江陵，裴均待韩愈不错。但"首下尻高"的生活，让韩愈不痛快，他还是想回长安。他听说江西观察使李巽入都，改任兵部侍郎，就给李巽写信，寄文章。韩愈想尽办法，营造回京的机会。

但这种努力不会马上见效。韩愈不知道什么时候能回去。有些人流放十多年，甚至到死。想到这里，韩愈难免有点后悔当初上《论天旱人饥状》，但良知又告诉他，这义不容辞，不该后悔；韩愈给三学士、李巽、于𫖯等人寄诗，希望能帮助自己，同时又不无惭愧。为此，韩愈写了篇《五箴》，对过往做了一番梳理和反思：

序

人怕不知道过错。知道却不能改，是不勇敢。我活了三十八年，白发一天天稀疏，牙齿一天天动摇，脑子不灵敏了，道德也和初衷越来越背离。怕是再难成为君子，最终不免要沦为小人吧。作篇《五箴》，以谴责自己的过恶！

游箴

年少想多学东西，早晚孜孜不倦。

现在吃饱就玩，早晚无所事事。

哎呀，我越活越愚痴了吗？

不能做个君子，只能沦为小人了吗！

言箴

不懂得说话的人,怎么能跟他说话?

懂得说话的人,不开口就能表达。

在幕府中爱争辩,人家以为你要反叛。

做了御史去上疏,人家以为你要拆台。

你还不知道警戒吗?

还要喋喋不休毁掉一生吗?

行箴

行为不合义理,说话不合法度,

就算后来没有灾祸,也该后悔。

行为没有邪曲,说话没有偏颇,

差点死却没死,你还后悔什么呢?

该后悔的却不后悔,毛病怎么改?

不该后悔的却后悔,还有良知吗?

错过的不能挽回,不错的不必再悔;

好好想想就能明白,可惜你又不好好想!

好恶箴

不好的东西,你喜欢,是不明白道理。

不坏的东西,你讨厌,是不了解它。

以前喜欢的,现在看见了过患,

跟随就成了朋比,舍弃就成了仇敌。

以前讨厌的,现在看见了优点,

跟随就会很惭愧,舍弃又会很发狂。

是结仇还是朋比?

是发狂还是惭愧?

对自身不祥,对道德不义。

不义不祥,是大过恶。

这样做而不颠沛的能有几个?

年轻时不思考,

老了还不谨慎吗!

知名箴

内在不足,才急着要别人肯定。

内在充沛,自然会有名声。

今天我要告诉你,该怎么看待名声:

不要担心不出名,要担心芒角太锐。

当年孔子门下的子路,唯恐名声大,

(注:其实子路"唯恐有闻"不是这个意思)

可几千年后,人们越来越尊崇他。

你以文章自矜,以言语自负,

看到人家不行,就要取而代之。

你不是他父亲,也不是他老师,

不请就教,谁能说不是欺侮呢?

欺侮会带来憎恶,掩抑会带来怨恨,

你以前总是不明白,才会有今天。

小人受辱时,也知道后悔,

等到事情过去,又都忘了。

现在你反思到,刻成座右铭,

再不重视,有祸患就是活该了!

韩愈对自身"过恶"的谴责,可以说是非常严厉的。而这些未必见得就是自身的"过恶",很多只是一个正直耿介的人与周围环境的不能相容。但是,让他去"从俗",放弃君子的持守,过庸庸碌碌的小人生活,又做不到。所以他矛盾、挣扎,在挣扎中,自我反省,想找到一种既坚持操守,又能与环境相容的生存方式。

韩愈讨厌"饱而嬉"的生活,觉得那是对生命的浪费。但也没有办法,现在和阳山不一样的是,在阳山他是光杆县令,没有人管,虽然寂寞,却相对自在。现在,他随时要听候上司的吩咐与安排。

不久,裴均又宴请,韩愈和张署自然必须参加。在这次酒筵上,张署喝酒喝坏了,卧床不起,酒劲儿还没过去,又得了疟疾，疟疾没好，又来了一个坏消息：张署被辟为邕管判官。邕管在今天的广西南宁，比临武、阳山还偏。

张署卧病，韩愈独自去看李花。经过风的揉搓，雨的练洗，杳无涯际的李花，从空中一瓣瓣翻飞而下，像阵阵雪的波涛。归来，韩愈写了首诗赠给张署，张署在病榻上和了九首《病中忆花》。过了几天，是寒食节，韩愈出游，夜晚归来，又赠张署一首诗：

  李花初发君始病，我往看君花转盛。

  走马城西惆怅归，不忍千株雪相映。

李花刚开时，你病了。

我去看你，李花开得更盛了。

骑着马从城西惆怅归来，

真承受不住像千株雪交映的李花！

  迩来又见桃与梨，交开红白如争竞。

  可怜物色阻携手，空展霜缣吟九咏。

这些天，桃花、梨花也次第开了，

红的，白的，竞相比妍。

可惜不能拉着你的手同看令人爱怜的景致，

只好铺开白绢来歌咏。

  纷纷落尽泥与尘，不共新妆比端正。

　　　　　桐华最晚今已繁，君不强起时难更。

李花、桃花、梨花都落了，委地成尘，

再也不像初开时那么好看。

桐花最晚，现在也都开盛了，

你若再不能起身，就看不到了。

　　　　　关山远别固其理，寸步难见始知命。

　　　　　忆昔与君同贬官，夜渡洞庭看斗柄。

如果远隔关山，那是没办法；

寸步之遥，却不能相见，是命吧！

想当初你我一同贬官，

夜渡洞庭，望见天上的斗柄。

　　　　　岂料生还得一处，引袖拭泪悲且庆。

　　　　　各言生死两追随，直置心亲无貌敬。

哪里想到还能活着回来，又到同一个地方，

我们用袖子拭去泪水，悲伤又开心。

都说无论生与死，也要在一起，

经历了这些，不再需要任何客套。

　　　　　念君又署南荒吏，路指鬼门幽且夐。

　　　　　三公尽是知音人，曷不荐贤陛下圣。

可惜你又被派到荒蛮之地，

真是险远的鬼门关。

三公都知道你的贤才,

为什么不向天子推荐!

    囊空甑倒谁救之,我今一食日还并。

    自然忧气损天和,安得康强保天性。

不名一文,不值一顾,谁来相救?

一天的饭,我当作两天吃。

忧思损伤了身体,

不知怎样能康强起来。

    断鹤两翅鸣何哀,絷骥四足气空横。

    今朝寒食行野外,绿杨匝岸蒲生迸。

鹤折断了翅膀,鸣声多么哀伤;

骐骥捆死了腿,还能怎样!

今天是寒食节,我到了野外,

绿杨环绕堤岸,蒲芽都迸发了。

    宋玉庭边不见人,轻浪参差鱼动镜。

    自嗟孤贱足瑕疵,特见放纵荷宽政。

宋玉曾居住过的地方,看不见人,

鱼儿从水中跃出,留下参差轻浪。

嗟叹自己的孤苦低贱,

羁旅如同获宥,真是宽政的恩典!

  饮酒宁嫌盏底深,题诗尚倚笔锋劲。

  明宵故欲相就醉,有月莫愁当火令。

怎么可能嫌酒杯太深?

还好有这笔锋的强劲。

明晚,想去找你大醉一场,

虽然寒食禁火,不愁有明月照亮!

张署一度感觉自己活不过春天了,好在后来渐渐好转。

韩愈还有一首诗回忆起他的病:

······

  自期殒命在春序,屈指数日怜婴孩。

  危辞苦语感我耳,泪落不掩何潸潸。

你觉得自己要死在春天了,

掰着手指算日子,又可怜幼小的孩子。

你说起这些,我心里伤感,

眼泪不停地往下掉。

  念昔从君渡湘水,大帆夜划穷高桅。

  阳山鸟路出临武,驿马拒地驱频隤。

想起当时跟你一起渡湘水,

大帆忽然在深夜被吹裂。

阳山临武之间，鸟道险绝，

驿马都不肯向前。

> 践蛇茹蛊不择死，忽有飞诏从天来。

> 伾文未揃崖州炽，虽得赦宥恒愁猜。

不曾死在充满蛇蛊的地方，

忽然接到朝廷的消息。

那时"二王"和韦执谊还没垮台，

我们虽然被赦免却不能不忧虑。

> 近者三奸悉破碎，羽窟无底幽黄能。

> 眼中了了见乡国，知有归日眉方开。

现在他们彻底倒了，

像三脚鳖幽禁在无底的深潭。

乡国近在眼前，

有了回去的希望，不再眉头紧锁。

> 今君纵署天涯吏，投檄北去何难哉。

> 无妄之忧勿药喜，一善自足禳千灾。

如今你虽然被派到远方，

弃官北去又有何难呢。

这不算什么大问题，

善良的你自会远离灾难。

> 头轻目朗肌骨健，古剑新劚磨尘埃。
> 殃消祸散百福并，从此直至奇与鲐。

你会一天天好起来，

就像古剑磨去尘埃。

所有祸患都会消失，

一直活到很老很老。

> 嵩山东头伊洛岸，胜事不假须穿栽。
> 君当先行我待满，沮溺可继穷年推。

在嵩山东边，伊洛水滨，

穿穿渠，种种花，这多么好。

你先去，我随后就到，

我们就像长沮、桀溺那样隐居一生。

这时的韩愈，依然有弃官归隐的心，所以劝张署拒绝去郴州，弃官归隐，自己随后也去。不过，韩愈没想到，很快他就接到了朝廷诏书，被调回长安，任国子博士。张署也没有去郴州，后来也回到长安，任京兆府司录参军。

韩愈能这么快被诏回长安，可能是翰林学士郑絪发挥了作用。郑絪和韩愈素不相识，但是读到了韩愈的诗文。有可能就是韩愈之前寄给三学士的诗。他欣赏韩愈的文采，同情韩愈的遭遇。

接到回长安的消息,韩愈十分兴奋,五天跑了五百里。等跑到邓州北,马上要离开山南东道进入京畿道时,韩愈回复了于顿一封信。此前,于顿给他寄了诗文。

于顿的诗文还可以,加上韩愈心情愉快,就在回信中不吝赞美:

"涧谷之水,深不过咫尺;丘垤之山,高不过丈余,人人都爱。可是一旦面对泰山悬崖,窥见巨海惊澜,就没有不战栗颤抖、头晕目眩、不知所措的人。因为所遇变了,内心持守受到了震撼。阁下身负超卓的奇才,积蓄雄刚的俊德,浑然天成,没有涯际,位至公相,威动枢极,是天子的辅弼,诸侯的老师。阁下文章与身份相匹,雷霆之声,银河一样浩瀚,与《韶》《濩》相谐洽,劲气摧沮金石……韩愈虽然卑贱愚钝,但在文章上浸淫多年,赞美阁下,不算僭越。"

这次回长安,又经过南山。想到当初和张署夜宿南山的经历,韩愈感喟百端。回长安后,韩愈作成一首《南山诗》,传出去后,整个长安都震惊了。

唐朝谁的诗最好?

当然是李白、杜甫。但是,《南山诗》出来后,人们发现,韩愈的诗在某些方面,足以碾压所有人,包括李白、杜甫。

如果说诗有"爆发力",韩愈的诗就是最具爆发力的。

宋代词人没有"李、杜"。但假如要在宋代选"双星",苏轼可以不入选,周邦彦可以不入选,辛弃疾却不能不入选。王国维曾拿宋词比唐诗,说苏轼像李白,周邦彦像杜甫,辛弃疾像谁呢?像韩愈——"南宋惟一稼轩可比昌黎"。

韩愈死后,刘禹锡为他写祭文,其中有三句:

"当时勍者,皆出其下。"

整个时代的强者,都在他之下。

"古人中求,为敌盖寡。"

在古人中寻找,匹敌者恐怕也很少。

"三十余年,声名塞天。"

三十多年,声名充塞天地间。

韩愈活了五十七岁,如果按照"三十余年"的说法,好像二十多岁就声名塞天,这当然不是。假如韩愈三十岁死掉,肯定当不起这赞誉。之前说过,单看技术,三十四五岁的韩愈就已经达到当时的一流。但那时候,他还有争议,很多人不认可他。

争议的消失,是逐渐的。但假如说有所谓的"封神"或者"成名之战",那么,"拐点"应该就在从江陵回到长安后的半年。这半年间,韩愈甩出一系列作品,夯实了"当时勃者,皆出其下"这句评价。

有意思的是,一方面,那些作品,今天的普通人几乎闻所未闻。这也不奇怪——杜甫的《北征》今天知道的人也不多,但"两个黄鹂鸣翠柳",大家都知道。

另一方面,这半年里,韩愈没写几篇文章,而且都谈不上太杰出。韩愈这半年甩出的一系列作品,都是诗。作为不算一流的诗人,封神之战却是靠诗,也很有趣。

这场战役离不开一个人——孟郊。没有伟大的敌手,就没有伟大的战役。刘禹锡说,"当时勃者,皆出其下",是诗文合说。如果单说诗,孟郊就难说在韩愈之下,况且元稹、白居易也在同时代。

孟郊、张籍、张彻,这些韩愈的老朋友,此时都在长安。韩愈回到长安,十分欢喜。八年前,在汴州,孟郊、韩愈、李翱玩过联句,这次,四人相见,又玩了一回《会合联句》,四人合写一篇诗。但因为二张水平不敌韩、孟,后来就主要是韩、孟二人玩了。

孟郊、韩愈住在一起,写过《同宿联句》;夏天纳凉,写过《纳凉联句》;秋天阴雨,写过《秋雨联句》,甚至给共同的朋友寄诗，有《雨中寄孟刑部几道联句》《赠剑客李园联句》。他们还仿照乐府旧题作《有所思联句》，以及恣意而为的《遣兴联句》。大事有《征蜀联句》，小事有《斗鸡联句》。这里就以《斗鸡联句》为例，略说几句。

《斗鸡联句》是韩愈开笔，"大鸡昂然来，小鸡竦而待"，大鸡昂首阔步走来，小鸡严阵以待。……"中休事未决，小挫势益倍"，中间休息时，还未决出胜负，受了些小挫败的鸡更有斗志了。"裂血失鸣声，啄殷甚饥馁"，被叨得头破血流，都叫不出声了，还像饿极了一样狠狠啄向对手，啄得遍体乌黑。"毒手饱李阳，神椎困朱亥"，像李阳吃饱了毒拳，像朱亥挥击着铁锤。观战的人，"知雄欣动颜，怯负愁看贿"，押了占上风的鸡，喜笑颜开；押的鸡要落败了，发愁地瞟向赌注。"争观云填道，助叫波翻海"，争相围观的人像云填满道路，助威的声音像波澜在海中翻搅。这两联是韩愈写的，接下来是孟郊，"事爪深难解，嗔睛时未怠"，尖爪像戟一样深深插在对方身上，怎么都挣脱不掉，瞪大愤怒的眼睛，毫不懈怠。"一喷一醒然，再接再砺乃"，僵持久了，观战者含一口水，朝鸡喷去，鸡突然醒过来，继续奋力顽斗。

"再接再厉"就出自这里。我们今天说"再接再厉"，其实最早是形容斗鸡,是说继续好勇斗狠下去。

朱彝尊称赞道:"咏物小题,题外不增一字,时豪快动人,古今罕埒。将一段精神踊跃,使读者即如赴鸡场亲观角伎,陡尔醒眼。"

韩愈、孟郊这么玩,玩出一个成语:"孟诗韩笔"。二人联句中,最蔚为大观的,是《城南联句》。

《斗鸡联句》《征蜀联句》,每联出自一人之手,这种联句法,古人就有。但《城南联句》不一样。《城南联句》是两人合作一联,每人对上联,并起下联。这种联法,似乎是孟郊、韩愈的开创。

《红楼梦》里的联句也是这样。第七十六回,在凹晶馆,黛玉、湘云联句,到第十四联,黛玉说:"这时候可知一步难似一步了。"第十五联,湘云说:"这一句怎么押韵,让我想想。"想了会儿,笑道:"够了,幸而想出一个字来,几乎败了。"第二十二联,湘云起句"寒塘渡鹤影",林黛玉又叫好,又跺足,"了不得,这鹤真是助他的了!……我竟要搁笔了",停半天,猛然对出"冷月葬花魂"。妙玉窃听到,跳出来说:"好诗好诗,果然太悲凉了。不必再往下联,若底下只这样去,反不显这两句了,倒觉得堆砌牵强。"

妙玉说得很中肯。二十二韵,就差不多把力量用尽了。三人到了栊翠庵,妙玉很兴奋,想再续几句,"我意思思着你二位警句已出,再若续时,恐后力不加。我竟要续貂,又恐有玷"。于是续了十三韵,足成三十五韵。

续比联要容易。联句是别人出,你对,要紧扣题目,又不能用重复的韵脚,所以,联到二十二韵,已难以为继。就算一个人写,到三十五韵,也不短了。

那么,韩愈的《南山诗》多少韵?

一百〇二韵。

关键是一韵到底。这和杜甫的《北征》不同。《北征》换韵了。换韵的话,长也没多大难度,不换韵就难了,因为韵脚有限。不过,《南山》《北征》都不是句句对偶,而联句中间要句句对偶,所以,林黛玉、史湘云才会十几韵就感到难,勉强撑到二十二韵就"后力不加"了。

《城南联句》和林黛玉、史湘云的联句是有可比性的,都是中间对偶,一韵到底。

那么,《城南联句》多少韵?

一百五十三韵。

简直无话可说。过去没有,将来也不会再有。孟郊、韩愈开创了这种联句法,同时也画上了句号。这也是为什么张籍、张彻跟不上。就像国手下棋，实力不匹配，根本接不了招。

孟诗韩笔，两相匹敌，《城南联句》如出自一人之手。后来王深父怀疑诗成后经过了韩愈润色。黄庭坚是孟郊的拥趸，说，韩愈岂能润色孟郊？孟郊润色韩愈还差不多。

但不管怎样，这种联句是世间独一份。

朱彝尊尽管批评此诗排空生造、牵强凑泊，倒也不能不赞叹：居然能把字词搜刮到这地步，惊人警句层出不穷，若非学富五车、才高八斗，怎么可能！

严虞惇甚至对着韵书查，发现有十四个字连韵书上都没有。

这简直是石崇、王恺比富，只是比的不是财货，是学问和才思。这种富，是可以和千载之下的知音共赏的。蒋之翘称叹道：

"两位绝世高手切磋，真是散开百宝箱，让人眼花缭乱，虽然琐琐瑟瑟，但没有一句不是至宝，宇宙间怎么可以没有这种东西！"

13.露泫秋树

十一月，孟郊被河南尹郑馀庆奏为水陆运从事，离开长安去了洛阳。孟郊走后，韩愈寂寞了不少。张籍、张彻虽然也是好友，但作诗比孟郊差远了。

张籍比韩愈大两岁，也是狷介的人，先和孟郊认识，孟郊介绍他和韩愈认识。当时，韩愈三十一岁，在汴州幕府。两人相见恨晚。那时候，张籍还没中进士。董晋让韩愈主持汴州乡试，张籍参加了，并作为优质生源推荐到长安，第二年就中了进士。因此，也可以说张籍是韩愈的学生，但更多的还是朋友。张籍写信批评韩愈，韩愈认为他是诤友，很珍惜。张籍中进士后，去徐州看韩愈，临走时，韩愈送他一首诗《此日足可惜》。

张彻和韩愈也认识十年了。他娶了韩愈的侄女。韩愈把张彻当朋友，张彻把韩愈当老师。

二张不太擅长联诗，好在孟郊走了不久，侯喜到了长安。就是以前和韩愈到洛水钓鱼的侯叔迅,虽然比韩愈小,但两人很对脾气,侯喜对诗也兴趣颇大。韩愈很高兴,写了首《喜侯喜至赠张籍张彻》,诗中说:

　　孟生去虽索,侯氏来还歉。
　　欹眠听新诗,屋角月艳艳。
　　杂作承间騁,交惊舌互儋……

孟郊走了,侯喜来了。斜躺在床头听新诗,看见屋角艳艳的月亮。听到奇异的句子,惊讶地吐出了舌头。

这半年,韩愈文名大盛,到访的人络绎不绝,看上去很光鲜,事实绝非如此。韩愈也有很大的忧患。忧患正来自如日中天的名声。

回到长安不久,中书侍郎郑絪叫韩愈去见他。别人到郑絪那儿,大多是站着说两句就走了,韩愈去了,郑絪让他坐下,说:

"我以前做翰林学士的时候,就看过你的诗。当时在禁中,比较敏感,不方便找你。现在,你有什么新作,回去抄些给我看。"

韩愈才明白,之所以在江陵待了半年就能回来,可能多亏了郑絪。

不久,郑絪升为宰相。

很快,流传出一种说法:

"韩愈说,郑相国想看我的诗文,我不敢不给,但他怎么可能看得懂!"

韩愈没说过这话,但也不方便解释。

忍了两个月,又传开一种说法:

"韩愈看不起李吉甫、裴垍。"

李吉甫、裴垍都是朝廷新近的红人。李吉甫曾经外放十余年,宪宗即位后才回到朝廷。(也可见韩愈运气不算太差,被贬阳山一年多就碰到两次天子登基,朝廷人事大调整,不然还真说不准什么时候能回去。柳宗元被贬永州,待了十年,回到朝廷一个月,又到柳州,直到去世。)

李吉甫回到朝廷,任翰林学士,不久,迁中书舍人。裴垍也是以翰林学士迁中书舍人。都是很重要的职位。

韩愈、孟郊联句的半年,是韩愈声名大噪的半年,也是流言漫天的半年。秋天,除了和孟郊有《秋雨联句》《城南联句》外,韩愈还写了《秋怀十一首》,这是他独处时的心境:

一

窗前有两棵好树,

蘶蘶的叶子洒出清光。

霎时被秋风披拂,

不停地策策鸣响。

熹微的灯照着空床,

偏在夜半吹向耳旁。

慨叹着坐起了身,

听忧愁无端造访。

清早见树的姿容,

不再仿佛过往。

羲和驱策着日月,

那是疾逝的流光。

浮生虽有种种,

都莫不奔向死亡。

何必自寻苦恼,

且用酒驱走忧伤。

二

白露凋零了百草,

萧艾共芝兰憔悴。

青青的四面墙下,

又涌出新的杂秽。

寒蝉早已岑寂,

蟋蟀恣意哀喟。

寒暑哪里能穷尽,

万物是不同的滋味。

但愿与时节相宜,

何必羡松柏的高贵。

三

时序如此促迫,

前路这样漫长。

不要笑犀首的酒盏,

不要问廉颇的食量。

无事是学堂的日常,

每天骑着马闲逛。

门外大路茫茫,

我也不知道方向。

回屋翻了翻书,

见文字浩浩荡荡。

都是些陈年旧迹,

早已被世人遗忘。

不要学怨女的嗟叹,

请记得男儿的志向。

四

秋气一天天凛冽，

秋空一天天明净。

树枝上再不见蜩，

餐席间再不见蝇。

也感伤时序的变迁，

只是不再起怨情。

清晓卷起书静坐，

见南山孤耸的峰棱。

山下有湫潭澄澈，

水中蛟可以网罾。

可惜无法前往，

不要说是我无能。

五

离离挂着悲伤，

戚戚抱着虚警。

白露泫零秋日的高树，

鸣虫哀悼寒夜的凄冷。

怯懦地敛退在书斋，

忆念起当初的勇猛。

谦愚通往平路,

长索汲向深井。

浮名令人羞耻,

薄味堪自庆幸。

也许能少些怨悔,

在这里隐去光影。

六

清晨没有起身,

端坐看逝去的日景。

虫鸣起满室的幽幽,

月吐露一窗的炯炯。

伤逝的心迷失了方向,

浮泛的念牵缠着剧痛。

尘埃间慵懒度日,

文字里放荡驰骋。

尚需勉力保持顽愚,

王事还在等我献靖。

七

秋夜的漫长等不见早晨,

秋天的日光可怜地黯黮。

没有汲汲的志向，

何以有如此的缺憾。

鸡在旷寒里悚悚栖迟，

月在缺残时再再窥看。

也有琴横在手边，

恨鼓声越听越淡。

旧时乐曲早已埋灭，

再看不出是真是滥。

低下心随从流俗，

辛苦却未能如愿。

像乘风的船，

纵出就无法再缆。

不如看些文字，

给旧书做做校点。

何必求生活的盈裕，

所需的只是一口饭。

八

随风卷起的落叶，

奔走在前窗下。

鸣啸声好像召唤，

引叶子互相倾轧。

空堂的黄昏，

独坐着沉寂的我。

童子从门外走来，

点燃我座前的灯火。

问话我没有应答，

端来饭我也没吃。

退坐在西墙之下，

又读完好几卷诗。

作者早已死去，

之后又过了千年。

那句子依然动人，

一再地令我心酸。

于是对童子说，

收了书且去安眠。

刹那间忽然看见，

生命里腾跃的波澜。

九

霜风侵袭了梧桐，

满树的槁叶枯残。

铿然听一片飞下,

像空阶坠碎了琅玕。

以为是夜气飘零,

陨落了月光一团。

碧天可有何倚靠,

皓月也凄惶不安。

惊起身推开门看,

倚着楹久久汍澜。

从来不曾消歇,

忧愁这日月经天。

回头吧迷途的人,

停驻那尘世的征鞍。

十

天暗了客人离去,

嚣嚣的声音息绝。

悠悠地躺着寂夜,

潺潺地抱着秋月。

世事是牵累的萦绕,

人间是忧患的侵略。

壮怀已逝去如水,

残念又纷飞如雪。

缄默是语言的堙井,

冥茫是心间的刀兵。

挫败是可虞的损伤,

成功是微小的荣光。

知耻是唯一的勇敢,

如此是平生的安然。

十一

霜中鲜艳的菊花,

岁暮了何必窈窕。

春天的苞蕊亲昵芳蝶,

可惜你生得不够早。

行世的穷途两相值遇,

抵死也呵护这柔弱美好。

西风蛰伏了龙蛇,

林木日渐枯槁。

命运从来都如此,

泯灭又岂关紧要。

年后正月,发生了两件事。初一,因为平定了四川,宪宗祭天告庙,大赦天下。二十天后,李吉甫升任宰相。

李吉甫从回到朝廷到当上宰相，只有短短一年。他很感慨，对裴垍说，我流放得太久，朝中很多年轻人都不熟悉，宰相的职责是为国家选拔人才，你有知人之明，列些人物给我参考吧。裴垍提笔列了三十多人。短短几个月，名单上的人全晋升了。

这就是之前有流言非议韩愈的原因。他的文名如日中天，很可能成为新任宰辅关注的对象。

现在，流言依然没有平息的迹象。韩愈不能不站出来解释了，他写了篇《释言》：

"起初，朋友听人说韩愈藐视相国，跑来劝我谨慎，我说：我当年做监察御史，得罪了人，三人一起被贬，我是最先回来的，这多亏了相国。百官进见相国，都是说两句就走，而相国让我坐下，对我是厚待了。想给相国看诗文的人太多了，都不敢进献，相国点名看我的诗文，这是多大的知遇之恩。怎么报答得起？人得有自知之明。韩愈既没有才，又没有力，每天穿着官服站在朝堂，没被贬已经很幸运了，还敢大言不惭吗？狂傲也得有资格，韩愈没多少亲族，没攀附势力，不擅长跟人打交道，在朝廷没有生死之交，也没有家产去张扬，才弱气劣，陈旧迂腐，不懂得奔走投机，有什么资格狂傲？丧心病狂的人，跳河钻火，才会讲那种话，韩愈有病吗？即便有上百人构陷，相国怎么可能相信？韩愈怕什么？还要怎样谨慎呢？

"几个月后，有人又在李公、裴公面前构陷韩愈，朋友又来提醒我谨慎，我说：这两位，在朝是天子的心膂，在外是天子的股肱，谁不想忠于他们得到赏赐呢！韩愈不狂不愚，怎么可能像谣传的那样？虽然有很多谗言，二公是不会信的。韩愈怕什么？

"虽然这么说，回去想想，三人成虎，谣言传起，连曾子的母亲都会相信……韩愈仗着率直无隐，不去警戒，恐怕离灾祸不远了！随即又想，三人成虎，是信谣者不智。曾子的母亲，因为爱而失去了判断。巷伯遭受谗言，是生逢乱世。现在，郑公、李公、裴公都是聪明人，公正敦大，奸人哪敢进谗？即便敢，也没用。我怕什么？

"李公任宰相后，朋友又说，现在，两个宰相都听过你的谗言，你危险了！韩愈说，之前向宰相毁谤我的人，翰林不认识；后来向翰林毁谤我的人，宰相不认识。现在，两人碰头，肯定会说：韩愈也是人，既藐视宰相，又藐视翰林，图什么呢？怎么可能？因此，我知道谣言会终止了，不久，果然终止了。"

这篇文章写得很委曲。实际上，谣言没有终止，而宰相、翰林未必就不信,韩愈自己也未必不担心,可是,也只能这么写。

谣言之所以流传,也有韩愈个人的原因。之前在江陵,韩愈给孟琯的序里说,京师的进士,什么人都有,人品好的,你要强行接近;人品不好的,你要强行拒绝。现在的韩愈也是这样。因为名声高,很多人来找,对不喜欢的人,韩愈强行拒绝。这样,就被人传出孤傲、看不起人。

韩愈虽然写了《释言》,企图澄清,但效果有限。况且,澄清了一方面的谣言,又有别的谣言,层出不穷。

宪宗祭天告庙,大赦天下时,韩愈作了一篇颂圣的诗,部分原因是想寄希望于朝廷肯定其诗,而谣言自然消弭。另一部分原因是文学上的野心。

清朝沈德潜说:"昌黎豪杰自命,欲以学问、才力跨越李、杜而上,然恢张处多,变化处少,力有余而巧不足也。独四言大篇,如《元和圣德》《平淮西碑》之类,义山所谓句奇语重,点窜涂改者,虽司马长卿亦当敛手。"

不过,诗中有几句血腥场面,引发了后世不少争议:

周示城市,咸使观睹。

解脱挛索,夹以砧斧。

婉婉弱子,赤立伛偻。

> 牵头曳足，先断腰膂。
>
> 次及其徒，体骸撑拄。
>
> 末乃取辟，骇汗如写。
>
> 挥刀纷纭，争刌脍脯。

这是说，把叛贼刘辟全家用囚车押到京师，问斩之前，告示贴满城市，让百姓前来围观。给叛贼解下绳索，放在砧板、斧钺之间，满门问斩，连小孩子都不放过。柔弱的小孩，光着身子，弯腰站立。行刑者牵起头，拽住脚，拦腰一刀砍断。接下来斩刘辟的部署，死者的骸骨互相撑拄。最后轮到刘辟，他吓得汗流如泻，对他的处决，是千刀万剐，一刀刀把肉割下来。

苏辙读了，很有意见，说：李斯赞颂暴秦都不忍说出这种话，韩愈自以为此诗无愧《雅》《颂》，见识也太卑陋！

张栻不同意，说：韩愈笔力高，该斩截就要斩截，难道他就不知道这太血腥？之所以还这样写，是要让藩镇生起畏惧，不敢叛乱。韩愈比苏辙高明太多了，对前辈不要轻易批判。

方世举说：苏辙、张栻都有道理，张栻是"作春秋而乱臣贼子惧"的意思。

赵翼说：苏辙、张栻都没道理，才人很难碰到这种题目发挥笔力,既然碰到,岂能不尽力摹写?这篇诗就是为了这几句才写的。

文廷式说:藩镇是唐朝的大问题,岂能是韩愈描写几句惨毒刑罚就能震慑住的?

相比之下,我更倾向王安石的评价:《周颂》文辞简约,简约是要严谨,因为周王室德业盛大;《鲁颂》文辞奢侈,奢侈是要浮夸,因为鲁国德业不足。这篇诗,大概像《鲁颂》吧!

对韩愈来说,《元和圣德诗》虽然叫"圣德",但到底算不算"圣德",是要留给后人评价的。当时是怎样的场面,韩愈就怎样描绘,就像一台摄像机,冷静地摄录下来,因为在议论时不能不歌颂,那就同时记录事实来平衡。这就是韩愈的态度。韩愈后来修史,也是如此。

也许是巧合,《元和圣德诗》结尾二字刚好是"吉甫",和宰相李吉甫的名字一样。"博士臣愈,职是训诂。作为歌诗,以配吉甫"。"吉甫",意思是贤能的宰辅。以韩愈的笔力,想回避这两个字是非常容易的,但他没有回避。

《元和圣德诗》没有解决流言,朝廷也没有因此肯定和奖掖他。韩愈毕竟有过从前被贬的教训,在这种情形下,就越来越忐忑了。再三考虑后,韩愈主动提出申请,离开长安,到洛阳去。

远离政治中心,舆论自然就少了。洛阳是东都,离长安不远,孟郊也在。韩愈一直想终老的嵩山、伊颍,都离洛阳很近,韩愈就申请调去洛阳国子监。于是,元和二年(807)六月,回到长安刚一年的韩愈,去了洛阳。

在洛阳,韩愈收到冯宿的信,知道在长安还有对他的非议。冯宿是韩愈的朋友,韩愈三十三岁在汴州幕府时曾给他写信谈论文章。韩愈回信说:

"感谢你指出我的过失。如果不是有深厚的感情,我怎么可能听到这些!如今,很久没有古代那种互相箴规的朋友了,真幸运我还有你!我常可怜世俗人有耳朵却听不到自己的过失,怕自己也会那样,从今往后,要靠你了!

"你我相交很久,我的持守,你很熟悉。在京城时,嚣嚣之徒到处诋毁我,比现在多百倍,当时我们一起住,早晚出入起居,你见过我有传说的不善吗?不过,回头想想,我虽然表面好像没有开罪别人的地方,其实还是有:我在京城一年,贵人门前都没去过一趟,别人都争着去,我偏偏不屑。谁和我合得来,我就跟谁来往,合不来,就算到了屋里,我也不请他坐。这难道只是招致谤议的问题吗?没被诛杀就够幸运了!回想起来,真是战栗寒心。

"自从来到洛阳,我就尽量卑下,就算人品不怎么样的人过来,我也不敢把怠慢写在脸上。以为这样差不多能免去议论,没想到还有非议。现在没有不信流言的人了!君子不会因为嚣扰而改变言行,可是我做不到。委屈自己,顺着人家,还生恐人家不满,还免不了被议论,这是命吧?能怎么办呢!子路听到过失就欢喜,大禹听到嘉言就拜谢,古人说,告诉我过失的人,是我的老师。愿足下听到我的问题,请一定告诉我,我也会回报足下,真心的,不会忘的。"

在东都,韩愈又见到孟郊。孟郊来东都任职,是韩愈、李翱向郑馀庆推荐的。郑馀庆以前是国子博士,是韩愈的上司,现在是河南尹。他对孟郊不错,还专门看望过孟郊的老母亲。孟郊一生很苦,这差不多是孟郊平生最好的日子了。可惜,并没持续太长时间,第二年早春,灾难再次降临,孟郊刚出生的孩子死了。

孟郊五十八岁了。这是他第三个孩子,之前两个都夭折了,其中一个长到十岁,孟郊曾写诗悼念他:

> 一闭黄蒿门,不闻白日事。
> 生气散成风,枯骸化为地。
> 负我十年恩,欠尔千行泪。
> 洒之北原上,不待秋风至。

晚年得子，本来祈望抚平从前的伤痛，没想到，产下仅仅几天，又死了。

孟郊写了《杏殇九首》：

一

    冻手莫弄珠，弄珠珠易飞。
    惊霜莫剪春，剪春无光辉。
    零落小花乳，斓斑昔婴衣。
    拾之不盈把，日暮空悲归。

寒冷的手，不要抚弄露珠，
抚弄露珠，露珠就要飞溅。
惊怖的霜，不要修剪春色，
修剪过，春色就没了光辉。
零落的小花瓣呀，
是斑斓的我那孩子的衣裳。
拣了又拣，还不成一把，
在日暮里，抱着悲伤回家。

二

    地上空拾星，枝上不见花。
    哀哀孤老人，戚戚无子家。
    岂若没水凫，不如捨巢鸦。

    浪縠破便惊,飞雏衮相夸。

    芳婴不复生,向物空悲嗟。

拾起地上零落的星星,

枝头已看不见花。

那悲哀孤寡的老人呀,

那可怜的丧子的家。

比不了潜在水中的凫,

比不了舍弃巢穴的鸦。

幼凫破了卵游走,

雏鸟小心地学飞。

我的好孩子,就这样没了,

面对一切,只剩下悲伤。

三

    应是一线泪,入此春木心。

    枝枝不成花,片片落剪金。

    春寿何可长,霜哀亦已深。

    常时洗芳泉,此日洗泪襟。

想必是一行泪,

浸透了春树的心。

枝头还未绽开,

已剪落片片嫩黄。

春的寿期不长,

霜的哀怨已深。

平时飘向芳泉,

此日落上泪襟。

四

  儿生月不明,儿死月始光。

  儿月两相夺,儿命果不长。

  如何此英英,亦为吊苍苍。

  甘为堕地尘,不为末世芳。

你出生的那夜一片黯淡,

你死去的那晚眉月初光。

是月亮夺走了你的灵气?

你的命果然太不长。

哎呀这零落的花蕊,

可是向上苍哭诉人间的哀伤?

宁可飘堕在地上变成尘土,

不肯在凄苦的末世化作芬芳。

五

  踏地恐土痛,损彼芳树根。

　　　　此诚天不知,剪弃我子孙。

　　　　垂枝有千落,芳命无一存。

　　　　谁谓生人家,春色不入门。

踏在地上怕泥土疼,

也怕踩损了芳树的根。

上天不知道我的血诚,

竟夺走了我的子孙。

垂下的枝头,花落了又落,

芳馨的生命,再没有一朵残存。

谁能说他来过人世?

春色不曾到他家门。

　　　　　　六

　　　　冽冽霜杀春,枝枝疑纤刀。

　　　　木心既零落,山窍空呼号。

　　　　班班落地英,点点如明膏。

　　　　始知天地间,万物皆不牢。

冽冽寒霜残害了春意,

根根枝条像纤利的刀。

树木的心,已经零落,

山的孔窍,徒劳呼号。

斑斑委地的残苞呀,

是盏盏明亮的碎灯。

于是知道世间,

谁都没有依凭。

七

> 哭此不成春,泪痕三四班。
> 失芳蝶既狂,失子老亦孱。
> 且无生生力,自有死死颜。
> 灵凤不衔诉,谁为扣天关。

哭这逝去的春色,

洒落三四斑泪痕。

那发狂的失去花的蝶,

孱弱的失去孩子的老朽,

再也没有勃勃生气,

只剩下等待死亡的面容。

灵凤不帮我衔冤,

谁来敲开天帝的门。

八

> 此儿自见灾,花发多不谐。
> 穷老收碎心,永夜抱破怀。

> 声死更何言,意死不必嗐。
>
> 病叟无子孙,独立犹束柴。

自打我那孩儿死去,

花开得真令人悲伤。

可怜的老朽,收起破碎的心,

在无眠的长夜,怀抱戚戚。

哭不出声,也不必再说话,

心也死掉,就不再哀嗟。

衰病的老朽没有孩子,

孤伶伶站着,像束干柴。

九

> 霜似败红芳,剪啄十数双。
>
> 参差呻细风,唅喝沸浅江。
>
> 泣凝不可消,恨壮难自降。
>
> 空遗旧日影,怨彼小书窗。

霜好像败了红苞,

剪啄下一对对骨朵儿。

细风中参差呻吟,

像鱼儿吐泡在浅江。

眼泪凝在脸上,又漫出新的一行,

无尽的遗憾,如何才能伏降。

徒然留下往日的身影,

是镌刻哀怨的小小书窗。

韩愈也陪着孟郊一起伤心,可是无法安慰。他写了首《孟冬野失子》,希望开解孟郊,可这又怎么可能有用。韩愈陪孟郊到莎栅散心。他提起联诗,希望冲淡孟郊丧子的伤悲,韩愈起了个头:

  冰溪时咽绝,风枥方轩举。

山溪残留着冰,有时停止了呜咽。

风吹向枥树,叶子高高地飘举。

这句开头很好,往下有很多可写的空间,可是孟郊联了一句:

  此处不断肠,定知无断处。

这就没法再写了。

14. 西极骧首

在东都做了两年国子博士之后，韩愈改任都官员外郎，分司判祠部。

东都的最高长官，叫"东都留守"。之前董晋没去汴州的时候，就是东都留守。现在的东都留守，是去年从河南尹升上来的郑馀庆。郑馀庆做过国子祭酒，是国子监的最高长官，当时韩愈是国子博士，是他的下属。现在，韩愈又成了郑馀庆下属。

东都祠部事务主要是管理僧尼。虽然按照唐朝的法律，僧尼由祠部管，早前也一直是祠部管，但从贞元四年（788）开始，朝廷置了"功德使"，由宦官充当，管理僧尼入籍和寺院建造。这两块是僧尼事务中的大头儿，也和钱最近。前年，朝廷干脆下诏，所有僧尼事务也归功德使管。

这样，功德使和祠部的工作就交叉重叠了。上奏是功德使，但根据旧例和《六典》，要由祠部处理。于是，韩愈和宦官在佛教事务上起了不少冲突。

当时的宗教有很多乱象，简单说三方面。

一是敛财。

佛教宣扬做善事得好报，今生升官发财，来世投个好胎。不做善事，就下地狱。这本来也没有问题，但关键是，什么算善事？供养。尤其金钱供养。

如果拿佛教教义来比照，其实不是这样。布施只是六度之一，比"财布施"更重要的是"法布施"。但在当时流行的宣传中，做善事主要指供养钱财。这也是为什么"功德使"叫"功德使"，一切佛教事务，核心是两个字——功德，"功德箱"的"功德"。

二是避税。

不出家是要纳税的，出家就免了，不仅不纳税，还不事生产；不仅不事生产，开销还比一般人大。德宗时代，彭偃计算过，一个僧人一年的衣食开销三万有余，五个劳动力都养不起。

因此，唐朝一向严格控制僧道人数。但是，由功德使来管，就放开口子了。宦官没有后代，人家还能靠子孙，他靠不上，只能把精神寄托在来世，指望下辈子投个好胎，所以宁愿在寺院、道观上铺张浪费。宦官还愿意增加出家人数，一方面，宦官觉得出家人和自己接近，都不能再繁衍后代；另一方面，也把这看成培植福报。但一切花费，都出在百姓身上。此外，还可以借机敛财。因为很多人花钱买僧籍。早先出家要考试，后来主要靠买。

三是大兴土木。

寺院建造铺张浪费是由来已久的问题。一百多年前，武则天想造大佛，让天下僧尼每天捐一文钱。狄仁杰极力劝谏：

"如今寺院比宫殿都奢华，总不能驱使鬼神去建，还是得使唤人，物资不是天上掉下来的，还是得从百姓身上出。很多游方僧人标榜佛法，到处敛财，街上到处是经坊、精舍。化缘比官府征税还急，做法事比朝廷圣旨都严……当年梁武帝、简文帝竭力布施，三淮五岭都是寺院，满街宝刹罗列，路上全是僧尼，连效力王室的军队都没有了！……僧尼一天捐一文，连百分之一都不够，盖了大佛总不能露天吧？要起座大殿吧。佛像要披上璎珞吧。披了百层，还嫌不够。廊宇也不能裸露。如来设教，以慈悲为主，劳烦百姓做这些虚饰有意义吗？"

武则天很聪明，认为狄仁杰是教自己为善，就不造了。

那之后的一百年里，宗教乱象愈演愈烈。每个皇帝在位时，都有人力陈其弊。韩愈有一首《华山女》，写的就是当时的宗教情形：

> 街东街西讲佛经，撞钟吹螺闹宫庭。
> 广张罪福资诱胁，听众狎恰排浮萍。

从街东到街西，都有讲佛经的。说是"讲佛经"，其实讲的并不是佛经，但名义上是。南北朝时讲佛经，确实是"讲佛经"，但到了唐朝，就渐渐演变成了"俗讲"。佛教有真谛，有俗谛。为了通俗，最初把真谛扔掉，只讲俗谛，到了后来，"谛"都不"谛"了，只讲"俗"，就变成了"俗讲"。

韩愈的时代，"俗讲"内容不仅大多不是佛教教义，甚至和教义背道而驰。当时出了很多禅宗大德，不立文字，呵佛骂祖。要理解这些，一定要明白当时的历史环境。为什么不立文字？因为满大街"讲佛经"的，讲的几乎都是和解脱背道而驰的东西。为什么呵佛骂祖？因为那才是真正的"报佛恩"，呵骂的并不是佛和祖，而是狂热信徒的无知和对教义的曲解。

像德山宣鉴、临济义玄，这些呵佛骂祖的大德，都是韩愈同时代的人。百丈怀海，比韩愈大约早五十年，他提出"一日不作，一日不食"，表面上看，和佛陀制定的戒律相悖——戒律不允许僧人耕作（因为伤及虫子等原因），但百丈禅师的改革，拯救了中国佛教。后来的丛林中，"清规"和"戒律"几乎同等重要。为什么百丈禅师要急切改革？因为当时的佛教已经被严重世俗化，和佛陀的精神相冲突了。

"俗讲"，就是佛教严重世俗化后，逐渐和修行解脱背道而驰，又披着佛教外衣的东西。除了少数大德，没人觉得那不是"讲佛经"——摊开一本佛经，拿些冥报故事附会，"广张罪福资诱胁"。在形式上，也不仅是讲，连说带唱，带表演，"撞钟吹螺"，相当热闹。好比现在去听相声、脱口秀、演唱会，于是"听众狎恰排浮萍"，男男女女挤作一团，脑袋贴脑袋，像水里荡着的浮萍，欢呼嬉笑，没有一点恭敬心。

从梁陈之际的讲佛经，演变到韩愈时代的俗讲，是一个缓慢的过程。早先讲经还是以教义为主，后来渐渐分化，有面向僧人讲的，有面向俗人讲的。面向俗人讲的，先是略教理而重故事，起先还是佛教故事，菩萨本生故事，后来就渐渐成了世俗故事。讲得越俗，听众越多，看上去越繁盛。但这对佛教来说，其实是大不利的。虽然表面看是佛教的兴盛、信众的增多，其实起到的是湮没正法的作用，这直接导致了不久后的武宗灭佛。不过，对文学来说，这种现象是有利的。传奇小说、新乐府,都和"俗讲"有着千丝万缕的联系。

百姓听"讲佛经",一开始也是冲着热闹消遣,但听的多了,不能不被故事影响,尤其是不能不被周围人的行为影响,就竞相掏钱了。

> 黄衣道士亦讲说,座下寥落如明星。
> 华山女儿家奉道,欲驱异教归仙灵。

相比佛教,道教的演讲就不行了。道士主攻炼丹、气脉修炼,好比化学、生理学。而和尚讲的是文学,还是流行文学。化学、生理学显然没有流行文学受欢迎,于是,听众几乎全被佛教夺走了,黄衣道士的讲台下,零零星星没几个人。

华山有个道姑,看到这种场面,发誓要把佛教占领的市场抢回来。她用的什么方法呢?

> 洗妆拭面著冠帔,白咽红颊长眉青。
> 遂来升座演真诀,观门不许人开扃。
> 不知谁人暗相报,訇然振动如雷霆。
> 扫除众寺人迹绝,骅骝塞路连辎軿。

梳洗妆扮了,戴好帽子和披风。白皙的脖子,红润的脸颊,眉毛修长如黛——当时很多道姑的妆扮相当妖冶。要升座表演了，道观大门阖上，不许人开——这当然是"饥饿营销"，所以一定会有人暗中传出消息，全城轰然雷动，刚刚还在寺庙听俗讲的人，全跑没影儿了，纷纷奔往道观，车马把路堵得死死的。

插一句，老舍小说《断魂枪》里写道："人们全回来了，邻场耍狗熊的无论怎么敲锣也不中用了。"这手法和韩愈的"扫除众寺人迹绝"如出一辙。

> 观中人满坐观外，后至无地无由听。
> 抽钗脱钏解环佩，堆金叠玉光青荧。
> 天门贵人传诏召，六宫愿识师颜形。

道观爆满后，还有人源源不断赶来，只好坐到外面。来得更晚的，就没地方听了。但并不影响供养：把头上的钗、钏，身上佩的玉，各种首饰都解下来，成堆的金、层叠的玉，闪烁着青荧的光。消息不胫而走，后宫都惊动了，渴望见师父一面。

> 玉皇领首许归去，乘龙驾鹤来青冥。
> 豪家少年岂知道，来绕百匝脚不停。
> 云窗雾阁事恍惚，重重翠幕深金屏。
> 仙梯难攀俗缘重，浪凭青鸟通丁宁。

得到玉皇批准，道姑跑到天宫了。一帮不懂修道的富二代,也赶来看热闹,绕着道观跑来跑去。窗阁烟雾缭绕,翠幕金屏重重,什么都看不清。这些富家子弟感慨:唉!俗缘太重,仙家难攀!只能寄希望通过青鸟跟仙家搭上话。

有人不会读诗,说:韩愈怎么还赞扬道教呢?

其实,就像朱熹说的,这是讽刺道姑炫耀姿色,假借仙灵蛊惑大众,还讥讽君王失察,让不检点的妇人得入禁宫。

像富家子弟扒着窗户往里瞅,什么翠幔、金屏、青鸟,都是很亵渎的描写。陈寅恪《读莺莺传》里说,"仙"在当时不是好字——两种人常被称为仙:妖艳的妇人、风流放诞的女道士,渐渐地,人们把倡伎称为"仙"。

韩愈曾见过不少放荡的僧人。像灵法师,喝酒,赌博,在赌场大呼小叫,在酒筵上"密席罗婵娟",还"维舟事干谒",韩愈当时就想劝他还俗。

现在,郑馀庆敛手失职,韩愈就依据《六典》,勒令一些僧尼还俗,其中作奸犯科的,加以惩处。此外,还规定了僧尼出入时间,不许随意乱窜,蛊惑百姓。

这当然得罪了宦官。宦官势力很大。韩愈常常和他们公牒往来,争执不下,慢慢地,韩愈处境就危险了。韩愈料到可能被构陷,就向郑馀庆提出职务调动。郑馀庆没同意。等了一阵儿,韩愈干脆写信给郑馀庆,说如果再不调动,干脆不干了：

"韩愈有幸，三次成为相公下属，朝夕不离门下，到今天已经五年了。私下想，韩愈对相公的效劳，不宜在其他僚属之后。因此，该说的话，从来不敢不说。有什么不方便，也对相公吐露，相公应当怜悯。分司事务，只有祠部最繁重。韩愈单独干了两年，每天和宦官为敌，恶言往来，公牒狼藉，不敢以此为耻，但担心遭来祸患。调动的要求看似草率，其实心意已决。也许之前说得不够清楚，相公没准允，韩愈惭愧地回来后，勉强了这么久，想了想还是病退吧。"

没多久，韩愈改任河南令。

东都有两个县。以洛水为界，北边是洛阳县，南边是河南县。河南令是地方官，但依然属于东都留守治下，直接领导是河南尹，大领导还是郑馀庆。

这是元和五年（810）初冬，韩愈四十三岁。

韩愈刚上任，就赶上乡贡。乡贡是州县馆学之外的选举。学子先在州县考试，考完，长官用乡饮酒礼招待。韩愈让妻女亲自下厨煎烹，还准备了柿子、葡萄、瓜果。

相比其他地方，也许不算太丰盛，但在韩愈笔下，总是很好的。韩愈还写了诗，"芳茶出蜀门，好酒浓且清。何能充欢燕，庶以露厥诚"。这天起着阴风，下着苦雨。韩愈告诉学子,文人权德舆升任宰相、礼部尚书,文道将大行天下了。

有个学子叫李贺,很有才华,府试成绩相当杰出。唐朝进士录取数额很少,以至于杜甫两次都没考上。但韩愈推荐的人,一般把握很大。十年前,韩愈在汴州主持乡贡,推荐的张籍,第二年就考上了。后来向陆修推荐的李翊、侯喜,一两年内就考上了。这次李贺把握也很大,这就给竞争者造成了压力。不久,传出一种声音,说李贺应该回避进士考试,因为他父亲叫李晋肃。"晋肃"和"进士"读音接近,要避讳。

韩愈劝李贺,不要听人们胡说八道。可慢慢地,批评声越来越大。皇甫湜是王涯的外甥,韩愈的学生,他对韩愈说,这事不讲明白,你和李贺都要被天下怪罪。韩愈就写了篇《讳辩》:

"《礼记》说,'二名不偏讳',孔子母亲叫颜徵在,说'徵'不说'在',说'在'不说'徵'。又说,'不讳嫌名',字音相近,不用避讳。不用因为大禹就避讳'雨'。李贺父亲叫晋肃,李贺考进士,是犯了二名律,还是嫌名律?父亲叫晋肃,儿子就不能考进士;父亲要叫仁,儿子就不能做人了吗?

"……周公作诗不避讳，孔子不讳二名，《春秋》不讳嫌名，康王钊孙子是昭王；曾参父亲叫晳，不避讳昔。周朝有骐期，汉朝有杜度，他们的孩子怎么避讳？难道改姓？汉武帝刘彻，讳彻，不讳车辙的辙；吕雉，讳雉，不讳治天下的治。今天上章下诏也不讳浒、势、秉、饥（李虎、李世民、李昞、李隆基），只有宦官、宫女才不敢说谕、机（李豫、李隆基）。士君子言行该学谁？去看看经，看看礼，看看国家典章，李贺的进士到底能考不能考！

"事奉父母能像曾参那样，就远离讥谤了；做人能像周公、孔子那样，就到头了。不努力做曾参、周公、孔子，倒想在避讳上超过他们，也太愚蠢！去学太监、宫女，难道他们对亲人更孝，比周孔还贤？"

唐朝初年，避讳还不严。李世民时代仍然有"民部"，后来才改为"户部"。以后虽然愈演愈烈，也没有到避讳同音字的地步。但很多事情和"俗讲"一样，总是下流影响上流。

没文化的太监、宫女，识字少，分不清，又跟皇室打交道，为了谨慎和表示恭敬，就连同音字也避讳了。时间长了，形成风气，倒反过来影响民间，又影响读书人。

韩愈对此痛心疾首。他写了《讳辩》也无济于事。比起滔滔舆论，还是孤掌难鸣。李贺扛不住，尽管没有明文规定他的情况不得考试，但他怕被议论，终其一生没有考进士，死在二十七岁。

当时的东都，还发生过一件小事。有个年轻人，叫吕炅，一天突然抛家弃妻，要去王屋山学仙。白头发的老母亲拦住门哭，把他的袖子都拽断了，还是劝不住。新婚的妻子眉如翠羽，二十岁，又被送回岳家，车子穿过街市时哭了一路。

看起来，吕炅是受了当时浓厚的道教风气的影响，好像是要学仙，但其实不一定。当时有些人想走"终南捷径"，去当个隐士，名声传出去，朝廷就有可能请你做官。就连"演真诀"的道姑，还被请到皇宫呢。隐居在嵩山的李渤，前几年就曾被户部侍郎李巽荐举（就是韩愈在江陵时寄过信的李巽），河南少尹杜兼派人上山，请他赴京做官，他不去。在韩愈看来，李渤是嫌给的官小。韩愈说，"少室山人索价高，两以谏官征不起"。

果然，吕炅在消失了几个月后，主动出现在河南少尹李素门口。李素一眼就把他看穿了，命他站在府门外，让吏卒脱掉道冠，给他冠带，又派人将其送回家交还老母。韩愈可怜他，写了首诗，让吕炅的亲友转交给他，说这后生还年轻，先不要惩罚，如果有心向学，自己愿意教。

也有真正的隐士，比如卢仝。卢仝早年隐居少室山，号玉川子，家里很穷，只有成堆的书。后来搬到洛阳，也只有几间破屋。卢仝有个老奴，长须，不裹头，还有个老婢，赤着脚，牙都掉了。上有老，下有小，一家十余口人。卢仝不喜欢和俗人往来，十二年闭门不出。邻居僧人可怜他穷，乞来米送给他。韩愈也常常给他些钱，补贴家用。卢仝诗写得好，韩愈劝他见见留守和府尹，谋个职位，卢仝一听就掩起耳朵。

一天夜晚，卢仝家的长须老奴跑来找韩愈，状告邻家恶少。恶少常骑到屋山上，窥视卢仝家，家里女眷很害怕，吓得奔走，脚都扭伤了。恶少岳家有势力，从前的官吏不敢管，他们只好忍着，卢仝也没提过。

韩愈听了，马上派吏卒捉拿。恶少不来，自称是军人，有军籍，属于军队管，官府管不着，还找来士兵作证。

韩愈大怒，管他军籍不军籍的，拖出那帮人，当街杖了一顿。当时的杖是很重的，被杖死都是常有的事。韩愈杖他们的理由，并不是恶少窥视卢仝家。仅仅窥视，犯不上杖。杖他们的理由是传唤不到，冒充军人。其实，这些人确实有军籍，但人并不在军队，只是挂名吃饷。

事后，卢仝派长须老奴过来说，自己也不想看到他们被杖，处理得有点重了，官员应该爱民如子，宽容一点。

韩愈写诗回复卢仝说:"我向来敬畏先生,先生的水平,也不是我能理解的。身为县令,放纵子民恣意妄为已经错了,只好惭愧地效尤前朝戮仆的行为。既然先生认为我处理得不当,我就回头割点羊肉,提上酒谢罪,哪天晚上月色好,先生如果允许,我就去和先生喝两杯。"

没想到,挨杖的人反映到军队,军队把状告到了郑馀庆那里。县令杖百姓,是在职权范围内的,郑馀庆也不好说什么。于是,下了命令,要捉拿诬告的人惩处。也就是说,这些人都是真士兵,有人向官府诬告,说他们不是士兵,让他们挨了杖。诬告的人是有罪的。

自从担任河南令后,韩愈就不主动和郑馀庆联系了,现在碰到这事,又给郑馀庆写信:

"韩愈做相公下属五年,承蒙知遇和关爱,从来没有报答过。日思夜想,总觉得事奉大君子应当以道,不能苟且度日,曲意逢迎。因此,碰到事情,从来不敢有疑虑,该做就做,该停就停。韩愈近来不再进谒拜谢,是觉得事奉大君子就该这样。虽然在县里工作,依然是相公治下,和离开门墙的老部下不同,为了避嫌,就主动远离了,想必相公都明白,也不必多说。

"有人来告状,说别人辱骂他妹妹和妻子,作为长官,能不追问吗?去追问,那人不来,作为长官,能不生气杖他吗?什么叫军人?在军营练兵守卫,为留守效力的叫军人。连大街卖烧饼的也敢叫军人,还有谁不是军人!韩愈想,一定是奸人贿赂将吏,盗用相公文牒注册军籍,好凌驾于府县之上。这些问题,想必相公早就想解决,守法官吏也都痛恨。把那帮冒充军人的家伙抓起来杖一顿,不为过吧?

"听说相公在追捕状告者。韩愈虽然愚钝,也知道这是大君子处理政务的权变手段,一开始好像不合适,但最终肯定要秉公。军队跑来叫屈,作为长官,怎么可能不采取些措施安抚呢?韩愈也不敢怀疑。但听到僚佐议论,好像和我的理解有出入。必定是僚佐还有结党之心,掩盖覆藏,没能秉公汇报。韩愈受相公恩遇很久,岂敢缄口不言又怀疑相公?敬请相公怜察。

"韩愈没有适应时代的才干,渐渐不喜欢做官吏,如果因为什么事被罢免,就像甩掉鼻涕和唾沫,不会有半点顾惜。只是与大君子之间,哪怕有纤毫芥蒂,对韩愈也有如丘山之重。守官去官,惟听今日指挥。"

不久,韩愈调离东都。

调离前,韩愈还干了一件让郑馀庆和河南尹大为震恐的事。他要搜查魏州、郓州、幽州、镇州等藩镇长官在东都的府邸。府邸中藏匿着军士和违法犯罪之徒，之前的官吏都不敢过问。韩愈率领吏卒，准备出发时，被郑馀庆和河南尹拦下了。

后来，使者告诉宪宗，宪宗非常高兴，认为韩愈在帮他。韩愈调离后，郓州驻东都的府邸果然谋反了，还计划杀掉留守，接应反叛的吴元济。

韩愈在河南令上干了将近一年，又调回朝廷，任职方员外郎，是尚书省兵部职方司副长官，从六品上。

元和六年（811）秋，四十四岁的韩愈又踏上了回长安的路。

经过潼关，他口占一首《入关咏马》：

岁老岂能充上驷，力微当自慎前程。

不知何故翻骧首，牵过关门妄一鸣。

骧首，就是马腾跃前蹄，猛一昂首。颜延之《赭白马赋》说，"眷西极而骧首，望朔云而蹀足"。天马来自西方，眷慕着西天尽头，腾跃昂首；遥望着北方云气，奋力蹀足。

韩愈说，马老了，不能再充当上驷。力气衰微了，前路要慎重。可不知为何，进入潼关，遥望西方长安时，突然骧首腾跃，奋力嘶鸣……

孔子说："骥不称其力，称其德也。"

骧首嘶鸣的，恐怕不是马，而是韩愈。

15. 艳姬青眸

韩愈任职方员外郎不久，碰到一件事。

华州刺史阎济美停了华阳县令柳涧的职务。几个月后，阎济美离职搬去公馆，柳涧教唆百姓拦路，说以前军队使役百姓没付钱。新任刺史赵昌认为柳涧挑事，奏请贬他为房州司马。

韩愈听说此事，怀疑两任刺史结党，上疏建议调查。朝廷派监察御史李宗奭调查，发现柳涧贪赃，遂贬为封溪县尉。韩愈因为妄发议论，贬为国子博士。

韩愈和柳涧没有任何交情。这类事情，一般朝廷不调查，刺史怎么建议，就怎么处理。生杀予夺的权力，掌握在上司手里。韩愈撞见，替人鸣冤，就受牵连了。

于是，四十五岁的韩愈又回到了国子监。

这年冬天，韩愈写了首《石鼎联句》。

序中说，元和七年（812）十二月四日，衡山道士轩辕弥明去太白山，弥明之前在衡山见过刘师服，知道他在京城，于是到刘师服处歇了一晚。校书郎侯喜近来渐有诗名，夜晚和刘师服聊诗，弥明在一边听。

弥明奇丑无比，脸黑须白，颈长髻高，口音很重。侯喜对他视而不见。弥明忽然扬起眉毛，指着炉中石鼎说："你擅长写诗，能写写这个吗？"刘师服之前听说弥明九十多岁了还能捉鬼，拘囚蛟螭虎豹，不知真假。听他这么说，大喜，提笔写了两句，传给侯喜，侯喜也很兴奋，续了两句。弥明笑道："就写成这样？"弥明手缩在袖筒，耸起肩，靠着北墙坐，对刘帅服说："世俗文字我不熟，你帮我写吧。"随即高吟：龙头缩菌蠢，豕腹涨彭亨。

这像是讥讽侯喜，说石鼎的头像蠢缩的菌菇，肚子像猪一样鼓胀。侯喜、刘师服对看一眼，惭愧又惊骇，因为这两句形象生动，水平很高。二人心想，也许多写几句，弥明就不行了。于是，刘师服又写：外苞干薛文，中有暗浪惊。传给侯喜，侯喜冥思苦想，要压倒弥明，想了半天，还是不够奇特。写好传给弥明。弥明唱，刘师服写，毫不费力又能奇绝，比刘师服、侯喜的好多了。

刘师服、侯喜赋了十来韵，每次弥明都不假思索唱出，锋芒毕露。三更过后，刘师服、侯喜才思枯竭，写不动了，起身说:"尊师不是凡人,我们愿为弟子,不敢班门弄斧了。"弥明说,诗还没完呢,又唱出四十字。刘师服、侯喜叹服。弥明说,这不过是按你们懂的随便写写,算不上我的真本事。我擅长的,你们不会听到,好了,不说了。刘师服、侯喜震惊,起身拜倒:"我们不敢问别的,就问一件,先生说对人间的文字不熟,敢问对什么文字熟?"

弥明就像没听见。问了好几遍,还不搭腔。两人不快,退回坐上。弥明靠墙睡着,鼻息如雷。两人失色,不敢喘气。没多久,晨鼓响起,两人也坐着睡着了。醒来时,太阳已经很高,弥明不见了。问童子,童子说,天快明的时候,道士起身,好像很快就会回来,很久没回,出门找,找不到了。俩人惊惋自责,若有所失,去问韩愈,韩愈也不知道。

这个故事,其实是韩愈编的。历来很多人认为,这是韩愈借石鼎讽刺宰相李吉甫,假托轩辕弥明。应该就是如此。韩愈确实喜欢开玩笑。两年前在东都就写过一篇《送穷文》:

"大年初一,韩愈命小童用柳枝编成车,用草扎成船,装上粮食,套上牛,张起帆,向穷鬼再三作揖说:早就听说你们要走,我不敢问去哪儿,准备好了车、船、干粮,选个好日子,你们吃口饭、喝口酒,呼朋引伴离开吧,跑得快一点吧,别滞留了,我出盘缠,你们愿意走吗?

"屏住呼吸悄悄听,好像有什么动静。有点儿像啸,又有点儿像啼哭;很飘忽,又很伤感。韩愈毛发尽竖,缩颈耸肩,似有还无的声音久久才听清:我和你在一起四十多年了,你还是孩子的时候,我就跟着你了。后来,无论你是读书,还是种地,还是求官,我始终对你不离不弃,从来没有辜负初心。你家门神成天呵斥我、责骂我,我还是忍辱负重,留在你身边。你被贬南方,我跟着去,水土不服,被当地各种鬼欺负。你在太学四年,早上吃咸菜,晚上吃盐,别人都嫌弃你,只有我陪伴你。我从来没有负心过,也从来没说过要走,你是从哪里听说我要走的呢?听信谗言了吧。我是鬼,不是人,哪里需要车船。我闻香就饱,哪里需要干粮。我就自己一个,哪里有什么朋友。如果你了解我的情况,不妨说说,要是都能说对,那就真是我暴露了,恐怕就不能再待下去了。

"韩愈说:你们以为我不清楚?你们一伙,不是四个,也不是六个,是十个减去一半,七个去掉两个。你们扳着我的手,让我打翻饭碗;掰着我的喉咙,让我说出得罪人的话。让我面目可憎、言语乏味,是你们素来的志向。你们一个叫智穷,矫亢刚直,厌恶圆滑,为奸诈欺瞒而羞愧,不忍心伤天害理;一个叫学穷,偏和命运对抗,不屑虚名,去抉发幽微的义理,排斥流俗的议论;一个叫文穷,不愿专擅一技,务为奇特,不能顺应潮流,只会自娱自乐;一个叫命穷,形影相异,面丑心善,将利置于后,将责置于前;一个叫交穷,对人剖露肺腑心肝,却令人视我如同仇冤。你们五个,是我的大患,让我受尽饥寒、嘲讽和流言……

"五鬼听了,张眼吐舌,跳跃翻腾,拍手顿足,相顾失笑:原来你对我们很熟悉呀!就这样赶我们走,真是聪明很小,愚痴很大了。你想想,一辈子能有多久?我们成就你,让你的名声百世不磨。君子虽然不被时流接纳,却能与天道相通。你可不要拿着美玉去换羊皮,对着盛馔却羡秕糠。天下还有谁比我们更了解你?虽然被你呵斥,又怎么忍心离开呢。如若不信,就去看看圣贤书吧!韩愈垂头丧气,拱手称谢,烧掉车船,请鬼上座。"

《送穷文》是韩愈四十四岁那年正月写的,两年后的正月,又写了《进学解》。九百多字的文章,创造了不下二十个成语。《送穷文》《进学解》被宰相读到,惊叹韩愈的才思,两个月后,韩愈改官比部郎中、史馆修撰。

做了史馆修撰的韩愈,奉旨编撰《顺宗实录》。有句话叫"孔子作春秋而乱臣贼子惧",说《春秋》每个字都暗含褒贬。于是后来的人，颇喜欢凿空事实，妄发议论，还觉得是效仿《春秋》。韩愈反对这种做法，他在给刘秀才的信中说：

"史书的褒贬，《春秋》已经很详尽了。后来的作者更应当侧重事实。写清楚事实，善恶自然就会显现。写明事实就已经非常难了，更何况褒贬？孔子是圣人，作《春秋》，受辱于列国，到死也没能施展抱负；齐国的太史兄弟几乎被杀光；左丘明瞎了；司马迁受刑诛；班固死在监狱；陈寿屡次被罢免；王隐谤死在家；习凿齿一只脚坏掉；崔浩、范晔被诛；魏收早死绝后；宋孝王被杀；足下称赞的吴兢，也没听说有生前身后的荣耀，做史官没有人祸就有天刑，难道能不畏惧吗？

"唐朝有天下二百年了，圣君贤相、文武之士不知有多少，岂是一个人能写得完的？我年纪大了，志气衰退了，没法再勉强。宰相知道我没有别的才能，没有可用之处，可怜我老穷，又和世间龃龉，不想让四海之内有忧戚的人，姑且给我这个职位，让我沾沾光，也没督责我做什么。我不敢违背好意，准备找个机会就退了。而且，史实有许多传闻，各人对善恶的看法不同，有人甚至编造故事，到底信哪个呢？怎么能草草去写流传万世的东西呢。即便没有鬼神，自己能不愧疚？要有鬼神，真得降祸呀。我虽然愚钝，也知道自爱，不敢草率。"

这封信被贬在永州的柳宗元读到，非常生气，写信痛斥韩愈：

"我看了你给刘秀才的信，很不高兴。往年你论史，都说得很好，现在怎么变成了这种人！要是不适合待在史馆，就赶紧辞职，干嘛顶个修撰的名头？能滥竽充数混在机关，吃着俸禄，使唤着官员，耗费着纸笔，写自己的文章，供家中子弟花销吗？古代君子可不这样。

"你说史官没有人祸就有天刑，尤为荒谬。著史不过是褒贬，你还不敢；要是当了御史中丞、御史大夫，以弹劾为业，就更不敢了吧？还是说你会大摇大摆进入台府，吃着好的，坐着高位，在朝廷大呼小叫？御史尚且这样，要是当了宰相，掌握天下士人生杀进退的权柄，树敌更多，你还会大摇大摆进入政事堂，吃着好的，屁股稳坐，在内庭外衢呼来喝去吗？这和没本事著史却想顶着史官的名头有区别吗？

"坐在那个位置上，就该好好做事。该做的，死也不回避；想回避，不如早点退了。孔子困在列国，是时代黑暗，一辈子不能施展抱负，不是因为作《春秋》。范晔犯上作乱，不著史也要夷族。司马迁是触怒了天子，班固是没管好下人，崔浩是仗着正直和暴房斗，左丘明是因病致瞎，子夏不著史不也瞎了吗？瞧瞧你说的话，是什么逻辑！直道事君，没必要吓唬自己。你该在意自己是否正直，不该在意刑祸。

"你说一个人写不了那么多，同事也这么说，后来人还这么说，那谁来写？如果你不倦地做，同事、后来人也都不倦地做，史事还有希望。否则，口耳相传，久了就杂乱难考了。真有志向，还要等人家督责吗？鬼神的事没有谱，明智的人不谈，你还害怕这个？以你的学问、文章、议论，自以为正道直行，却说出这种话，唐朝的史事还能指望谁？天子、宰相得到你这样的史才，你还这么说，真是让人痛心！好好想想吧，该做就赶紧做，不敢做就趁早辞职，还说什么准备考虑辞职！"

之前，柳宗元在朝，韩愈被贬阳山，写诗批评柳宗元说，"君子法天运，四时可前知。小人惟所遇，寒暑不可期"。现在，韩愈在朝，柳宗元被贬南方已经八年了。看到韩愈加官进爵却说出尸位素餐的话，难免愤慨。

其实，韩愈并不像柳宗元骂的那样，只是很多时候不便直说的话，就用反讽自嘲的方式说出来，也是避免得罪人和自我保护的办法。但在俊杰廉悍的柳宗元看来，这种腔调很讨厌。

韩愈回了封信解释。他并没有把回信收到文集里，但无疑，信中袒露了肺腑。柳宗元再次回信说，韩愈"诚中吾病"，还为韩愈修史提供了一段资料。

这次柳宗元的误会与批评，和韩愈的解释澄清，升华了二人的关系。之前，他们不算亲近；之后，也没有亲近的机会，但经此一番往来，在柳宗元心中，韩愈渐渐是堪托生死的朋友了。柳宗元死时，韩愈是他托付的人之一。

柳宗元没有在韩愈的位置上，并不清楚修撰史书的不易。很多难事，是不便公开讲的。比如有人请托，希望自己或者友朋在史书中留下好名声，删去或者润饰不光彩的事情。韩愈是不可能那样做的。那怎么办？只好尽量多记事实，少发褒贬，让事实本身说话。像之前《元和圣德诗》的血腥场面，也是这个道理。因此，可以想见韩愈为什么不把那封回柳宗元的信收入文集。

元稹曾请托韩愈，希望他能把甄济、甄逢父子记入史书。韩愈回信说，慎重考察了二人行迹，确实适合写入。有意思的是，韩愈还夸元稹乐道人善，也适合"牵连"写入史书，还说元稹现在年轻，如果将来美德能继续，就要"大书、特书、屡书、不一书"。

这里面包含的意味是很丰富的。

元稹的品行说不上太好。对崔莺莺始乱终弃的张生，原型就是元稹。唐代的科举有秀才、明经、进士等，进士最受重视，而元稹最早考的是明经。

《剧谈录》记载过一个传说，说李贺诗名很大，又受韩愈赞誉，元稹拎着礼物上门，想和李贺结交。李贺看了名帖，没答复就进屋了。李贺的僮仆对元稹说：你一个明经及第，来看李贺干什么？元稹又愧又恨地走了。后来，元稹做了礼部郎中，李贺不应该参加进士考试的议论就是元稹带头发出来的。

其实，这个传说不可靠。韩愈比元稹大十一岁，元稹比李贺大十一岁。元稹十五岁明经及第，当时李贺才四岁。元和元年，举制科，元稹和白居易一起登第，元稹是第一名，拜左拾遗。李贺当时诗名还不显。元稹的诗名也不在李贺之下，只是李贺更年轻，又诗风诡奇。李贺被议论和韩愈写《讳辩》的时候，元稹还有没去礼部。《论语》说，"君子恶居下流"，就是这个意思。一个人如果品行不太好，什么坏事都容易被扣到头上。

就在韩愈拜史馆修撰的元和八年（813），元稹制造了一个文坛大新闻——给杜甫写墓志铭。杜甫死后九年元稹才出生。当时李白、杜甫齐名，人称"李杜"，元稹却靠贬抑李白来抬高杜甫。他说，论乐府，李白勉强能和杜甫相提并论；论长律，李白连杜甫的门都够不着。

李白擅乐府，杜甫擅长律，互有长短，难分轩轾，这是当时也是后世的公允之论。元稹的说法，实在耸人听闻，哗众取宠。后来，韩愈写了篇《调张籍》，暗讽这种议论：

> 李杜文章在，光焰万丈长。
> 不知群儿愚，那用故谤伤。
> 蚍蜉撼大树，可笑不自量。
> ……

这首诗当然不会提元稹，但无疑是针对元稹掀起的议论而发。元稹也因为主动给杜甫写墓志铭并发此奇论声名更响亮了。元稹吹捧杜甫的动机恐怕并没有那么纯粹。因此，韩愈回复元稹的信中说他"足下与济父子俱宜牵连得书"，"足下年尚彊，嗣德有继，将大书、特书、屡书、不一书而已也"，尤其是"嗣德有继"，恐怕不无调侃吧。

元和九年（814）三月，郑馀庆以山南西道节度使领兴元军，奏孟郊为参谋。六十八岁的孟郊带着老妻去兴元，走到阌乡，暴病而亡。当时是八月。孟郊没有孩子，两个弟弟都在江南。买了棺材，找两个人用车拉回家。

孟郊的死讯传到长安，韩愈奔走哭号，又喊来张籍同哭。从前和孟郊相识的朋友，都跑到韩愈家哭吊。闰八月，樊宗师来告葬期，要韩愈写墓志铭。韩愈哭着说："我怎么忍心写朋友的墓志铭呢！"后来，樊宗师又催，说不然就耽误下葬了。韩愈就写了墓志铭。

韩愈给好多人写过祭文，但没有给孟郊写。一方面是不忍心，另一方面，祭文多是叙说生前关系，而孟、韩的关系，诗里已经淋漓尽致，不消再说了。

墓志铭结尾，韩愈提到孟简。孟简是二人共同的朋友，论辈分，算是孟郊叔父。九月，孟简由给事中改任浙东观察使。韩愈在墓志铭中说，孟简说了，孟郊活着，我没能帮他；死了，我得抚恤他家。所谓家，也就是寡妻。韩愈记了这么一笔，孟简就不好不抚恤了。

墓志铭称赞孟郊的诗，写了孟郊的孝，但孟郊为官方面，韩愈没有赞一个字。因为孟郊确实算不上多称职。哪怕和韩愈极亲密，韩愈也不会说假话。著史，韩愈是这样；给朋友写铭文，也是这样。这和写诗作文的调侃讥刺不同。

十月，孟郊下葬。韩愈迁考功郎中，依前史馆修撰。

张籍的眼睛几年前就看不清了。孟郊曾经写诗《寄张籍》，"西明寺后穷瞎张太祝，纵尔有眼谁尔珍。天子咫尺不得见,不如闭眼且养真",意思是你眼睛好的时候,朝廷也不在乎你,既然瞎了,就闭起来养神吧!

不意孟郊死后,张籍眼睛渐渐好转,后来复明了。韩愈和张籍携手去城南游玩,无意间经过孟郊生前题诗的竹林,相对伤感落泪。

元和十一年(816)正月,四十九岁的韩愈拜中书舍人。这是非常重要的职位。

暮春时节,韩愈写了三首《感春》。其三是:

> 晨游百花林,朱朱兼白白。
> 柳枝弱而细,悬树垂百尺。
> 左右同来人,金紫贵显剧。
> 娇童为我歌,哀响跨筝笛。
> 艳姬蹋筵舞,青眸刺剑戟。
> ……

早上到百花林游玩,看见红红白白的花。鲜嫩的柳枝从高树垂悬而下。一同游赏者都身居高位,赐金鱼袋和紫衣。娇童唱歌佐欢,悲哀的曲调筝笛都遮不住。艳姬侵近酒筵起舞,动人的眼眸像剑戟刺向座间的客人……

韩愈在江陵时,写《喜雪献裴尚书》,说"纵欢罗艳黠",那是尚书府上的常事。现在,自己任中书舍人,"艳姬蹋筵舞,青眸刺剑戟",也要成为日常了。

年少时,韩愈和孟郊在长安都很贫困,韩愈写《长安交游者一首赠孟郊》,说"陋室有文史,高门有笙竽"——虽然没有酒筵歌舞,倒有文史可娱。十多年后,韩愈从江陵回到长安,写《醉赠张秘书》:

"人皆劝我酒,我若耳不闻。今日到君家,呼酒持劝君。……所以欲得酒,为文俟其醺。……此诚得酒意,余外徒缤纷。长安众富儿,盘馔罗羶荤。不解文字饮,唯能醉红裙……"

别人劝韩愈喝酒,韩愈都不喝,到了张秘书家,倒自动劝张秘书喝。不是为了喝酒,是为了在微醺状态下写诗。长安的富家子弟,宴饮膻荤,却不晓得佳诗可以佐酒,只知道醉倒石榴裙……

北宋苏东坡读《醉赠张秘书》,觉得韩愈生活清苦节制。后来又读到"艳姬蹋筵舞,青眸刺剑戟",忍不住说:"此老子个中兴复不浅!"

意思是,韩愈这老子没想到也好这口儿!

其实,"青眸刺剑戟"倒恰恰流露出韩愈对"纵欢罗艳黠""艳姬蹋筵舞"不是那么娴熟。在这轻歌曼舞、醉酒逞欢的场合,韩愈的心境底色是悲凉,他说"娇童为我歌,哀

259

响跨筝笛"——对着美女,听着歌声,心中悲哀凄凉。紧跟着"青眸刺剑戟",韩愈写道:

> 心怀平生友,莫一在燕席。
>
> 死者长眇芒,生者困乖隔。
>
> 少年真可喜,老大百无益。

燕席是顶好的,可是平生至交,没有一个在这里,在的都是些"金紫贵显剧",他们炙手可热,他们有权有势,可都不是我的朋友。热闹和欢愉构筑了悲哀的底色:我那些不在燕席的朋友,有些早就死了,没死的也暌违相隔,年轻时多好呀,老了真是没意思。

在江陵时,韩愈写《五箴》,感慨自己恐怕难以成为君子而不免沦为小人——"君子之弃,而小人之归乎?"那篇可以和此诗参看。另外两首《感春》也说:

> 青天高寥寥,两蝶飞翻翻。
>
> 时节适当尔,怀悲自无端。

寥廓的高天,翻飞的蝴蝶。时节就是这样,你为什么毫无来由地悲戚?

> 狂风簸枯榆,狼藉九衢内。
>
> 春序一如此,汝颜安足赖。

狂风簸起枯槁的榆树,九衢内一片狼藉。春天总要逝去，你的容颜又哪能常葆？

插一句，龚自珍的"罡风力大簸春魂"就是化用韩愈的"狂风簸枯榆"。

韩愈十九岁来京师应考，三十年后，终于在靖安里置了座宅邸。高兴之下，写了首《示儿》：

> 始我来京师，止携一束书。
>
> 辛勤三十年，以有此屋庐。

我那时候来京师，只带了一束书。辛勤奋斗了三十年，终于有了这座屋庐。

> 此屋岂为华？于我自有余。
>
> 中堂高且新，四时登牢蔬。

屋子哪里能算豪华，但对我来说已经足够。中堂又高又新，四时都有牢蔬祭祀。

> 前荣馈宾亲，冠婚之所于。
>
> 庭内无所有，高树八九株。

前厅招待宾客，举行冠礼、婚礼。中庭没有什么，就是八九棵高树。

> 有藤娄络之，春华夏阴敷。
>
> 东堂坐见山，云风相吹嘘。

树间有些藤蔓，春天开花，夏天有阴凉。坐在东堂，能看见远山,看见风吹云动。

> 松果连南亭,外有瓜芋区。
> 西偏屋不多,槐榆翳空虚。

松果连着南亭,外边种了点瓜芋。西边偏僻,房屋不多,栽点槐榆荫覆空地。

> 山鸟旦夕鸣,有类涧谷居。
> 主妇治北堂,膳服适亲疏。

早晚有山鸟鸣叫,好像隐居在涧谷。北堂有主妇打理,衣食都有章有节。

> 恩封高平君,子孙从朝裾。
> 开门问谁来,无非卿大夫。
> 不知官高卑,玉带悬金鱼。
> 问客之所为,峨冠讲唐虞。
> 酒食罢无为,棋槊以相娱。
> 凡此座中人,十九持钧枢。

亲人得到了封赏,家中常来的都是些卿大夫。一起谈论古书文章,吃饱喝足,下棋消遣。凡是在座的,十之八九是朝廷重臣。

> 又问谁与频,莫与张樊如。
> 来过亦无事,考评道精粗。

> 蹲蹲媚学子，墙屏日有徒。
>
> 以能问不能，其蔽岂可祛。
>
> 嗟我不修饰，事与庸人俱。
>
> 安能坐如此，比肩于朝儒。
>
> 诗以示儿曹，其无迷厥初。

谁来的最频繁呢？莫过于张籍、樊宗师。他们来也不是有什么事，不过是切磋文章和义理。还有不少学子来问学。如果总是向没学问的人请教，怎么可能解惑呢？我如果不好学，总和庸碌之辈混在一起，怎么可能住在这样的房子里，和朝儒比肩？写诗给孩子们看看，希望你们年轻时不要走错路。

这首诗颇受人诟病。苏东坡说，韩愈《示儿》写的都是利禄事，杜甫就不写这些，只写圣贤事。

其实，以韩愈中书舍人的身份，住这样的宅第，完全算不上奢华。白居易做中书舍人时，庭院种了红樱树，不出家门漫步就比得上曲江游玩。更不要说后来李德裕的"平泉山庄"。在唐代奢华的世风下，韩愈算很朴素的了，来往的朋友张籍也是"穷瞎张太祝"。

韩愈生活并不奢侈，但这样写诗，也是要激励孩子好好用功读书。

韩愈的儿子韩昶是张建封把韩愈安排在符离时出生的，小名叫"符"，现在十八岁了。韩愈送他到城南读书，写诗勉励他说，人之所以为人，就因为肚里有诗书，诗书怎么来的？一个字：勤。

韩愈编了个故事，说两家有两个孩子，小时候一样聪明；十二三岁，开始有点不同了；二十岁，就很不同了，一个像清水沟，一个像臭水沟；到了三十岁，一个像龙，一个像猪：

  三十骨骼成，乃一龙一猪。
  飞黄腾踏去，不能顾蟾蜍。
  一为马前卒，鞭背生虫蛆。
  一为公与相，潭潭府中居。
  问之何因尔，学与不学欤。

像龙的那个，飞上了天，顾不上蟾蜍了。另一个像是马前卒，被人鞭打在背上，坏烂了生出虫蛆。一个是公卿宰相，住在深广的宅府。为什么小时候同样聪明的人后来有这么大的差别？一个好好学习，一个不好好学。

16. 剑戟秋明

韩愈迁中书舍人的前几年，发生了一些事情。

元和十年（815）六月的一天，天还没亮，宰相武元衡去上朝，刚出靖安坊东门，突然被冷箭射中，仆从惊吓四散。这时闯出一人，拽住武元衡的马走了十余步后，杀死武元衡，砍下颅骨。几乎同时，裴度也在通化坊遇到行刺，头部受伤，跌入沟中。好在毡帽厚，没有死。侍卫王义从后面死死抱住刺客大喊，刺客挥刀砍断王义胳膊逃走了。

京城大骇。从此，宰相出入有金吾骑兵张弓拔剑护卫，坊门安检也严格了很多。朝臣不敢再天不亮出门了。宪宗常常在御殿等了很久，朝班还没到齐。

刺客是平卢淄青节度使李师道的人。平卢淄青、魏博、成德、彰义（淮西），是四个令朝廷头疼的藩镇。不过，元和七年（812），魏博节度使归附了朝廷，赐名田弘正。元和九年，彰义节度使吴少阳死，儿子吴元济隐匿丧事，自领军务。

朝廷平定四川后，就有征讨淮西的打算。但当时忙于讨伐成德王承宗，顾不上淮西。吴少阳手下的判官苏兆、杨元卿、大将侯惟清曾劝吴少阳入朝。吴元济领军后，杀死苏兆，囚禁侯惟清。杨元卿在长安奏事，把淮西的虚实和取吴元济之策告诉了宰相李吉甫，请求征讨。吴元济听说后杀了杨元卿妻子和四个儿子，用血涂了箭靶。

李吉甫的奏请征讨，宪宗本来同意了，但新任宰相张弘靖提议先为吴少阳辍朝、赠官，遣使者慰问，看看吴元济的反应，如果无礼，再讨伐不迟。于是，宪宗派工部员外郎李君何去吊祭。吴元济不仅不迎接，还发兵屠戮舞阳，烧了叶县，劫掠鲁山、襄城，让关东震骇，李君何没进淮西就回去了。吴元济纵兵侵掠，几乎打到东都，朝廷命令宣武等十六道进军讨伐。这是元和九年的冬天。

吴元济向王承宗、李师道求助，王承宗、李师道上表请求赦免吴元济，朝廷不同意，李师道就发兵两千跑到寿春，声称征讨吴元济，其实是为吴元济增援。李师道平时蓄养刺客奸人，他们建议李师道烧掉河阴院积蓄的江淮租赋，以断官军粮草，还招募东都恶少数百人，劫掠市井，焚烧宫阙，打乱朝廷的征讨计划。

这是元和十年，李吉甫已经死了，朝廷主战派首领是宰相武元衡，其次是御史中丞裴度。韩愈还没有拜中书舍人，目前是考功郎中、知制诰。韩愈上《论淮西事宜状》，说淮西易平，"破败可立而待"，只看陛下断与不断。韩愈认为，诸道各发兵两三千没有什么用，各自势单力薄，又不熟悉淮西情状，士兵离家远，待遇差，没有斗志，而淮西周围的村落，百姓都有兵器，也熟悉战斗形势，愿意自备衣粮保护乡里，不如招募起来组成军队，等讨伐胜利再恢复农民身份。韩愈还说，蔡州士卒也都是国家百姓，平定后就不会作恶，不必杀戮太多。

不久，武元衡、裴度遭到刺客暗杀。裴度没死，卧床二十来天，宅第有卫兵把守，宫中不停派使者慰问。有人奏请罢免裴度，安抚王承宗、李师道。宪宗大怒，说罢免裴度正让奸贼得逞，朝廷还有什么纲纪，起用裴度足以破贼。遂任命裴度为中书侍郎、宰相，计议征讨。

元和十一年（816）正月，韩愈迁中书舍人。张弘靖罢相，充河东节度使。主战派势力抬头。短短四个月后，韩愈就被免去中书舍人，改为太子右庶子。太子右庶子虽然级别比中书舍人高，但是个闲官。

改官的理由有点荒诞。当年在江陵，上司裴均待韩愈很好。裴均的儿子裴锷名声不佳。裴锷离开京师时，韩愈赠他序，以字相称，表明是朋友。因此遭到弹劾改官。这当然只是表面原因，真实原因是韩愈主战。

元和十二年（817）秋天，已经是诸道兵马征讨的第四年，战事没有实质进展，粮草吃紧，有些农户甚至要用驴子耕地。宪宗很犯愁，问诸位宰相该怎么办。李逢吉等人说，军队没有战斗力，财政也快耗竭了，意思是要罢兵。只有裴度沉默不语。宪宗问裴度，裴度说，臣请求亲自督战。过了一阵儿，宪宗又问裴度，你真能替朕督战？裴度说，臣和此贼誓不两立，吴元济形势也很紧张，只是诸将不能一心，如果臣到军中，诸将怕臣争功，定会争相破贼。

于是，宪宗任命裴度为门下侍郎、同中书门下平章事（宰相），兼彰义节度使，仍充淮西宣慰招讨处置使；任命崔群为中书侍郎，同平章事。

诸道兵马之前的统帅是韩弘。裴度做招讨使，等于夺了韩弘的总指挥权。裴度说，我就不做招讨使了，称宣慰处置使就好。裴度奏请刑部侍郎马总为宣慰副使，右庶子韩愈为行军司马，宪宗一概应允。临行前，裴度说，贼灭，臣就回来朝拜；贼未灭，臣就不回来了。宪宗感动流涕。

八月，裴度出发，宪宗亲自到通化门送行。右神武将军张茂和曾向裴度炫耀胆略，裴度奏请他为都押牙，临出征时，他怯逃称病，裴度奏请斩他，以定军心。宪宗说，他祖上对国家忠顺，不杀了，贬远点吧，贬为永州司马。

裴度虽然不称"招讨使"，实际上还是统帅。韩弘从贞元十五年（799）起任宣武节度使。之前，宣武节度使是董晋。那时候，韩愈也在宣武军。贞元十五年二月，董晋死，韩愈随丧车离开。几天后，宣武军乱。监军俱文珍写密信让宋州刺史刘逸准引兵到汴州，结束了乱局。朝廷遂任刘逸准为宣武节度使，赐名刘全谅。刘全谅当年就死了，军人推举更早前宣武节度使刘玄佐的外甥韩弘为留后，朝廷承认了，韩弘就成了宣武节度使。

韩弘做宣武节度使之前，淮西吴少诚和刘全谅约定一起攻打陈州、许州，打下就把陈州给宣武军，韩弘把使者赶出客馆斩了，并率领三千兵士和各路军在许州城下攻打吴少诚。淮西的首领，吴少诚之后是吴少阳，吴少阳之后是吴元济。

韩弘虽然归附朝廷，在宪宗即位后还加同平章事，授司徒，但已经十多年不入朝，也是大藩镇。朝廷征讨淮西，任命他为统帅，他用美女、珠宝结交李光颜，笼络将士，但没打算迅速平定淮西。因为淮西一旦平定，朝廷强大，他就弱了。

现在，裴度征讨，韩愈主动提出去汴州游说韩弘，让他接受裴度指挥。

韩愈经过洛阳时，老友张署死在河南令任上。从三十九岁离开江陵，到现在五十岁，二人十一年没见了。张署仕途偃蹇，年近六十才任河南县令，上司比他还小。十一年前，韩愈、张署在江陵，张署得疟疾差点死掉，韩愈写诗说，"李花初发君始病，我往看君花转盛。走马城西惆怅归，不忍千株雪相映"。韩愈还劝他辞官到嵩山颍水归隐，自己随后也去。

倏忽十一年过去，张署与世长辞，韩愈也到了知天命之年。军务紧急，韩愈不能亲往哀悼，只好写了祭文，遣人祭奠。祭文中回忆了阳山、临武、湘水、洞庭的历历往事。随后，韩愈奔赴汴州，游说韩弘。游说很顺利，韩弘愿意受裴度指挥。

裴度走到襄城南白草原，淮西兵以七百骁骑阻击，被楚丘的曹华击退。八月底，到了郾城。以前，诸道军队都有宦官做监军，限制了主将的指挥权，如果打胜，先派人去朝廷报捷；如果打败，责任都推给军队。裴度来后，把这些人都奏免了。

一次，裴度到沱口察看形势，遭到淮西将领董重质的突袭，李光颜和田布力战，裴度才得以逃脱。董重质是吴元济的谋臣，指挥淮西精兵据守在洄曲。韩愈认为，精兵都在洄曲，蔡州必然空虚，他想率领精兵千人，直入蔡州取吴元济。裴度没同意。

不久，将领李愬派人到郾城，秘密请示裴度，提出同样的建议，裴度同意了。为什么裴度没同意韩愈却同意李愬了呢？一方面，李愬作战经验丰富，不久前，故意挑选凶日攻打吴房，对方没防备，被斩首千余级；而韩愈没有独立带兵的经验。另一方面，韩愈和裴度在一起，正和董重质对峙，突袭蔡州是重大行动，不好轻举妄动。此外，蔡州再弱，恐怕也不是千把人好拿下的，而李愬自己有上万兵马，就算突袭失败，对裴度的影响也有限。也可能韩愈提出的时候裴度就在考虑了，但不敢贸然决定，等李愬提出，裴度觉得可以让他试试。

十月的一天，李愬安排人镇守文城，命令李祐、李忠义率领三千人做前军，自己和监军率领三千人做中军，田进诚率领三千人做殿军。出了城，也不说去哪儿，只下令向东。走了六十里，天黑了，到了张柴村，李愬下令把戍卒和守卫烽火台的人全杀掉，命兵士稍微休息，吃点儿干粮，整顿好马匹，留五百义成军镇守，以切断洄曲和诸道的桥梁，然后引军出门。诸将问去哪，李愬说：去蔡州擒吴元济。

诸将大惊失色，监军哭着说：果然用了李祐奸计！是夜大风雪，旌旗吹裂，人马冻死不可胜数。张柴村向东的路，官军从没走过，人人都觉得此去必死，但又害怕李愬，不敢违命。半夜，雪越下越大，行军七十里后，迫近州城，城边有个鹅鸭池，李愬下令击打鹅鸭来掩盖军队的声音。

从吴少诚、吴少阳，到吴元济，蔡州城已经三十年没进过官军了，根本没有防备。四鼓时分，李愬军队开到城下。李祐、李忠义在城墙上掘出蹬坑，率先爬上，壮士随后，守门兵卒都在睡觉，全被杀死，只留下击柝的，命他照常击柝。随后打开城门，放入军队，用同样的办法进了里城，依然没人察觉。鸡鸣时，雪停了，李愬军队已经到了吴元济外宅。有人慌张跑去报告吴元济，说官军到了，吴元济还在睡觉，笑着说：是牢里俘虏跑出来了吧，早上就把他们全杀掉。又报告说城已经陷落，吴元济说：肯定是洄曲兵来要棉衣了。吴元济起身，听见李愬军队号令"常侍传语"，有近万人应答。吴元济害怕了，说哪个常侍能跑到这儿呢？这才率领左右登上牙城拒战。

吴元济的精兵都在董重质手里，据守在洄曲。李愬进入蔡州，到董重质家中，厚厚安抚，让董重质儿子带着信去洄曲劝降，说只要归降，保他不死。董重质立刻一个人骑马回来投降了。李愬命令李进诚攻打牙城，毁掉外门，进入军械库，第二天又烧掉南门，百姓都背着柴草相助，城上中箭中得像刺猬，下午四五点，门打坏了，吴元济到城上请罪，李进诚用梯子把他接下来，第二天，囚车押往京师，并向裴度汇报。当天，申州、光州和诸镇兵士两万余人相继归降。

擒住吴元济后，李愬没有再杀一个人。吴元济手下官吏、旧部，乃至厨子、马夫，都恢复了旧职，让他们不起疑心，屯在毬场等待裴度。董重质离开洄曲后，李光颜进入，洄曲军队也投降了。裴度带着万余降兵进入蔡州，李愬身着铠甲出迎，拜在路旁。李愬也是节度使，又刚立下大功，裴度要避开，李愬说，蔡州人顽劣悖逆，几十年不懂上下尊卑，让他们看看好知道朝廷尊严。裴度才受拜。

裴度依旧让蔡州吏卒做牙兵，有人认为太危险，劝裴度防范。裴度说，现在我是彰义节度使，元凶既已擒获，蔡州人就是我的人，为什么还要怀疑他们。之前，吴元济禁止蔡州人路上说话，夜间点烛、聚在一起吃饭喝酒都是死罪，现在，裴度下令废除盗抢之外的一切禁令，蔡州人总算有了生民之乐。

吴元济押送到京师，十一月斩首。宪宗要杀董重质，李恳力保，于是贬董重质为春州司户。

淮西平定后，成德王承宗坐不住了。有个叫柏耆的平民找到韩愈，说他愿意拿一封宰相的信游说王承宗，不用打仗就能让他降服。韩愈告诉裴度，就照做了。王承宗和田弘正联系，提出以两个儿子为人质，献出德州、棣州，缴纳租税，任用朝廷安排的官吏。田弘正替他奏请，宪宗一开始不同意，田弘正再奏请，宪宗不好拒绝，就同意了。

大军返回长安，韩愈迁刑部侍郎。朝廷要刻石纪功，韩愈就成了撰写碑文的不二人选。

七十天后，《平淮西碑》进上。这是一篇《尚书》风格的文章，典奥雄奇：

"……皇帝即位，对着进贡和地图说：上天把国家交给我，我治理不好，怎么见郊庙先祖？群臣震恐，奔走朝贡。明年，平夏；又明年，平蜀；又明年，平江东；又明年，平泽潞；于是安定易州、定州；魏州、博州、贝州、卫州、澶州、相州无不归附。皇帝说，不能黩武，稍事休息吧！

"九年，吴元济请领蔡州军务，朝廷不许，遂烧舞阳，犯叶城、襄城，震动东都。皇帝屡屡在朝中问起，除一两位大臣外，其他人都说：蔡州向来如此，五十年了，不用管它。下面万口附和。皇帝说：上天列祖把国家交给我，我岂能不力？况且还有一二人与我所见相同。于是安排诸将：光颜，你如何；重胤，你如何；韩弘，你如何；文通，你如何；道古，你如何；李愬，你如何；裴度，你督战。又说：裴度，只有你看法和我一样，命你为相，赏罚指挥交付于你；韩弘，你都统；守谦，你安抚。……十月，李愬用计，雪夜疾驰一百二十里，半夜至蔡州，攻破城门，擒吴元济。裴度入蔡州……"

韩愈的《平淮西碑》进上，朝廷没有采用，又命翰林学士段文昌重写了一篇《平淮西碑》，刻在石头上。

为什么会这样？

通常的说法是，李愬妻子认为韩愈写得不公，没有把平淮西的首功记给李愬，而是记给了裴度。她是唐安公主的女儿，唐安公主是宪宗的姑姑，因此，李愬妻子能出入禁中，她在宪宗面前告状，于是，韩愈的《平淮西碑》被磨掉，改成段文昌重写。

但我想，恐怕最主要的原因在韩愈自己。

韩愈进《平淮西碑》的时候，上了个表。表中说，接到撰写碑文的命令，"闻命震骇，心识颠倒，非其所任，为愧为恐，经涉旬月，不敢措手"。

好像有点夸张。但接下来说得更夸张：这块碑是要流传亿年的,一定要文笔好的人,才能胜任。如今,"词学之英,所在麻列;儒宗文师,磊落相望",外廷有宰相、公卿、郎官、博士,内廷有翰林禁密、游谈侍从,下诏让他们哪个来写,都没啥不行。至于我韩愈——

"自知最为浅陋,顾贪恩待,趋以就事,丛杂乖戾,律吕失次;乾坤之容,日月之光,知其不可绘画,强颜为之,以塞诏旨,罪当诛死……无任惭羞战怖之至。"

韩愈为什么这么说自己?而且,既然说碑文难写,为什么还说"词学之英,所在麻列",随便找个人就能写?以至于很多学者怀疑"麻列"的"麻"字错了。

其实,韩愈想说的正是:朝廷找谁写,都没问题,但是,要让我写,恐怕朝廷不会满意。

韩愈上表的时候,就很清楚碑文必将不讨喜。

因此,未必是李愬妻子的告状导致了段文昌重写。甚至,有可能韩愈的碑文压根儿没刻上去。至于后来传说有个石烈士,因为不满韩愈碑文而推倒大碑,恐怕是民间的演义了。

既然韩愈很清楚这样写不讨喜,为什么不写一篇讨喜的?

要知道,像韩愈这样的人,拿到一个好题目,是一定要照着自己的意思去写的。如果是烂题目,或者普通文人,倒可以按照领导的意思写。但韩愈这种人,碰到上好的题目,是绝对不会照着领导的喜好写的——那就白瞎了好题目。

因此,就知道韩愈为什么说"非其所任,为愧为恐""罪当诛死""无任惭羞战怖之至"。

韩愈想写一篇真正"动流亿年"的碑。仅仅刻在石头上是不能"动流亿年"的,说磨就磨掉了。

那么,让韩愈"强颜为之,以塞诏旨"的是什么内容呢?

关键是五个字:"度,惟汝予同。"

皇帝说:裴度,只有你看法和我一样——淮西必须打。

于是,其他的写再多都没意义了。

裴度不去指挥,诸将没有卖命的。大家都有小算盘,包括韩弘——韩弘十几年不入朝,淮西一旦平定,马上对朝廷恭敬起来。不久,李师道被诛,韩弘赶紧入朝,而且坚决辞掉军务,留在京师奉朝请。裴度没出征前,诸道十几万兵马合打一个小小的淮西,财政几乎耗竭,四年打不下。裴度出征,三个月不到,淮西平定。还有什么好说的?

李愬雪夜入蔡州擒吴元济,看起来好像偶然,其实并不偶然。吴元济被擒是十月。九月,韩愈和李正封在郾城,夜晚联句,李正封写,"雪下收新息,阳生过京索",意思是，等下雪时蔡州就平定了，十月就能班师回朝。

早在东征路上，韩愈就写诗和裴度说，"敢请相公平贼后，暂携诸吏上峥嵘"；送张贾诗说，"一方逋寇不难平"；赠马总诗说，"暂从相公平小寇"。

如果要实话实说，平定淮西本来就是小菜一碟。之前久攻不下，不是淮西太强，而是朝廷太菜，是诸道兵马都不肯卖力。韩愈上《论淮西事宜状》时，就看得很清楚，状中把淮西比喻成委顿的人，"三尺童子可使制其死命"。但没有用，诸将不能一心，皇帝又摇摆不定，以至迁延耽搁。裴度征讨时，韩愈要率千余精兵直入蔡州取吴元济，他迫切地想证明淮西真的是"小寇""不难平"，可惜没有任何人给韩愈机会。

现在，轮到韩愈写《平淮西碑》，他当然要释放出积郁。他必须实事求是地写他的看法。碑文结尾，韩愈写道，"凡此蔡功，惟断乃成"，这正是三年前《论淮西事宜状》的见解——"其破败可立而待也，然所未可知者，在陛下断与不断耳"。

表面看是歌功颂德，实际上，把裴度和少数主战派之外的人全骂了。碑文中明确写道：皇帝屡次在朝中问，众臣都说蔡州历来如此，不用管它；又说淮西兵强，不宜打，下面万口附和。

因此，韩碑不能用，完全不意外。

几十年后，李商隐写了首《韩碑》。

开头写了平定淮西的经过，接下来说：

> 帝曰汝度功第一，汝从事愈宜为辞。
> 愈拜稽首蹈且舞，金石刻画臣能为。
> 古者世称大手笔，此事不系于职司。
> 当仁自古有不让，言讫屡颔天子颐。

皇帝说，裴度你功劳第一，韩愈你该写篇文章。韩愈拜谢，手舞足蹈，说这正是我擅长的。这是篇大文章，当仁不让，我当然要写。天子频频点头。

> 公退斋戒坐小阁，濡染大笔何淋漓。
> 点窜尧典舜典字，涂改清庙生民诗。
> 文成破体书在纸，清晨再拜铺丹墀。
> 表曰臣愈昧死上，咏神圣功书之碑。

韩愈回去，斋戒后坐在小书房，大笔淋漓，用的全是《尧典》《舜典》的字，《清庙》《生民》的诗。写完进献，说臣韩愈昧死献上，歌咏圣德。

> 碑高三丈字如斗，负以灵鳌蟠以螭。
> 句奇语重喻者少，谗之天子言其私。
> 长绳百尺拽碑倒，粗砂大石相磨治。

碑高字大，灵龟背负，刻画着蟠龙。句子奇特古奥，懂的人少，有人向天子进谗言，于是长绳拽倒大碑，磨掉碑文。

> 公之斯文若元气，先时已入人肝脾。
> 汤盘孔鼎有述作，今无其器存其辞。
> 呜呼圣皇及圣相，相与烜赫流淳熙。
> 公之斯文不示后，曷与三五相攀追。

韩公文章像淋漓元气，之前就沁入人的肝脾。上古的汤盘、孔鼎早就泯没了，文辞却流传下来。如果没有韩公文章，圣皇圣相的盛德，怎么可能追攀三皇五帝呢！

> 愿书万本诵万过，口角流沫右手胝。
> 传之七十有二代，以为封禅玉检明堂基。

我愿手抄一万本，诵读一万遍，哪怕口角吐出白沫，右手生出老茧，也要让它流传百代，作为封禅的玉检、明堂的基石。

几百年后，苏东坡也写了首诗，很短，但更直接：

> 淮西功业冠吾唐，吏部文章日月光。
> 千古残碑人脍炙，不知世有段文昌。

淮西功业是大唐之冠，韩公文章是日月之光。残碑千载之下依然脍炙，世间没谁知道什么段文昌！

17.云 横 秦 岭

《平淮西碑》没有被采用,朝廷让段文昌重写,韩愈也没公开表露什么。身为刑部侍郎的他,又成了郑馀庆的下属。

此时,郑馀庆是尚书左仆射,奉命修订礼乐制度,任"详定使",他奏请刑部侍郎韩愈、礼部侍郎李程为副手。李程就是韩愈赴江陵途中寄诗的三位翰林之一。韩愈对礼乐制度有自己的见解,和李程起了争执。争执的具体内容不得而知,可以知道的是,四月刚刚拜礼部侍郎的李程,六月就调离了京城,任鄂州刺史、鄂岳观察使。

不知这和他与韩愈之间的争执有多大关系。毕竟,郑馀庆和韩愈更熟,而且,韩愈在平定淮西中立了大功,撰写的《平淮西碑》又没有用,朝廷总不好对韩愈太薄。

李程调离京城后,韩愈也有些失落。虽然二人有分歧,但李程还是不错的人。而目前的朝廷,虽然已经平定了淮西,但政治斗争依旧暗流汹涌。八月,韩愈的同年王涯,由宰相罢为兵部侍郎。

九月,户部侍郎判度支皇甫镈、工部侍郎程异升为宰相。皇甫镈为了做宰相,曾重金贿赂太监吐突承璀;程异兼任盐铁转运使,和皇甫镈一起,屡次向皇帝进贡羡余,由此得到恩宠。平定淮西后,宪宗也越来越骄奢。

皇甫镈、程异的任命公布之后,朝野骇愕,连大街上的贩夫走卒都嗤之以鼻。宰相裴度、崔群极力反对。裴度说,要让他们当宰相,我就辞职,我耻于和他们同列。裴度上表求退,宪宗不许。裴度又上书说:"皇甫镈、程异都是佞巧小人,皇甫镈判度支,聚敛多,恩惠少,下面的人恨不得要吃他的肉,之前皇甫镈裁损淮西粮料,军士都要暴乱了,正好臣到淮西行营,才努力遏止。他们听到皇甫镈做宰相,就要绝望了。程异虽然人品平庸,但心还不算坏,做点具体事务可以,宰相是不能胜任的。而皇甫镈的狡诈,天下皆知,只欺瞒陛下一个,可见奸邪之极。臣若不退,天下会说臣不知廉耻;臣若不言,天下会说臣有负圣恩……"

宪宗认为裴度是要结党,排斥异己,坚决任用皇甫镈、程异为宰相。当时,宫里把陈年缯帛交给度支使卖,皇甫镈全用高价买了下来,供给戍边的军队。缯帛朽败不堪,一打开就坏,军士把它堆到一起烧了。裴度又上奏。皇甫镈跑到宪宗面前伸伸脚说,陛下看臣这双靴子,就是从宫里买的,两千钱,坚实耐用,能穿很长时间,裴度是在胡说。宪宗相信了。

宪宗为"中兴"沾沾自喜,生活越来越奢靡,开始想着长生不老,于是下诏寻求方士。宗正卿李道古之前做鄂岳观察使,贪婪残暴,担心获罪,希望讨好皇上,就通过皇甫镈推荐山人柳泌,说柳泌能合成长生药。于是宪宗下诏,让柳泌在兴唐观炼药。炼了没几天,柳泌说,天台山是神仙聚集的地方,有灵草,臣虽然知道,但没能力去采,希望到那里做个长官。宪宗说,没问题,就让柳泌权知台州刺史,赐服金紫。

让一个完全没有执政经验的人当地方官,简直是胡闹。谏官纷纷论奏。宪宗说,动用一个州,让人主长生不老,做臣子的还不情愿吗?群臣就不敢再说什么了。

十一月,功德使上奏,说凤翔法门寺塔中有佛指骨舍利,相传三十年一开,开塔就会年丰民安,来年要开了,可以把佛骨迎到长安。十二月,宪宗让宫中使者率领僧众去迎接。

这一迎,迎出了一篇《论佛骨表》。

"吏部文章日月光"说的是《平淮西碑》。但要说在历史上留下的光辉，十篇《平淮西碑》也抵不上一篇《论佛骨表》。如果一定要在韩愈一生璀璨如星辰的文章中，找篇第一重要的，毫无疑问是《论佛骨表》。

历史上，反对佛教的文人不少，如果一定要排出谁是第一人，应该就是韩愈。"三武一宗"灭佛，是举国的政治力量。而靠匹夫之力排斥佛教，恐怕没人在韩愈之上。但韩愈此举无异于螳臂当车，在当时并没有给佛教带来任何影响，倒给自己带来了重创。

韩愈年轻时就反对佛教。用他的话说，小时候除了三代的书，不敢看别的；除了做圣人，不敢有其他志向。因此，虽然唐朝佛教兴盛，但韩愈却对佛教缺乏了解。他接触到的多是被世俗化了的佛教，像"俗讲""捐功德""造大殿"等。真正的佛教教义，韩愈很隔膜。

历史上同样反对佛教的朱熹、王阳明就不同，他们都在年轻时下功夫了解过佛教。但囿于时代，他们对佛教的了解也不全面。王阳明虽然了解不少，但几乎只限于禅宗。相对来说，朱熹了解多一些，天台、华严的教理也看过，但也都是些中国佛教的东西。站在整个佛教的版舆上看，那些是后出的，是佛教的一隅。而作为佛教根基的经典和解释它的阿毗达磨，朱熹也不熟悉。但这不是朱熹的问题，在南宋时，几乎没有了解那些的可能。

韩愈年轻时，张籍写信批评他，说这么多人受异端影响，你为什么不写文章批判？当时韩愈才三十岁，在汴州幕府，他回复说：

"现在信佛、信道的，往低了说，是公卿辅相，我岂敢昌言排斥？碰到可以教诲的，跟他说说，尚且不容易，有时还会引发争论。如果写成书，读到之后愤怒的人不知会有多少，肯定以为我无知狂妄。连自己都保不住，写书有什么用？孔子可是圣人，子路没来之前，多少人骂他欺负他。后来在陈国绝粮，在匡地遇险，奔走仓皇。孔子道德那么尊贵，一生还那么窘迫。幸亏有众多弟子持守，才传及天下后世。如果他独自待在家里写书，怎么可能流传到现在？佛教、道教在中国流行六百多年了，根深蒂固，不是朝夕之间可以改变的。"

三十六岁的时候，韩愈在送文畅法师的序里公然排斥佛教：

"文畅，是僧人。如果想听佛教的道理，找他们的师父就可以了，干嘛来找我们？可见，是他看到儒家君臣父子之懿德，文物事为之盛况，心里羡慕。他拘于身份，不能入儒家的门，所以才想听听儒家的道理，向我们请教。那我们就该告诉他二帝三王之道,日月星辰之行,天地之所以著,鬼神之所以幽,人物之所以蕃,江河之所以流,不该用佛教的说法来敷衍他。"

再后来,碰到灵法师、惠法师,韩愈也明确表示和他们不是一路,还劝他们弃佛归儒。韩愈在东都判祠部时,天天和宦官斗,勒令出家人还俗,也没什么后果。

但这次不一样了。韩愈遭遇了大灾难。这种大灾难,并非因为反对佛教,实则因为反对皇帝。这大灾难,也恰恰成就了韩愈,成为他的大荣光,是他人生中最闪耀的一笔。

唐朝的佛教,从武则天往后,发展势头越来越迅猛,世俗化越来越严重,给国家和社会带来了沉重的负担。为此,总有不少人上疏提出限制佛教。武则天时期,有狄仁杰、李峤、张廷珪、苏环;唐中宗时期,有韦嗣立、桓彦范、李乂、辛替否、宋务光;往后,睿宗、玄宗、肃宗、代宗、德宗……每个时代,都不乏其人。本来,韩愈在数不清的人臣中也只是普普通通的一员。但《论佛骨表》以极其坚决的言辞、无比激烈的态度,让其他人都黯然失色了,后世只记住了韩愈。

不过,如果仔细考察韩愈所谓"辟佛",会发现事情并非"贴标签"那样简单。因为,宪宗是否信佛,或者说,宪宗的行为是否是佛教所认可的，以世俗的标准和以佛教教义的标准来看，会有完全不同的结论。

以佛教本身的标准来考察，宪宗是不能称为信佛的。佛教有"三法印"，一种见解是不是佛法，要拿"三法印"来印证。接受"三法印"，就是信佛；不接受，就不是。标准很明确。"三法印"是诸行无常、诸法无我、涅槃寂静。其中诸行无常，是说世间一切法都有生有灭，不可能恒常存在。宪宗皇帝始终抱着求长生的想法，显然是没有接受"三法印"。此外，从形式上看，佛教有"三皈依"：皈依佛、皈依法、皈依僧。第一条皈依佛，就要求永不皈依天魔外道。宪宗皇帝同时信道教，求方士，就破了"三皈依"，在形式上也算不得信佛。佛教自身的标准是很明白的。但如果以世俗的标准来看，他迎请佛骨，那自然是信佛的皇帝。

佛陀预言过正法的沦亡。正法之所以会沦亡，就是因为世间不可避免要发生这样的事情，要出现宪宗皇帝这种"信佛者"，出现"广张罪福资诱胁"的"出家人"。

元和十四年（819）正月，宫中使者杜英奇率领三十多个宫人和僧众，持着香花到临皋驿迎接佛骨。从光顺门进入大内，留在宫中三天，然后送到长安各寺院接受供养。无论王公大臣，还是士子百姓，都竞相奔走施舍，唯恐在后。

这种行为，引发了京城大骚乱。当时的长安骚乱到什么程度，已经无从了解，但我们可以参考《资治通鉴》和苏鹗《杜阳杂编》记载的咸通十四年（873）的迎佛骨，由此略窥一斑。

韩愈的《论佛骨表》是元和十四年写的。二十六年后，唐武宗下令灭佛。其实，灭佛的举措与动力不应该归到唐武宗一个人头上，这背后有一百多年来积重难返的压力。在韩愈之前，屡屡有人臣论谏佛教给国家、社会带来的压力和弊端，朝廷大都嘉纳。假如宪宗对待韩愈的论谏，能像武则天对待狄仁杰那样，就会稍稍纾解佛教和民生的矛盾，也许就不会有后来的武宗灭佛。不过，即便武宗做了灭佛的严厉举措，之后不到三十年，迎佛骨的事情还是再次出现了。

从佛教史上看，隋唐是佛教的鼎盛时期，中唐以后，急剧走向了下坡路。"罪魁祸首"常被归结为显而易见的"武宗灭佛"。但如果考察佛教和社会发展的内在动力，恐怕唐朝那些恭迎佛骨的皇帝对佛教的败坏程度，不在武宗之下。

咸通十四年，懿宗遣使者去法门寺迎佛骨，很多大臣劝谏，有人甚至说，迎了佛骨反而死得更快——这种说法就是之前韩愈的《论佛骨表》提出的。懿宗说，能见到佛骨，就算死了也不遗憾。于是，用金银做成宝刹，珠玉做成宝帐、香异，用孔雀毛装饰，小的高一丈，大的高两丈，上面全盖上金银。一座宝刹要上百人抬，宝帐香异不可胜数。又用珊瑚、玛瑙、珍珠、绿宝石缀在幡幢上。从长安到法门寺，三百里间，全是车马，昼夜不绝。

四月初八，佛骨迎入长安，禁军的仪仗，朝廷和私人的音乐，铺天盖地，绵亘数十里。懿宗到安福寺亲自顶礼，眼泪浸湿了衣襟。长安豪奢的家庭争相装饰了车马，穿着华贵的衣服赶来，道路水泄不通。无数百姓扶老携幼来观看。有军卒站在佛前，挥刀砍断左臂，用肉躯供养。右手举着砍断的胳膊，一步一叩头，血流满地。跪在地上一步一拜、咬掉手指、割截头发的供养者，多不胜数。有僧人把点着的艾草扣在头顶，叫"炼顶"，火烧起来，疼痛发作，立刻掉头呼号，坊市少年死死拽住他不让动，他疼得不能忍受，卧倒在路上号哭，头顶烧得焦烂，围观者无不唏嘘。

韩愈的时代还达不到这种惨烈程度，但韩愈已经看到，假如放任下去，必然会出现不堪设想的后果。于是，佛骨还正在长安各寺巡展，韩愈就不能忍了，上了《论佛骨表》：

"佛，不过是夷狄之一法。东汉时才传到中国，上古根本就没有。上古的黄帝，在位百年，活了一百一十岁。少昊在位八十年，活了一百岁。颛顼在位七十九年，活了九十八岁。帝喾在位七十年，活了一百〇五岁。帝尧在位九十八年，活了一百一十八岁。舜、禹都有百岁。当时天下太平，百姓安乐长寿，中国有佛吗？没有。

"殷汤活了百岁，太戊在位七十五年，武丁在位五十九年，虽然没记载活了多大，推算起来，应该都不下百岁。周文王九十七，武王九十三，穆王在位百年，这时，佛法也没传到中国。他们都不是因为事佛才长寿。汉明帝时有佛法，明帝在位才十八年。之后乱亡相继，运祚不长。宋、齐、梁、陈、元魏以下，事佛越来越恭谨，寿命和在位时间尤其短促。只有梁武帝在位四十八年，曾经三次舍身布施，宗庙祭祀也不用肉，每天一顿，只吃蔬果，后来竟被侯景逼迫，饿死台城，国家很快灭亡。事佛是为了求福，却招来祸患，由此看来，佛不值得事奉。

"高祖从隋朝受禅时，就考虑灭除佛教。当时群臣没有远见卓识，不能深知先王之道、古今之宜，推阐圣人的明德，挽救流弊，因此搁置了。臣常常抱憾。陛下神圣英武，千百年来无人能比。即位之初，就不许度人为僧尼、道士，也不许创立寺庙、道观。臣常以为，高祖的志向要在陛下手里施行了，如今纵然不能施行，又岂能放纵？听说陛下令群臣迎佛骨于凤翔，亲自登楼观瞻，还抬入大内，又让各寺院依次迎请供养，臣哪怕至愚至陋，也必然知道陛下绝不可能被佛教蛊惑，推崇供奉，求福佑吉祥。只不过是年成好，百姓高兴，让大家热闹热闹。圣明的头脑怎么可能相信这种荒诞事？

"但百姓愚昧冥顽，容易迷惑，不晓道理，见陛下这样，还以为陛下真心事佛，都会说，天子大圣，还一心笃信，我们百姓还在乎身体性命吗？焚头顶，烧手指，百十人聚集成群，解开衣裳，到处散钱，从早到晚，竞相效仿。从老人到小孩，都在街头奔波不已，工作也荒废了。再不禁止，巡迎下去，一定会有断臂残身供养的。伤风败俗，传笑四方，不是小事。

"佛本是夷狄之人，和中国言语不通，衣服殊异。口中不说先王的法言，身上不穿先王的法服，不知君臣之义，父子之情。即便佛现在活着，来到京师，陛下容忍他，接见他，不过在宣政殿见个面，招待一场，赏赐他一身衣服，再派人送出境，以免蛊惑百姓。况且佛死了这么久，骨头都枯朽了，凶秽的遗骸，哪里适合迎到皇宫？孔子说，敬鬼神而远之。古代诸侯行吊，还要让巫祝先用桃茢祓除不祥。现在无缘无故取朽秽之物，亲临观看，不用巫祝，不用桃茢，群臣没谁讲这不对，御史没谁讲这不该，臣实耻之。

"臣乞求将骨头交给有司，投于水火，永绝根本，断除天下后世的疑惑,让天下人都知道,大圣人的作为是怎样非比寻常,岂不盛哉!岂不快哉!佛如有灵,能作祸祟,一切报应,宜加臣身。上天鉴临,臣不怨悔。"

《论佛骨表》上的时间非常不好。这时候,事情已经发生了。迎也迎了,皇宫也请了,百姓也供养了。正在仪式当中,韩愈突然跳出来痛斥。如果迎佛骨前上表,效果也许会不太一样。孔子说,"成事不说,遂事不谏,既往不咎"。事情发生大半,再劝谏,明知道很难阻止了。当然,不劝谏,继续下去,会更嚣乱。

这时,整个朝廷都在庆贺,百姓都在狂欢,在宪宗眼里是举国欢庆的事,韩愈突然兜头痛斥,太犯忌讳了。不是宪宗不能容忍反对佛教,是事情到这个节骨眼,已经不是反对佛教了,是当众打宪宗的脸。

那韩愈为什么不提前劝谏,非要等到这一步呢?因为,单纯说"反对佛教"只是个空洞的概念。单纯说"迎佛骨",和亲自看到疯狂的场面,冲击力是完全不同的。

韩愈是刑部侍郎,朝廷重臣。整个朝廷都没有人站出来,那这件事是要在史书上留下一笔的。这是极不光彩的。后世看到这个时代,看到韩愈在刑部侍郎的位置,而没有站出来说话,就是大节有亏。

孔子说，"陈力就列，不能则止"。在什么位置上，就干这个位置该干的事，不然，就离开。迎请佛骨，把京城搞成这样子，如果没人出来反对，就是整个朝廷的耻辱、时代的耻辱。韩愈上《论佛骨表》的动机，就四个字：臣实耻之。

南宋朱熹也是这样，他一生在朝只有四十多天。短短四十多天里，他对一切事情都要发言。皇帝气不过，把他免了。孝宗下葬的事，皇帝定了，其他人都不敢再提，朱熹还要提。罢官后，回到老家，孝宗下葬前一天，朱熹远隔千里，对着大雨感喟：满朝文武，没有一个济事的！

《论佛骨表》进上，宪宗暴怒。过了一天，宪宗拿给宰臣，说你们看看韩愈写的是什么东西！要处以极刑。

裴度、崔群赶紧劝谏。他们都是宰相，和韩愈的关系都很好，说话也很有分量。但他们也不敢说迎佛骨错了，只说："韩愈确实有罪，该罚。但如果不是忠心耿耿，不怕处罚，也不敢冒险进言。韩愈虽然狂妄，但杀了他，就没人敢再进谏了。为了言路，对韩愈宽容点儿吧。"

宪宗说："韩愈说朕事佛过头，朕还可以容忍；但他说东汉以来，事佛的帝王个个短命，何其悖逆！身为人臣，胆敢如此狂妄，绝不能赦免！"

而皇甫镈和程异这两位宰相，素来和裴度、崔群不合，早就想削弱裴度的势力,皇甫镈主张对韩愈从重处罚。

不过,韩愈名望太高,听说要砍韩愈的头,国戚诸贵都来求情,说处罚太重。最终,韩愈被贬为潮州刺史。他的朋友冯宿也被怀疑参与起草《论佛骨表》,外放为歙州刺史,就是之前陆傪外放的地方。

潮州也在岭南。之前,韩愈长兄韩会被贬到韶州,不久就死了。韩愈也曾贬到阳山。阳山和韶州都是岭南。但岭南和岭南也是不一样的。韶州离长安四千九百多里,阳山也差不多,而去潮州,要先经过韶州,之后还有三千里。

当年被贬阳山时,韩愈担心自己不能活着回来。那时候,头发斑白,牙齿动摇,觉得自己老了。现在回头看,那时还很年轻。此去潮州,比阳山险恶得多,恐怕没有生还的希望了。

这次罪更重,必须马上出发。上次被贬是腊月,这次是正月。上次被贬前是监察御史,这次是刑部侍郎。上次还有张署同路,这次是孤身一人。在最冷的时候,韩愈又被赶出了京师。

韩愈不知道,他离开后,全家都被赶出了长安。韩愈一家人口不少。小时候跟着兄嫂长大,侄子十二郎死后,孩子都跟着韩愈过活。韩愈自己有一个儿子、四个女儿。最大的韩昶二十一岁，其他都还没成年。三个堂哥的孩子也跟着韩愈。加上仆从，一家将近百口，全被赶出京师。三年前，韩愈在《示儿》诗中说，"中堂高且新，四时登牢蔬"，辛勤三十年，在长安城中买的宅第，才住了三年就举家被赶出了。

出了长安，过了南山，又是蓝田关。十三年前陪自己经过这里的张署，已经作古。经常有贬谪的人走到蓝关，接到诏书，内容是赐死。韩愈出长安后，韩湘得知叔祖被贬，赶紧追来陪同上路。走到蓝关，只见宿云横亘，大雪簇拥，马不肯再向前了。

韩愈又不能不写诗：

《左迁至蓝关示侄孙湘》

一封朝奏九重天，夕贬潮州路八千。

欲为圣明除弊事，肯将衰朽惜残年。

云横秦岭家何在，雪拥蓝关马不前。

知汝远来应有意，好收吾骨瘴江边。

知道你远来的心意——好在瘴江边，收了我老朽的尸骨！

18. 潮 人 识 孟

贬谪路上的韩愈,当时并不知道一件更凄惨的事。

家人被赶出京城后,沿着同样的路去岭南。走到商南层峰驿,韩愈的小女儿韩挐病死了。这是他最小的女儿,才十二岁。

后来,韩愈没有死在南方,回来了。回来后,还立了一件大功,做了吏部侍郎、京兆尹。那时候,才有条件把韩挐的遗骨迁回老家河阳。回迁时,韩愈写了篇祭文:

"某年某月某日,爹爹妈妈,让你奶妈用清酒、时令的瓜果和佳肴,祭奠在第四小娘子挐挐灵前:唉!你病得最厉害的时候,正赶上我被贬南方。仓促地分开,让你受到很大的惊吓。我看着你的脸,心想恐怕再也见不到了。你看看我,难受得哭都哭不出来。我离开以后,全家都被赶走了。把你扶上车,从早走到晚。天上下着雪,地上结着冰,生病的你又被冻坏了。走到最艰险的地方,也不让停下来歇息。

没有吃的喝的,你又渴又饿。死在穷山里,不是你的命呀!不能让你免于水火,是当爹当妈的有罪。你到这一步,不都怪我吗?

"草草地把你埋在路边,连棺材都不像个样子。埋了就得立刻走,连在旁边守着看着的人都没有。你的魂魄孤单地留在这儿,你的骨头埋在荒寒的野地里,没有什么依靠。哪个人不死呢?但像你这样,也太冤了!我从南方回来,路过哭你。你的眼睛,你的脸,都在我面前;你的心意,你的情感,都像活着的时候一样,我哪能忘得了!现在,碰到好的年份,我要把你接回家。你别惊慌,也别害怕,咱们平平安安地上路。你看,这有好吃的,又香,又甜;这棺材和车子,都很漂亮。咱们回家去,一家人永永远远在一起!"

把韩挐的遗骨迁回,是韩愈死前一年的事情。现在,韩愈还在贬谪的路上。他出了陕西,进入河南,在商洛县东的武关,碰到一批流放到湖南的吐蕃人。他们伤心得不得了。韩愈说:你们不要伤心了,湖南离得近,还有望活着回来。我罪这么重,肯定回不来了,潮州离长安八千里呢!

驿路上,有无穷无尽的堠子。堠子是堆在路旁的小土堆,用来计里程。每过五里,有一座;十里,有两座。韩愈经过无穷无尽的堠子,写了首《路傍堠》:

> 堆堆路傍堠，一双复一只。
>
> 迎我出秦关，送我入楚泽。
>
> 千以高山遮，万以远水隔。
>
> 吾君勤听治，照与日月敌。
>
> 臣愚幸可哀，臣罪庶可释。
>
> 何当迎送归，缘路高历历。

一堆堆路旁的堠子，

一双、一只；一双、一只……

迎我出了秦关，

送我进入楚泽。

遮住长安的高山成千，

隔绝家人的远水上万。

辛勤听政的君主，

像日月鉴照天下。

我的愚昧，大可悲哀；

我的罪过，差可免却。

什么时候还能看着我回来？

这堆在路旁，高耸分明的土堠！

这首诗极有味道，尤其是后几句。诗的语言，和说话很不一样。"吾君勤听治，照与日月敌"，难道此时的宪宗真的勤于听政,明察秋毫,像日月鉴照天下?

可是,韩愈不能不这么写。作为臣子,能说什么?在《论佛骨表》中,韩愈也只有说,臣虽然至愚至陋,也知道以陛下的圣明,是不可能相信荒诞不经之事的。

傲慢的皇帝做了愚蠢的决定,让忠悃的臣子遭遇如此不幸。但不能埋怨。在朝廷,犯颜直谏,可以;在江湖,讥讽埋怨,有违人臣之道。当年贬谪阳山,韩愈答张署的诗,也是说"未报恩波知死所,莫令炎瘴送生涯"。

有人读了《路傍堠》,以为韩愈认识转变了,觉得论佛骨是愚昧的,开始渴望哀怜和同情,并乞求原谅。这不惟不了解诗,也不了解人心。

韩愈说,"臣愚幸可哀",不是要别人哀怜,是自己哀怜自己。"臣罪庶可释",意思是"我的罪,差不多可以免去",这不是说希望免掉自己的罪,也不是说经历了这些苦难,就抵消了罪。真正的意思是,"我是无罪的"。但不可能直接说"我是无罪的"。我是无罪的,那谁有罪?岂不是天子有罪?朝廷有错?只好说"臣罪庶可释"。

"照与日月敌",表面看是说天子明鉴如日月,实际上藏着另外一重意思:我是否有罪,日月在上,可以鉴照。可这层意思,只能委婉地藏着。说什么好呢,只好说:什么时候还能看着我回来——这迎来送往、绵延不绝、高耸分明的土堠!

商洛和邓州之间有个小小的驿站,曲河驿。韩愈早上走到这里,凄然伤情。他看见群鸟栖息在庭前树枝上,乳雀飞过屋檐下的窗棂,想到鸟雀都有家,而自己身负重罪,孑然踏上漫漫征程,无法和亲人相见,家中珍爱的图史也都抛弃了。

走到邓州界,韩愈又写了首诗:

潮阳南去倍长沙,恋阙那堪又忆家。
心讶愁来惟贮火,眼知别后自添花。
商颜暮雪逢人少,邓鄙春泥见驿赊。
早晚王师收海岳,普将雷雨发萌芽。

往南去潮阳,走到长沙才是一半。忘不了朝廷,又想念家人。愁思煎熬着心,像藏了团火;自打离开后,眼睛一天比一天花。晚上的商颜山下起了雪,都不见行人;邓州的边鄙,是无尽的春泥和遥远的驿站……什么时候,王师能收伏海岳,像天降雷雨那样赦过宥罪。

南阳城外,桑树下是青青的麦苗。不断有行人离开城郭去郊外。春天来了,鸠鸟唧唧喳喳鸣个不停。离秦关、商洛越来越远,浩浩荡荡的湖海在面前纵横铺开……

二月初二，到了宜城外，满眼都是小坟头。城阙连云，无际的荒草枯树。不知谁怀念楚昭王，用茅草搭了棚子，算是庙，每年还有百姓来祭奠。

走到衡阳、郴州之间，桂管观察使裴行立派元集虚来慰问韩愈。元集虚排行十八，韩愈称他元十八。元十八和柳宗元是朋友。他不仅读儒家的书，佛家、道家、诸子百家，无所不读。三年前，柳宗元曾写文章给元十八，说：

"司马迁说，世间学孔子的，经常贬抑老子；学老子的，又贬抑孔子；道不同不相为谋。其实，孔子和老子也不矛盾。至于杨朱、墨翟、申不害、商鞅，虽然彼此有很多矛盾，但各有各的用处。司马迁死后，佛教传到中国，更加夸张怪诞。河南元十八，宏大质直，渊博贯通，彼此矛盾的道理，在他这儿都能圆融。好的，他发挥；不好的，他舍弃。只要和孔子同道，就能明白他的好。"

韩愈看过那篇文章。当时，韩愈很不认同，批评柳宗元说：和孔子相同，就对；和孔子不相同，就错；不同的学说，怎么能乱掺和？

现在，韩愈见到了元十八。元十八带来了书和药。书供韩愈消遣，药是怕水土不服。贬谪途中，不便停留，元十八陪着韩愈走了十来天。韩愈非常感动，临别时写了六首诗相赠：

其一

认识的人早已不在眼前,

我又走了那么远。

一天到晚稀里糊涂,

只是默默睡觉吃饭。

哎呀,你是做什么的?

冠珮鲜明地站在我面前。

你学的是哪一家?

好像兰蕙般的君子。

你对什么潜玩光辉?

直到这样的年纪。

你和光同尘,

不直露锋芒棱角。

也许是师从绝灭礼学的老子,

不以才艺自荐。

你是如何做到的——

独自柔顺而美好。

你发出金石般的声音,

开启了严整的堂庑。

谁能想到世间还有你这样的君子?

谁能了解你的学问和才华？

只恨我没有住处，

不能留你歇息。

现在，你要走了，

我只好写诗来表达留恋。

其二

英伟的桂林裴公，

真是文武双全。

劳烦贤德的元十八，

慰问放逐的韩退之。

南国的边裔都是山海，

道路曲曲直直。

风波随时可能起，

只怕遭遇种种不测。

你的前路真不容易，

我的命运也不知如何。

现在分别了，能说些什么？

只有擦拭不完的泪。

其三

我的朋友柳子厚，

有才能又贤善。

没认识你的时候,

我就看过他写给你的文章。

早晚想着你的风采,

于今已经三年。

谁能想到流放的路上,

你和我能十来天相伴。

以前就听说你不少,

接触了,收获又远胜从前。

可是,为什么还要分手?

真让我忧闷不已。

其四

亲近有权势的,

远离被排斥的。

骨肉间还难免如此,

更何况是素不相识。

高尚的桂林裴公,

勇武又仗义。

平生不曾接触过,

待我却胜过亲友。

送我几幅书卷，

还有珍贵的药物。

药物防治瘴疠，

书卷调养精神。

我流放到天涯，

怕是不能再回来。

穷途谨致感激，

但见肝胆之轮囷。

其五

怕读书不多，

怕义理不明。

怕自满不学，

怕不能践行。

这四种问题，你都没有，

你的硕果，繁花灿烂。

朝廷渴望贤才，

你不该太谦退。

可惜我被摈南海，

不能助你的飞鸣。

其六

寄给龙城柳子厚一封信,

你的千里马何时驾回?

我在峡山碰到飓风,

更有雷电在山谷间相撞。

乘着浪潮颠簸在扶胥口,

逼近的两岸像竖起一根头发。

崖石虽然坚固,

相撞也会纷碎。

屯门地势虽高,

也被飞涛掩没。

我有罪过不足顾惜,

你的性命不可轻忽。

为何不忍分别?

是感激镌刻进了血骨。

虽然在诗里,韩愈赞扬裴行立"英英桂林伯,实维文武特""巍巍桂林伯,矫矫义勇身",但到潮州待上半年后,韩愈渐渐清楚,裴行立实在是个庸才。

裴行立曾向朝廷提出征讨岭南叛乱的黄家贼,这也是韩愈说他"文武特"的原因,岂料到后来韩愈离开潮州到了袁州，征讨还是没有效果。韩愈在袁州时，裴行立死了。阳旻接着征讨，也没效果。后来，韩愈回到朝廷时，朝廷还打算继续派人征讨，韩愈因为在岭南待了一段时间，熟悉黄家贼的情状，就很反对，上了封《黄家贼事宜状》，说：

"近年的征讨，源于裴行立、阳旻。这两个人没有深谋远虑，只图邀功求赏。他们看到贼没有屯聚时的状态，觉得势单力薄，容易摧破。朝廷信了，准允了，用兵两年，前后上奏说杀的贼数加起来不下一两万。如果属实，贼早就消灭了。可现在贼还是那样，可见在欺罔朝廷。邕州、容州也因此凋敝。战争疾疫令十室九空，百姓怨声载道。阳旻、裴行立相继死去，实在是因为妄自邀功，造作战事，人神共嫉，才有如此祸殃。如今任用的严公素，也不是抚御之才，他继续请求攻讨，这样下去，恐怕岭南没有安宁的时候。

"诸道发兵南讨，实际上起不到作用。山川不熟，水土不服，士兵常常死于疾疫。江西发兵四百人，不到一年，活着的不剩一百。岳鄂发兵三百人，只活下来四分之一。……岭南地广人稀，贼所在之处更偏僻，也没必要赶尽杀绝。只要在当地招募人防守好，来了就抵御，去了也不必追。或者趁改元之际，赦免他们的罪，派个人去宣谕，他们也许就望风降伏，岭南就安定了。"

哪怕裴行立对自己有恩,韩愈的批评也相当严厉。裴行立已经死了,是原因之一。更重要的原因,是这样打仗苦了百姓。

在元十八陪伴的这些天里,韩愈到了乐昌,就是岭南了。乐昌有条河,叫昌乐泷(念"双")。这条河从湖南临武流经乐昌,进入韶关,因此也叫武水。昌乐泷很险,船常常撞上礁石。

韩愈问泷头小吏离潮州还多远,什么时候能到,潮州的风土人情怎样。小吏说:"大人为什么来问我!就好比在京城做官,怎么能知道东吴的情况?因为到东吴做官的人多。潮州是罪犯流放的地方,我又没犯罪,哪里知道潮州怎样。大人到了自然就会知道,急着乱问干什么?"韩愈又惊又愧。

小吏笑了:"大人不要紧张,我是开玩笑啦。其实呢,岭南都差不多啦。只不过,这里过去还比较远,要再走三千里。潮州有恶溪,有瘴气、毒雾,还经常打雷闪电。鳄鱼比船都大,牙眼吓死人了!潮州往南几十里,是大海。经常刮台风,可以把人吹飞房子掀翻的喔。不过呢,不管遇到什么,面对就好啦。听说也有从潮州活着回来的囚犯。现在国家清明,大人被贬,就不需要解释啦。既然不小心犯了罪,最好赶紧老实上路，干嘛在水边失意呢。人好比缸瓶，大缸就装多点，小瓶就少装点，小瓶又想多装，就像大人现在这样子咯。就算是工匠农民这些小老百姓，也都能守好自己的饭碗。大人在朝廷做官，对国家有贡献吗？不会是那种文武都不行，靠仁义装点门面来混饭的吧？"

韩愈赶紧拜谢说，我一开始就很惭愧，听您这么说，更羞耻了，我当了二十余年官，没为国家做过任何贡献，您批评的每一句都说中了。我没被砍脑袋挨板子，已经是皇恩浩荡了。潮州虽然远，虽然很糟糕，但对我来说已经够宽大了，我敢不庆贺吗？

四月二十五，韩愈到了潮州。

潮州有个大颠和尚，年近九十，是北方人，读过书。韩愈和他有过几次来往。半年后，韩愈调去袁州，临走给大颠留了衣服作别。

于是有人说，韩愈信佛了。孟简写信问韩愈有没有这回事。孟简参与翻译过《大乘本生心地观经》，也算信佛——也和宪宗一样，吃药求长生。韩愈回信说：

"这是虚妄的流言。我在潮州认识一位大颠和尚，聪明，明白道理。潮州找不到能说话的人，就把他从山中召到城里，住了十来天。他能脱略形骸，发挥义理，不被外物侵乱。我和他聊,虽然不能全明白,但胸中没有滞碍。觉得很难得,就和他来往。我去海上祭神,还顺路看望他。后来离开,又留衣服作别,这是人情,并非崇信他的法,求福田利益。

"孔子说,丘之祷久矣。君子行事做人,自有法度,圣贤事业,书中都有。效仿圣贤,仰不愧天,俯不愧人,内不愧心,善恶自会带来吉庆和祸殃,哪有抛弃圣人之道、先王之法,跟随夷狄之教求福利呢!……即便释氏能给人带来祸祟,也不是正道君子惧怕的,更何况万万不能。佛是什么人?是君子还是小人?如果是君子,必然不妄加灾祸于守道之人,如果是小人,人死了,鬼也不会灵验。天地神祇明明白白在那里,绝不可诬。岂能让佛的鬼魂在人间作威作福?没有依据就去信奉,岂不糊涂!

"韩愈之所以排斥佛教,也有缘故。孟子说,如今天下,不学杨朱就学墨翟,杨、墨嚣扰,圣贤之道不明,就会三纲沦没,九法废止,礼乐崩坏,夷狄横行,离禽兽还远吗?因此,能排斥杨朱、墨翟的,就是圣人之徒。扬雄说:古代杨朱、墨翟满街走,孟子力辟之,世间澄清。杨、墨行,正道废,几乎数百年,到了秦朝,灭先王之法,烧毁经书,坑杀学士,天下大乱。秦朝灭亡后,汉朝兴起将近百年,仍然不知修明先王之道,此后虽然搜求经书,招揽学士，可经书只剩下不到十之二三了。过去的学士大多老死，新的学士又没见过全经，不能彻底了解先王之事，只能株守己见，门户遂起，圣道大坏。后学到今天都无法找到失传的圣道，就是因为杨、墨曾经横行。

"孟子虽然贤圣，但不得其位，只能空言，不能施行天下，言论即便切中，又有多大补益呢。好在有孟子在，今天还能知道尊孔子，崇仁义，以王道为贵，以霸业为贱。可是，大经大法都失传了，只留下千分之十、百分之一，又哪里容易澄清。不过，假如没有孟子，我们就只能披发左衽了。因此，我推尊孟子，认为他的功绩不在大禹之下。

"汉朝以来，群儒修修补补，百孔千疮，绝学悬于一发，几近灭没。这时，有人高唱佛家、道家，鼓动天下百姓，也太不仁义了！佛道的危害，比杨、墨还大，韩愈的贤德，又不及孟子，孟子不能在绝学消亡之前挽救它，韩愈又岂能在绝学毁坏之后保全它？唉，也太不自量力了！看不见危险，连自身都差点死掉。可即便如此，如果圣人之道能因韩愈而稍稍流传，韩愈也万死不恨。天地鬼神，临之在上，质之在旁，又岂能因为挫败而弃正随邪！"

这是韩愈的亲笔书信，态度很明白。可即便如此，仍然不能阻止流言。在许多佛教灯录里，依然传说韩愈信佛了，其至说他拜大颠为师。

韩愈曾在《原道》里批评很多儒家后学，因为他们认孔子为老子的弟子。学老子的，说孔子是老子的弟子；学佛教的，甚至说孔子是佛陀的弟子。这本来只是传说。但有了传说，很多人就不加考证地接受，这让韩愈很痛心。

即便韩愈明白说了不信佛，还是有人不信，认定韩愈见大颠后信佛了，说他给孟简的书信是文过饰非，装装样子。说这话的还不是佛教徒，而是以儒家自居的人，他认为禅宗灯录之所以编造故事，完全是韩愈咎由自取、交游不慎的结果。

后来，流传出三封据说是韩愈写给大颠的书信。这三封信，很多版本都没收录。收录的版本说，信是元和十四年刻在潮阳灵山禅院的，又说，宋朝有人看到，拿去问欧阳修，欧阳修仔细读后说，确实是韩愈的文笔，其他人写不出来。这段话又被苏东坡看到，苏东坡说：

"韩愈喜欢大颠，跟喜欢澄观、文畅一样，并不是信佛；世人编造韩愈给大颠的信，文辞平庸陋俗，就连韩愈家的奴仆也不会说这种话，还有人胡乱题跋，说什么欧阳修说这文笔除了韩愈别人写不出，就不仅诬蔑韩愈，连欧阳修也诬蔑了！……世间认识真东西的人少，可叹，可怜呀！"

其实，欧阳修的确说过那些话，只是苏东坡不知道。欧阳修也对刻石上"吏部侍郎潮州刺史"的署名提出了质疑，因为韩愈从潮州回去后才当上吏部侍郎。但署名是后刻的，并不能推翻书信。书信的真假并没有凿实的证据。

也就是说，就连欧阳修、苏东坡这样的大文豪，对一篇书信的文笔优劣、作者归属，都见解相去甚远，那么，针对韩愈的许多流言，是不可能被澄清的了。

不过，即便在僧人中，也有同情激赏韩愈的。有一位简法师，找到皇甫湜，请他作序，想不远万里到潮州找韩愈。由此可见，僧人当中，也不乏对迎佛骨持批判态度的。结合当时禅宗大德呵佛骂祖的行为，可以知道，"佛教"是个很复杂的东西，不同人的看待与理解，可能有天渊之别。

但至少有一件事显而易见——迎佛骨没有给唐宪宗带来任何好运。宪宗迎佛骨的目的不是别的，是求福利功德，求长寿。韩愈到潮州后，照例要上表。表中，韩愈说：

"臣以狂妄戆愚，不识礼度，上表陈佛骨事，言涉不敬，正名定罪，万死犹轻。陛下哀臣愚忠，恕臣狂直，谓臣言虽可罪，心亦无他，特屈刑章，以臣为潮州刺史。既免刑诛，又获禄食，圣恩弘大，天地莫量；破脑刳心，岂足为谢！"

宪宗接到上表时，论佛骨的事已经过去了好几个月，他的怒气也平息了，对宰相说，日前收到韩愈谢表，回想起谏佛骨的事，觉得韩愈大是爱我，我岂能不知？只是他作为人臣，不该说事佛的皇帝短寿。

宪宗想让韩愈回来，就去问宰相。皇甫镈生怕再起用韩愈，就说，韩愈还是太疏狂，给他安排个郡守吧。因此，韩愈还是没能回去，被调到了袁州。

那个被宪宗派到台州当刺史的山人柳泌，驱使吏民去山中采药，采了一年，什么都没弄成，怕朝廷治罪，就举家逃进了山里。浙东观察使派人到山中把他抓捕出来，移送京师。但皇甫镈、李道古不敢承认柳泌欺君，否则自己也要受牵连，就保护柳泌，弄了些药给宪宗。宪宗就让柳泌做了待诏翰林。

宪宗服药后，一天比一天躁渴。起居舍人裴潾上言说，皇帝不该乱吃药，金石酷烈有毒，加以火气，不是人的五脏能承受的。如果一定要服，可以先让献药的人服一年，就看出真假了。宪宗大怒，把裴潾贬为江陵县令。

第二年春天，宪宗就死了。对外的说法，是服药而死。其实，是被儿子穆宗派太监杀死的。宪宗才活了四十三岁。宪宗死后，柳泌被杀，皇甫镈被贬，并且让他死在了贬谪的地方。

宪宗死时,韩愈还没抵达袁州。到袁州后,待了半年多,又被召回朝廷。韩愈两次远贬,都赶上旧皇帝驾崩,新皇帝即位,在外的时间都不算太长。

被贬潮州对韩愈来说,是大不幸,但对潮州来说,是大幸。潮州自此有了孔孟的教化。

韩愈在潮州只有短短半年,却做了不少好事,让潮州人世世代代铭记。潮州有江,改名为韩江;潮州有山,改名为韩山。此后的潮州人,多用"韩"作为小孩的名字。

明朝高启写过一首《韩子》:

> 自古南荒窜逐过,佞臣元少直臣多。
> 官来泷吏休相诮,天要潮人识孟轲。

自古以来,潮州都是荒蛮之地,来的都是流放者,很少佞臣,多是直臣。泷头小吏见到那位朝廷命官,请不要讥诮,这是上天要让潮州人见见孟子呀!

19. 子 实 命 我

虽然潮州和阳山同属岭南，虽然泷吏的夸张已经给了韩愈心理准备，但到了潮州，当地的风土还是让韩愈感到惊奇。比如，鲨、蚝、蒲鱼、蛤、章鱼、江珧柱……这些千奇百怪的东西都是潮州人的食物。

韩愈为此专门给元十八寄诗，说：

……

  蛤即是虾蟆，同实浪异名。

  章举马甲柱，斗以怪自呈。

  其余数十种，莫不可叹惊。

  我来御魑魅，自宜味南烹。

  调以咸与酸，芼以椒与橙。

蛤，就是虾蟆，名字不一样，其实是同一事物。章鱼和江珧柱，争奇斗怪。还有数十种动物，都让人惊叹。我既然到南方统御神怪，自然该尝尝南方人的食物。拌了盐和醋，就着椒、橙吃。

> 腥臊始发越，咀吞面汗骍。
> 惟蛇旧所识，实惮口眼狞。
> 开笼听其去，郁屈尚不平。
> 卖尔非我罪，不屠岂非情？
> 不祈灵珠报，幸无嫌怨并。
> 聊歌以记之，又以告同行。

吃了腥臊，性味发作，吞嚼时脸红汗出。这里面，我过去认得的只有蛇，口眼实在太狰狞了，不敢吃，就打开笼子放走了。蛇还盘曲着愤愤不平。我对蛇说：卖你又不干我的事，没把你杀了还不够意思吗？不指望你衔来灵珠报答，别怨恨我就很好了。用诗歌记下来，告诉朋友吧。

韩愈还写了首《答柳柳州食虾蟆》，是给柳宗元的，口吻和笔法就不同了：

> 虾蟆虽水居，水特变形貌。
> 强号为蛙蛤，于实无所校。

虾蟆住在水里，水太奇特，让它长得也不一样了。号称蛙蛤，其实还是虾蟆。

> 虽然两股长，其奈脊皴皰。
> 跳踯虽云高，意不离污洿。

虽然两条大腿挺长，怎奈背上疙疙瘩瘩。虽然跳得高，也还是离不开泥沟。

　　鸣声相呼和，无理只取闹。

　　周公所不堪，洒灰垂典教。

　　没日没夜地咕咕叫唤，纯属无理取闹。连周公都受不了，只好洒点灰教育教育它。

　　所谓"周公所不堪"，是说吵得睡不着觉。"无理取闹"一词就是从这儿来的。《周礼》记载，洒灰可以除去蛙蛤。

　　我弃愁海滨，恒愿眠不觉。

　　巨堪朋类多，沸耳作惊爆。

　　我被朝廷遗弃，流放到海滨，天天犯愁，宁愿长睡不醒。可是到处都是虾蟆，不停在耳边沸出惊爆声。

　　端能败笙磬，仍工乱学校。

　　虽蒙勾践礼，竟不闻报效。

　　它们最能败坏笙磬的乐音，还特别擅长吵得学校没法读书。虽然勾践曾把它们当楷模，竟没听说它们有什么报效。

　　"勾践礼"是个典故。越王勾践要伐吴，用发怒的蛙当榜样，说它有气势。不久，就有人愿意把头献给勾践。

　　大战元鼎年，孰强孰败桡。

　　居然当鼎味，岂不辱钓罩？

你们也是元鼎年大战过的勇士,到底谁胜谁败了?现在居然跑到了锅里,钓钩、罩笼让你们受辱了。

据《汉书·五行志》记载,汉武帝元鼎五年,蛙与虾蟆有过一场大规模的群斗。

    余初不下喉,近亦能稍稍。
    常惧染蛮夷,失平生好乐。
    而君复何为?甘食比豢豹。
    猎较务同俗,全身斯为孝。
    哀哉思虑深,未见许回櫂。

我一开始也吃不下,最近慢慢强些了。一直害怕沾染上蛮夷的习性,丢失了平生对诗书的爱好。子厚你呢,怎么样?是不是天天吃好的?孔子在鲁国做官时,鲁国人比赛打猎,孔子也参与,要和大家一样。能保全身命,才算得上孝呀。所以,该吃就吃吧。唉,可怜思虑那么深,也不知道什么时候能回去。

因为和柳宗元更熟,而且因为柳宗元率直的个性,韩愈诗中的情绪也更激烈,更无遮掩,和写给温润的元十八的风格不同。

韩愈到了潮州,问吏民有什么疾苦,得知郡西湫水中有一条鳄鱼,长好几丈,把牲畜快吃完了,让百姓越来越贫

困,就命判官秦济准备一头猪、一头羊,投到水中,并写了篇文章警告鳄鱼:

"过去先王有天下,放火焚烧山泽,绳网刀刺,把与民为害的虫蛇驱赶到四海之外。后王德薄,不能统治远方,长江汉水之间尚且要弃给蛮夷楚越,更何况潮州在岭海之间,离京师万里,鳄鱼在这里产卵长育,也不奇怪。但如今天子即位,神圣慈武,四海六合都要接受化育,鳄鱼就不宜再留在这里了。

"刺史受天子之命来治理生民。鳄鱼悍然不安,不能好好待在水里,要吃牲畜、熊、豕、鹿、獐,和刺史抗衡。刺史就算驽钝羸弱,又岂能向鳄鱼低头下心?奉天子之命到此,不能不交代清楚,鳄鱼给我听好了:

"潮州南边是大海,大到鲸鹏,小到虾蟹,都能在大海里生存长养。早上出发,晚上就到。现在,和鳄鱼约好:限三日之内,率领族类迁徙去大海,以回避天子命官。三日不行,五日;五日不行,七日;七日还不行,就是不肯迁徙了,就是不把刺史放在眼里。不然,就是冥顽不化,刺史说了,它也听不见。傲慢也好,冥顽也好,既是残害百姓,就该杀。刺史将选好吏民,用弓弩毒箭,杀尽鳄鱼为止。切莫后悔。"

据说，当晚湫中就起了风雷，几天后，湫水干涸，向西迁徙了六十里。从此，潮州没有了鳄鱼之患。

韩愈还在潮州置办学校，让秀才赵德为师，请他摄海阳县尉，负责州学。韩愈从俸禄中拿出一部分，作为学生的伙食开销。

在潮州待了半年后，韩愈去袁州做刺史。

江西观察使王仲舒发来的公文，末尾都写着"谨牒"。一般情况下，上级给下级发文，结尾会用"故牒"，意思相当于"特此通知"。而"谨牒"则相当于"谨告知"，一般用于部门之间公文往来，或者下级向上级报文。江西观察使是袁州刺史的上级，韩愈一开始以为用错了。后来，几次公文往返，王仲舒用的都是"谨牒"，韩愈明白这是要表达对自己的敬重，就给王仲舒寄了封《袁州中使状》，请求他改为惯常的制式。

在袁州，韩愈还发现很多平民百姓的子女，因为水旱灾害、公私借贷，被父母典当抵押，到期还不上，就成了奴婢，供人鞭笞使役，甚至殴打致死。韩愈认为这既违反法律，也有亏德政，查明共有七百三十一人，把他们全部赎回。后来回到朝廷，韩愈上《应所在典帖良人男女等状》，乞求把天下诸州典帖的百姓子女一律放免。

韩愈这么做，也是受了柳宗元的影响。柳宗元在柳州就做过类似的事。

柳宗元死于元和十四年冬天，柳州任上。当时，韩愈已经离开了潮州，正在去袁州的路上。

柳宗元虽然是刺史，但很清贫，死后连办丧事的费用都没有，留下了四个孩子，一个是遗腹子。丧事费用是裴行立出的，柳宗元的表弟卢遵操办的。第二年七月，柳宗元归葬万年县祖坟。

柳宗元死前留下遗书，向刘禹锡、李程、韩愈、韩泰、韩晔等人托付后事。当时，刘禹锡送母亲灵柩归葬，正走到衡阳。衡阳是早年刘、柳分别的城市，刘禹锡在这里接到柳宗元的死讯。随即，刘禹锡给韩愈写信，请他写墓志铭。韩愈接到消息，先写了封信吊唁。

元和十五年（820）二月初八，韩愈抵达袁州。不久，侄孙韩滂病死，年仅十九岁。韩愈处理完韩滂的丧事，直到五月初一才写好给柳宗元的祭文。祭文开头说：

维年月日，韩愈谨以清酌庶羞之奠，祭于亡友柳子厚之灵。

只此一句，就显出韩、柳关系不一般。

韩愈给别的朋友写祭文，开头是这样的：

祭窦牟：维年月日，兵部侍郎韩愈谨以清酌庶羞之奠，祭于故国子司业窦君二兄之灵。

窦牟是在岳州招待韩愈的窦庠的哥哥，也是韩愈从小熟悉的兄长。

祭侯喜：维年月日，吏部侍郎韩愈谨遣男殿中省进马佶，致祭于亡友故国子主簿侯君之灵。

侯喜不用说了，韩愈非常熟的朋友。

祭马总：维年月日，吏部侍郎韩愈，谨以清酌庶羞之奠，敬祭于故仆射马公十二兄之灵。

这里用了"敬"字。马总是韩愈的老领导。征淮西时，裴度是宣慰使，马总是宣慰副使兼御史大夫，韩愈是行军司马兼御史中丞。

祭张署：维年月日，彰义军行军司马守太子右庶子兼御史中丞韩愈，谨遣某乙以庶羞清酌之奠，祭于亡友故河南县令张十二员外之灵。

祭张彻：维年月日，兵部侍郎韩愈谨以清酌之奠，祭于故殿中侍御史赠给事中张君之灵。

张署、侯喜、柳宗元，都是"亡友"。窦牟、马总是兄长，不说"亡友"。张彻是侄女婿，也不说"亡友"。孟郊死，韩愈没写祭文，只写了墓志铭。

323

像张署、侯喜这么亲近的朋友,韩愈在祭文中也都叙及官爵,祭侯喜的叫《祭侯主簿文》,祭张署的叫《祭河南张员外文》。但是,祭柳宗元的叫《祭柳子厚文》,文中也不叙彼此官爵。

林云铭说:"开手彼此不叙官爵,以明千古性命之交,与自己骨肉无异,亲狎之至也。"

林云铭眼光很锐利,我们看看韩愈给家人的祭文:

祭韩好好——韩愈的侄女:维年月日,十八叔、叔母具时羞清酌之奠,祭于周氏二十娘子之灵。

祭韩滂——韩愈的侄孙,十二郎的儿子:维年月日,十八翁及十八婆卢氏,以清酌庶羞之奠,祭于二十三郎滂之灵。

祭韩挐——韩愈的女儿:维年月日,阿爹阿八,使汝妳以清酒时果庶羞之奠,祭于第四小娘子挐子之灵。

祭郑夫人——韩愈的长嫂:维年月日,愈谨于逆旅备时羞之奠,再拜顿首,敢昭祭于六嫂荥阳郑氏夫人之灵。

祭十二郎——韩愈的侄子:年月日,季父愈闻汝丧之七日,乃能衔哀致诚,使建中远具时羞之奠,告汝十二郎之灵。

祭郑夫人,说"再拜顿首";祭十二郎,说"闻汝丧之七日,乃能衔哀致诚"。这些都是值得注意的细节。

不过,林云铭虽然眼光锐利,说得却不尽准确。是不是韩愈给亲人的祭文就不叙官爵呢?也不是。

祭韩岌——韩愈的堂兄:月日,从父弟某官某乙,谨以清酌庶羞之奠,敢昭告于十二兄故虢州司户府君之灵。

祭亲人大多不叙官爵,主要是因为郑夫人、十二郎、韩好好、韩滂、韩挐这些人没有官爵。

而且,除了柳宗元,也不是别的朋友都叙官爵,像《祭房君义》:

维某年月日,愈谨遣旧史皇甫悦以酒肉之馈,展祭于五官蜀客之柩前。

蜀客,是房次卿。不叙官爵,也可能因为房次卿官爵太低,四十余岁还只是京兆兴平尉。韩愈之前写过《将归赠孟冬野房蜀客》。房次卿母亲的殡表、父亲房武的墓志铭,都是韩愈写的。

还有一点值得注意,就是作者的自称。韩愈祭亲人时,对晚辈,常自称与亡者的关系,像"十八翁""十八叔""阿爹";对长嫂郑夫人,自称"愈";对情同手足的侄子十二郎,自称"季父愈"。

祭房次卿,韩愈也自称"愈"。可是,祭柳宗元,却自称"韩愈"。林云铭只着眼于韩愈没带官爵,却没在意他自称"韩愈"。这能叫"与自己骨肉无异,亲狎之至"吗?

自称"韩愈",口吻郑重。一般来说,这种时候就需要带官爵。但对柳宗元,自称"韩愈",却不带官爵,这就包含了极为丰富的意味。

韩愈和柳宗元交情再好,也比不了和孟郊、张署、张籍、侯喜。

对房次卿,韩愈称呼彼此"愈""蜀客",都不带姓。而对柳宗元,韩愈称呼彼此"韩愈""柳子厚",都带了姓。这意味着,韩愈在表达自己和柳宗元既近又远,既远又近的关系。

什么叫既近又远?韩愈和柳宗元不是亲昵的朋友,二人一生朝夕相处得也不多,主要是精神之交、文章之交。

什么叫既远又近?韩愈知道,虽然他一生有很多亲人、朋友,但那些人都会渐渐被历史的长河淘去光辉。久远的后世,人们回望当时,能和韩愈闪耀比肩的,唯有柳宗元。这是他和柳宗元情谊的非比寻常之处。

"韩、孟"是亲密的,"刘、柳"是亲密的,但千百年后,世人更多记得的,是"韩、柳"。这正是为什么刘禹锡和柳宗元那么亲密,刘禹锡也是大才,但柳宗元的墓志铭还是要请韩愈写。"元、白"也和他们同时代，但没有"韩、元""韩、白"的称谓，他们只是认识，算不上朋友。

现在，来看祭文：

> 嗟嗟子厚，而至然邪？
>
> 自古莫不然，我又何嗟？

唉，子厚，你到这一步了吗？

古来哪个人不死，我又有什么好说？

> 人之生世，如梦一觉；
>
> 其间利害，竟亦何校？

人生一辈子，就像一场梦醒来；

梦中的得失，又怎么去计算！

> 当其梦时，有乐有悲；
>
> 及其既觉，岂足追惟？

做梦的时候，有快乐也有伤悲；

等到醒来，又哪里值得回忆！

> 凡物之生，不愿为材；
>
> 牺尊青黄，乃木之灾。

万物生下来，都不愿意成材；

雕成青黄的牺尊，是树木的祸灾。

牺尊是酒器。《庄子》里说，活了上百年的人树被砍掉做成牺尊，涂上青黄的纹饰。

这句是同情柳宗元。前面说，一生得失，就不要再计较了。以柳宗元的才华，跟随王叔文，平生仕途就此毁掉，是很可惜的。"不愿为材""乃木之灾"就是这个意思。祭文里不能不提，也不宜细提。

> 子之中弃，天脱馽羁；
>
> 玉佩琼琚，大放厥词。

事业毁于盛年，上天解开了你的羁绊，
晶莹剔透的你，鸣出金石之洪声。

> 富贵无能，磨灭谁纪；
>
> 子之自著，表表愈伟。

富贵无能的人，磨灭在历史长河里。
而你，愈发奇伟卓异。

> 不善为斫，血指汗颜；
>
> 巧匠旁观，缩手袖间。

不善斧斫的拙匠，伤了手指，汗流满面；
而巧匠站在一旁，两手缩在袖间。

> 子之文章，而不用世；
>
> 乃令吾徒，掌帝之制。

你有这么好的文章，却不能被时代起用；

才会让如我之辈，掌管皇帝的制诰。

这句既是褒赞柳宗元，也是自许。韩愈曾经知制诰，所以叫"掌帝之制"。

> 子之视人，自以无前；
> 一斥不复，群飞刺天。

没有谁足以被你放在眼里；

可你一斥不起，他们却成群冲上九天。

刘禹锡有诗说，"沉舟侧畔千帆过，病树前头万木春"。那是宝历二年（826），当时，韩愈也已经死了两年。那是刘禹锡被贬二十三年后，在扬州遇见白居易，回赠的诗。"沉舟侧畔千帆过"，就是韩愈说的"一斥不复，群飞刺天"。那些柳宗元从来看不上的人，都飞黄腾达了，柳宗元却在贬谪中蹉跎了一生。

> 嗟嗟子厚，今也则亡；
> 临绝之音，一何琅琅。

唉，子厚！如今你走了。

临别人世的声音，何等坚贞清亮！

> 遍告诸友，以寄厥子；
> 不鄙谓余，亦托以死。

你遍告朋友，拜托他们关照孩子。

对我，你也不鄙弃，也愿托以后事。

这句话意思就丰富了。柳宗元托付的其他人都有谁？刘禹锡、李程、韩泰、韩晔。除了李程，都是追随王叔文的。柳宗元一并托付，因为他们都是柳宗元的朋友；但对韩愈来讲，是断然不肯和韩泰、韩晔相提并论的。

凡今之交，观势厚薄；

余岂可保，能承子托？

在今天，人和人相交，都是看势力的厚薄。

我能保得了自身吗？更何况是承受你的重托？

韩愈论佛骨，差点儿丢掉性命，贬到南方，女儿死了，侄孙也死了，连自家孩子都保不住，何况柳宗元的孩子。韩愈既感谢柳宗元的信任托付，也借此哀伤时世。

非我知子，子实命我；

犹有鬼神，宁敢遗堕？

真不是我了解你，实在是你柳子厚在命令我。

可是，有天地鬼神在，我又怎敢不从命！

念子永归，无复来期；

设祭棺前，矢心以辞。

想到你永远走了，再也不会回来。

我在棺前设祭，剖露自己的心。

  呜呼哀哉，尚飨！

  何焯说：嗟惜子厚，只以其文。墓志亦此意。若此文明云"非我知子"矣。

  意思是，韩愈对柳宗元的惋惜，只是因为柳宗元的文采，墓志铭也是同样的意思，祭文明说了"我不是你的知己"。

  这和林云铭大异其趣。

  不过，何焯和林云铭，都是目光峻厉，又都只看到了一面。韩愈和柳宗元，可以说是知己，也可以说不是。"非我知子"这句既是韩愈的自矜，明确表示和柳宗元在政治立场上的不同，在某些见解上的不同，同时也是对柳宗元的盛赞——"非我知子，子实命我"，一个人肯把与自己见解不同的人看作堪托生死的好友，则其品格之高洁可知。而受托付之人，品格之高洁亦可知。因此，这两句极不客气的话，尽管含藏的不无批评，却在批评中蕴蓄着极大的褒扬。

  韩、柳的坦诚无间，也从"非我知子，子实命我"看出来，真是没有半点客套。"君子和而不同"，韩愈对柳宗元的惋惜、嗟叹和激赏，绝不只是因为柳宗元的文才，更是因为柳宗元的为人。

  曾国藩说："《祭张员外文》，以奇崛鸣其悲郁，鏖战神鬼，层叠可愕。《祭柳子厚文》，峻洁直上，语经百炼。

公文如此等,乃不可复跻攀矣!"

再看《柳子厚墓志铭》:

"……子厚少精敏,无不通达。逮其父时,虽少年已自成人,能取进士第,崭然见头角。众谓柳氏有子矣。其后以博学宏词授集贤殿正字,俊杰廉悍,议论证据今古,出入经史百子,踔厉风发,率常屈其座人;名声大振,一时皆慕与之交,诸公要人争欲令出我门下,交口荐誉之。"

"俊杰廉悍""踔厉风发",这八个字对柳宗元的概括太精准了。看柳宗元驳斥韩愈论史的书信就能感受到他"议论证据今古""率常屈其座人"。"名声大振,一时皆慕与之交",是替柳宗元开脱,表明和王叔文结党不是柳宗元主动,是王叔文他们主动。

"贞元十九年,由蓝田尉拜监察御史。顺宗即位,拜礼部员外郎。遇用事者得罪,例出为刺史;未至,又例贬州司马。"

"遇用事者得罪",是说王叔文出了问题,不是柳宗元的错,柳宗元是不幸的受牵连者。柳宗元被贬,"例出为刺史""例贬州司马",一个"例"字,表明这是惯例,也表明被贬者不止柳宗元一人。这是既不失公允,又极富同情的措辞。

下面的内容,就翻译成白话吧:

"……元和中期,他们照例被召还京师,又一并外放为刺史,子厚分到了柳州。到了柳州,子厚说:在这里难道就不能为政吗?于是根据当地风俗去教化,州人都顺从信赖。当地常有人典当子女,到期还不上本息,就沦落成了奴婢。子厚想尽办法,把他们全赎回。太穷赎不起的,就用雇佣的办法抵还。观察使将子厚的办法施于其他州县,一年赎回近千人。衡、湘以南要考进士的学子,都以子厚为师,经过子厚指点的,文章都有法度可观。

"子厚被召回京师,又改任刺史。梦得(刘禹锡)也一样。梦得分到播州。子厚哭着感慨:播州不是人住的地方,梦得母亲还在,我不忍心他告诉母亲这些;而且,万万没有母子同去的道理。于是,子厚向朝廷请求,要和梦得换。即便因此获罪,死了也不遗憾。后来梦得改为连州刺史。

"唉!君子到了穷途才见出节义!今天坊间相倾慕的人,不过是一起吃喝玩乐,恬不知耻地互相说笑吹捧,拉着手像要掏出肝胆,指着青天白日流泪发誓,说生死都不背弃,看起来还真像那么回事;等到但凡有点利害,碰到毛发之事,就翻脸不认;朋友掉进陷阱,都不肯伸出援手,甚至要落井下石。禽兽夷狄都不忍心干的事,他们还自以为聪明,如果听到子厚的风规,也该惭愧了吧!

"子厚年轻时锐意进取,不爱惜羽毛,觉得功业可以立就,因此受到连累。贬斥后,没有位高权重的人施以援手,以至终生在穷乡僻壤间,不能为时代贡献才干,施行道德。如果子厚在台省时,能像后来做司马、刺史那样持身,也不会遭到贬谪;如果贬谪后有分量足够的人拉上一把,也会再被朝廷起用。不过,如果子厚没有贬谪那么久,人生没有困顿至极,虽然一定会比一般人强,但文学辞章,是不可能像今天这样足以流传千古的。即便子厚得偿所愿,成为一代将相,两者相较,恐怕那种也未必比如今这种好。"

如果有得选,柳宗元应该是不愿意以这种方式度过一生的。尽管这样的一生是最能让柳宗元的声名和事业不朽的。当时的将相,没有几个是后世熟悉的,而柳宗元大名长垂。

一千多年后,毛泽东读到柳宗元的名作《封建论》,写了首诗呈给郭沫若:

  劝君少骂秦始皇,焚坑事业要商量。
  祖龙魂死业犹在,孔学名高实秕糠。
  百代都行秦政法,十批不是好文章。
  熟读唐人封建论,莫从子厚返文王。

柳子厚如在天有知,不知作何感想?

20. 归期春尽

韩愈从袁州回长安,路上经过盆城。盆城离鄂州不远,顺风也就一天舟程。这时的鄂州刺史、鄂岳观察使是李程。两年多前,还没有发生迎佛骨的事情,《平淮西碑》刚被段文昌重撰,韩愈时任刑部侍郎,和礼部侍郎李程一起在尚书左仆射郑馀庆手下修订礼乐制度。

当时,韩愈和李程起了些争执。不久后,李程调离京城,任鄂岳观察使。

李程比韩愈大两岁,是贞元十二年(796)状元,很早就当上了翰林学士,又被王叔文免去。韩愈在从郴州赴江陵的路上,曾寄诗向他求助。柳宗元死时,李程也是托付的几位朋友之一。

韩愈抵达盆城时,没有接到李程的书信。这让韩愈有点失落。或许两年前的争执,还让李程耿耿于怀。对自己当初的戆直,韩愈不无悔意,毕竟,还活着的老朋友没几个了。

韩愈主动给李程寄了首诗:

《除官赴阙至江州寄鄂岳李大夫》

盆城去鄂渚,风便一日耳。

不枉故人书,无因帆江水。

盆城离鄂州,顺风一日舟程。可是没有你的信,我也不好扬帆去探望。

故人辞礼闱,旌节镇江圻。

而我窜逐者,龙钟初得归。

你离开了礼部,到长江边镇守。我被放逐南方,年迈了才归来。

别来已三岁,望望长迢递。

咫尺不相闻,平生那可计。

快三年没见了吧,我们离得那么远。现在到了门口,也没有你的消息,还能是一辈子的朋友吗?

我齿落且尽,君鬓白几何。

年皆过半百,来日苦无多。

我的牙齿快掉光了,你的鬓发白了多少?我们都年过半百,恐怕剩不下几天了。

少年乐新知,衰暮思故友。

譬如亲骨肉,宁免相可不。

少年时,喜欢结交新知,老了,难免思念旧友。就像是骨肉至亲,能免得了不同意见吗?

> 我昔实愚惷,不能降色辞。
> 子犯亦有言,臣犹自知之。

我当初实在愚蠢,言辞和态度都太强硬。子犯曾经说过,自己的问题,连自己都知道,更何况别人呢。

> 公其务贳过,我亦请改事。
> 桑榆傥可收,愿寄相思字。

你一定要原谅我,好吗?我也保证以后再也不那样了。倘若晚年我们还能彼此关照,但愿收到你的回信。

韩愈一生中,像这样的口吻是不多见的。一方面,是因为老了,经历了南逐的坎坷辛酸;另一方面,也是因为韩愈内心中本来就有柔软的一面。正是这柔软的一面,让他深具同情哀愍的心。这并不和刚强的个性相矛盾。

离开盆城不久,韩愈途经襄阳。

此时的山南东道节度使是李逢吉。李逢吉曾经和韩愈一起共事——李逢吉做中书舍人时,韩愈是考功郎中知制诰。不过,韩愈不太喜欢李逢吉。虽然不太喜欢,但毕竟是熟人,要保持表面的礼节。李逢吉设酒筵招待韩愈,韩愈写了首《酒中留上襄阳李相公》:

> 浊水污泥清路尘,还曾同制掌丝纶。
>
> 眼穿长讶双鱼断,耳热何辞数爵频。
>
> 银烛未销窗送曙,金钗半醉座添春。
>
> 知公不久归钧轴,应许闲官寄病身。

这是典型的应酬诗。但应酬诗中也有真心话。"还曾同制掌丝纶",是说两人曾一同知制诰。"眼穿长讶双鱼断","眼穿"是假,"双鱼断"是真——二人没有太多交情,韩愈落魄的时候,自然不会书信往来。

"银烛未销窗送曙,金钗半醉座添春"是客套话,酒筵大多这样。但是,"知公不久归钧轴,应许闲官寄病身"就非常重要了。李逢吉很快就会回到长安,担任要职,这是可以预见的——穆宗做太子时,李逢吉当过侍讲,现在把他调到襄阳,是即将重用的过渡。韩愈说,将来你在朝中掌大权时,就给我个闲官养病吧!

韩愈抵达长安,是元和十五年十一月。回到长安后,任国子祭酒。国子监缺一名博士,韩愈举荐了张籍。第二年,改元"长庆",七月,韩愈写了首《南内朝贺归呈同官》:

……

> 文才不如人,行又无町畦。
>
> 问之朝廷事,略不知东西。

> ……
> 所职事无多,又不自提撕。
> 明庭集孔鸾,曷取于鸟鹥。
> 树以松与柏,不宜间蒿藜。
> 婉娈自媚好,几时不见挤。
> 贪食以忘躯,尠不调盐醯。
> ……

大意是自己文才不如别人,行为也不加约束,朝廷的事一概不懂。事务不多,也不努力,在群臣间格格不入。为了混口饭待在朝廷,恐怕很快要成为别人的盘中餐了。

"调盐醯"是《战国策》的典故,说黄雀悠然自得地栖息在树上,饿了就吃点白粒,自以为与世无争,不知道早已有人用弹丸对准了自己,白天还在茂密的树叶间,晚上就被人拌了盐和醋。

写这首诗后不久,韩愈改任兵部侍郎。

改元是因为穆宗即位。穆宗叫李恒,为了避讳,恒州改名为镇州。

元和十五年,韩愈离开袁州的当月,河北镇州,成德节度使王承宗死了。王承宗的两个儿子当初因为韩愈的游说,在朝廷做人质,这时仍然在。成德诸将想拥立王承宗的弟弟王承元。王承元才二十岁，不敢自任留后，就秘密上表朝廷，说听从朝廷安排。

朝廷任命王承元为义成节度使，改魏博节度使田弘正为成德节度使，李愬改任魏博节度使。田弘正的儿子田布，任河阳节度使。这样调换，是怕藩镇在一个地方待久了，朝廷难以制约。

田弘正之前常和镇州人交战，有父兄之仇，现在到镇州做成德节度使，很不放心，就从魏州带来两千军士自卫，并奏请朝廷给这两千军士提供军饷。户部侍郎、判度支崔倰是个刚直的人，没有远见，心想，既然到了镇州，再吃魏州的军饷不合适，就没给。田弘正四次上表都没有下文，只好让两千魏州兵回去了。

田弘正的兄弟、子侄，有几十人在长安、洛阳，生活奢侈，每天花费二十万。田弘正把魏州、镇州的财货用车子运到两都，路上络绎不绝，河北将士愤愤不平。朝廷赐百万钱缗给成德军，没有如期送达，士兵更不高兴。

成德军都知兵马使王庭凑本是回鹘人，总想犯上作乱，之前因为田弘正的两千魏州兵在，不敢妄动。长庆元年（821）秋，魏州兵走后，王庭凑就把田弘正和他的僚佐、旧部、家属三百余人杀了，自称留后，逼监军宋惟澄上奏朝廷求节钺，朝廷震骇。不久，王庭凑又遣人杀了冀州刺史王进岌，分兵占据了冀州。

这年秋天，幽州也反叛了。起先是有个小将骑马冲撞了张弘靖的部下韦雍，韦雍要当街杖他，小将不服。韦雍汇报给张弘靖，张弘靖站在韦雍这边。当天夜里，士卒作乱，囚禁了张弘靖，抢了财货、妇女，杀了韦雍等一干幕僚。第二天，将士来找张弘靖，请求免罪，张弘靖没表态。将士就迎朱洄为留后，朱洄以老病为由，让儿子朱克融做了留后。张弘靖手下当时只有一个人没被杀，就是韩愈的侄女婿张彻。但张彻痛骂他们是反贼，就也被杀了。

魏博节度使李愬听说田弘正遇害，穿着白衣服对将士说，你们都受田公的恩，该怎么报答呢？魏博将士痛哭。李愬送一把宝剑和玉带给深州刺史牛元翼，说自己祖上用这把剑立了大功，自己又用它平定了淮西，现在，你用它去削平王庭凑吧！李愬还打算亲自征讨，但生病了，不久就死了。

李愬死后，田弘正的儿子田布被任命为魏博节度使，田布推辞不掉，哭着向家人、宾客诀别，说自己再也回不来了。田布没带任何旌节前导和随从，奔向魏州，走到离魏州三十里的地方，披发赤脚，号哭着进城了。他住在居丧的屋子里，千缗的月俸一点都不要，把过去的家产也变卖了，得到十余万缗,都分给士卒,对待父亲的老部下就像对待兄长一样。

王庭凑派部将王立攻打深州牛元翼。朝廷命魏博、横海、昭义、河东、义武诸军都出兵到成德边境,如果王庭凑还执迷不悟,就征讨。成德大将王俭等五人试图谋杀王庭凑,没有成功,和三千部下一起被王庭凑杀了。

十月,朝廷任裴度为镇州四面行营都招讨使,杜叔良为深州诸道行营节度使,牛元翼为成德节度使。裴度出兵征讨王庭凑。

裴度的征讨遭遇了时任翰林学士元稹的作梗。之前,元稹在江陵做士曹,和监军崔潭峻关系不错,穆宗李恒当时还是东宫太子,听到宫里有人唱元稹的诗,很喜欢。崔潭峻回到朝廷,进献了百余篇元稹的诗。李恒问元稹目前在哪儿,崔潭峻说,是个散郎。李恒即位后,很快任命元稹为祠部郎中、知制诰。元稹通过这种方式上位,被很多人看不上。现在,元稹想做宰相,他和裴度并没有什么过节,但裴度名望太高,如果出征又立大功,就会影响元稹的仕进。于是,元稹就和知枢密魏弘简勾结,阻碍裴度的征讨计划。

裴度很愤怒,上表说,河朔的问题是小问题,禁闱的问题才是大问题;河朔的问题,我和诸将就能剪灭,禁闱的问题，非陛下决断不可。裴度再三上表，穆宗虽然不高兴，也只好把元稹改为工部侍郎。元稹虽然不再是翰林学士，恩遇却还和以前一样。

横海节度使乌重胤率领全军救深州，诸军都依靠乌重胤挡在幽州、镇州东南。乌重胤是老将，知道难以攻克，就按兵不动，等待时机。穆宗大怒，换杜叔良为横海节度使。杜叔良率领诸道兵马和镇州人作战，逢战必败。朝廷又用李光颜取代杜叔良。李光颜、乌重胤都是征淮西的名将。

幽州、镇州征讨了很久没有成效，国库空虚，执政商议说，幽州朱克融相对罪轻些，毕竟没有杀张弘靖；镇州王庭凑把田弘正杀了，罪更重，干脆赦免朱克融，集中兵力征讨王庭凑。于是，朝廷任朱克融为平卢节度使。

第二年春天，幽州兵打下了弓高。之前，弓高守备很严，宫中使者半夜到了，守城将领要等到早上才放进来，中使很不满。叛军听说后，就找人伪装成中使，夜晚到城下，守将就放进来了，叛军就尾随着打下了弓高。

朝廷补给沧州的粮车六百辆，路过下博，被成德军劫走了。诸军粮草、衣服匮乏，孤军深入的前锋又冻又饿，难以为继。

于是，朝廷命田布分出魏博军一部分兵马，交给李光颜指挥，去救深州。田布手下有个将领史宪诚，之前在田弘正手下，很受器重，田布就把魏博军精锐都交给史宪诚。魏博军讨伐镇州，驻扎在南宫，朝廷多次派中使督战，但将士骄堕，没有斗志，又赶上大雪，粮草、衣物跟不上，田布就用魏博军下辖六州的租赋来支撑，将士很不高兴，说军费向来是朝廷出，尚书搜刮六州补贴军队，虽然您要损己利国，但六州的老百姓有什么罪，让您这么对待？

魏州、幽州、镇州是河朔三镇。看到幽州、镇州叛乱，魏州人也想叛乱，史宪诚见将士对田布不满，就暗中煽动，等到朝廷下令让魏博军分出一部分由李光颜指挥时，田布的军队就崩溃了，大半投靠了史宪诚，田布只好带着八千中军撤回魏州。

后来，田布号召诸将商议再出兵，诸将都不同意，说尚书要是想像河朔过去那样，我们生死追随，要是想让我们去打镇州，不可能。田布没办法，向朝廷写了封遗表说：看来魏州将士到底还是辜负了国家大恩，我没有功劳，只好一死，愿陛下速救李光颜、牛元翼，不然，忠臣义士都要被河朔叛贼屠害了。田布捧着遗表号哭后，交给幕僚李石，到田弘正灵前说，"上以谢君父，下以示三军"，然后抽刀刺心自杀了。

田布死后，史宪诚做了留后。朝廷没办法，只好承认史宪诚为魏博节度使。史宪诚又暗地和幽州、镇州勾连起来了。

王庭凑把牛元翼围困在深州，官军从三面救援，都打不进，连李光颜也只能自守。军士要自己找柴火，每天的供给只有一勺陈米。

诸道兵多是临时招募的乌合之众，诸路监军又妨碍主将指挥，打胜了就抢功，不胜就胁迫主将，拿军中精锐来保护自己，用羸弱残兵去打仗。因此，虽然诸路共有十五万兵马，派了裴度、乌重胤、李光颜等名将去征讨，屯守了很长时间，耗竭了国库，也没有进展。

深州越来越危急，朝廷实在打不下去了，就于长庆二年（822）二月，承认王庭凑为成德节度使，手下将士官爵都恢复，并任命兵部侍郎韩愈为宣慰使，去镇州宣慰。

这一年，韩愈五十五岁。

尽管被朝廷承认为成德节度使，王庭凑依然围困深州不解兵。裴度给幽州、镇州写信，以大义谴责，幽州朱克融解围走了，王庭凑只是稍微撤退，仍然守着深州。

元稹想趁机解除裴度兵权，就劝穆宗撤军。穆宗于是任命裴度为司空、东都留守，仍平章事。谏官上言说，不该把裴度放在闲散的位置上。穆宗就让裴度先入朝,再去东都。

更麻烦的,是要去镇州宣慰的韩愈。

王庭凑根本不信任朝廷。朝廷派韩愈去宣慰,很多人都觉得韩愈去了就会被杀掉。

元稹和韩愈也算有旧。韩愈在东都时,元稹也在那里待过半年。当时,元稹妻子死了,墓志铭是请韩愈写的。韩愈做史官时,元稹还为修史的事情给他写过信。

元稹对穆宗说,韩愈可惜。穆宗也有点后悔,就让韩愈相机行事,不要直接进入镇州。韩愈说,哪有受了命令还滞留不前的道理!

同样的话,二十多年前董晋去汴州时也说过。当时韩愈也在,那是韩愈仕宦的起点。

韩愈出发那天,是二月初二。路过太原,写了首《奉使常山早次太原呈副使吴郎中》:

> 朗朗闻街鼓,晨起似朝时。
> 翻翻走驿马,春尽是归期。
> 地失嘉禾处,风存蟋蟀辞。
> 暮齿良多感,无事涕垂颐。

听到街头警夜的鼓点,感觉仍像是要早起上朝了。驿马不停地奔走,到春天结束的时候,大概会回来了吧。藩镇不再归附朝廷,还记得《国风》中《蟋蟀》的篇章。到了这把年纪,真是良多感慨,无端地,眼泪就流到了下巴。

"翻翻走驿马,春尽是归期"。只是,是活着回来,还是一具尸体被载回来,是不知道的。

不过,韩愈也心甘情愿。韩愈平生不晓得多少次差点死掉。现在,总算有机会去稍稍倾泄征讨淮西时不得施展的抱负、《平淮西碑》没被采用的压抑,以及《论佛骨表》的积郁。即便死了,也是"求仁而得仁"。

二月中旬,经过承天营,韩愈再次见到了裴度。四年多前,两人一起征讨淮西,平定后,意气风发地还朝。三年前的正月,韩愈论佛骨被贬潮州;四月,裴度罢相。两人三年没见了。而韩愈此去宣慰,恰恰是因为裴度征讨的无功。这一对老朋友,老上司和老部下,在这种情境下相逢,彼此都感喟万千。

来不及多叙别情,韩愈赠裴度一首诗,就匆忙离去:

窜逐三年海上归,逢公复此著征衣。

旋吟佳句还鞭马,恨不身先去鸟飞

韩愈离去后,裴度也再次担心起他的,又忍不住派人快马追上,并赠一首诗,劝他保重，口占一首回复：

衔命山东抚乱师，

风霜满面无人识，何处如今更有诗。

这首诗前两句很直白，后两句很含蓄。朝廷派韩愈去宣抚，其实是不太顾惜他。所谓"风霜满面无人识"，大概藏着这意思。表面上是说征尘仆仆，风霜满面，其实，重点在"无人识"，不是没人认得风霜满面的韩愈，是朝廷无人顾惜韩愈。可在韩愈自己，也还是赴汤蹈火、义无反顾的，"日驰三百自嫌迟"。然而，没想到这时候竟也还有裴度怜惜他，又寄来诗句叮嘱，所以叫"何处如今更有诗"。

真是相当凄凉。

抵达镇州，韩愈直奔王庭凑的军营去。

王庭凑命兵士拔出刀，张弓搭箭迎接韩愈。到了客馆，庭中全是身着铠甲的兵士，韩愈和王庭凑、监军使三人就位。王庭凑说："之所以闹成现在这样子，都是将士强行要求的，我管不了。"

韩愈厉声喝道："天子认为你有将帅之才，赐你节度使，不料你连部下都管不了！"

将士立刻围起韩愈说："我们太师生前为国家打败朱滔，血衣还在，我们哪点儿对不起朝廷，朝廷要把我们当叛贼？"

太师，是王庭凑的祖父王武俊。

韩愈说："尔等住口,先听我说!我以为你们早忘了太师的功劳和忠心,没想到你们还记得,那很好。做叛贼还是良民,其间利害,远的不说,天宝以来的:安禄山、史思明、李希烈、梁崇义、朱滔、朱泚、吴元济、李师道,还有谁的儿孙活着?还有哪家有官做?有吗?"

将士说没有。

韩愈又说:"田令公率魏博六州归顺朝廷,做了节度使,后来又做到中书令,父子都授旄节,连年幼的子孙都极尽富贵,荣耀天下。刘悟、李祐在大镇,王承元归顺朝廷,二十岁授节度使,你们不清楚吗?"

将士说:"都是因为田弘正来了,剥削我等,我等才这样。"

韩愈说:"你们不是杀了田令公吗,还残害了田令公的家,还说什么呢!"

王庭凑看势头不太对,怕将士被韩愈说动,再加上之前就有将士要谋杀自己,就赶紧命他们出去。将士出去后,王庭凑哭着问韩愈:"侍郎这次来到底想干什么?"

韩愈说:"神策六军的将领,像牛元翼样的有不少,朝廷顾全大体,怎么可能放弃?你围了许久,朝廷脸面往哪里搁?"

王庭凑说:"没问题,我可以放他们出来。"

韩愈宣慰,能达到这个目的,已经是意外了。更多的要求,王庭凑是不可能答应的。

谈妥了,王庭凑设宴招待,韩愈安然归来。

镇州回去的路上,韩愈又口占一首诗:

别来杨柳街头树,摆弄春风只欲飞。

还有小园桃李在,留花不发待郎归。

街头的杨柳,已经在春风中摇曳了。家中小园的桃李,在等着我回去才开吧!

不久,牛元翼率领十来名将士突围。穆宗很高兴,有意大用韩愈。

需要一提的是,王庭凑只承诺放出牛元翼等几位将领,并没有承诺撤军。牛元翼突围后,守城的深州大将臧平等人就只有投降了。朝廷没那么在乎他们,他们也没法再守城了。王庭凑恨他们坚守太久,把一百八十多名将吏全杀了。

镇州消停了,裴度也回到了朝廷。这时,裴度和元稹都是宰相。

没多久,李赏对裴度说,于方帮元稹找了刺客,准备暗杀裴度。几年前裴度曾经被刺杀过,听到这消息,大吃一惊,但冷静下来,觉得不太可能,于是怀疑有人在挑拨离间。

究竟是谁在挑拨离间呢？裴度怀疑是李逢吉。不久前，李逢吉从山南东道回到长安，任兵部尚书，如果元稹和裴度有一个罢相，李逢吉就要做宰相了。

想到这一点，裴度隐忍不发。裴度想得不错。但裴度没想到的是，于方和元稹确实有勾结，但不是为了刺杀裴度，而是在深州没解围的时候，元稹害怕裴度打败王庭凑立功，就一方面阻碍裴度征讨，另一方面用于方的计谋，想私下游说王庭凑。元稹贿赂兵部和吏部的办事员，伪造二十张告身，也就是授官凭证，想游说王庭凑放出牛元翼，一旦成功，就能把功劳揽到自己头上。

李逢吉刚来兵部当一把手，作为兵部侍郎的韩愈，当时出使镇州去了，李逢吉经过调查，发现了问题。但他没有直接举报，而是安排李赏对裴度说，元稹要行刺他。裴度隐忍不发，李赏就到左神策军去举报。皇帝大惊，派韩皋、覃、李逢吉联合调查。调查结果出来，没有行刺的，伪造告身被查明了。于是，元稹因为贿赂官吏伪……相；裴度因为没向朝廷汇报也被罢相。李逢吉当……郎、宰相。

裴度罢相三个月后，韩愈由兵部侍……

六部中，吏部最重要。五部侍郎都是正四品下，只有吏部侍郎是正四品上。

三十年前，韩愈考博学宏词科，是第一次和吏部打交道。连考三次，都没有录取，其中第一次本来通过了，又被中书省黜免。韩愈曾回头看那篇吏部认可的文章，看得脸红心跳，觉得都是些俳优之词。别的考中吏部的文章，也令韩愈很鄙弃。吏部最初给韩愈留下的印象是不太好的。

现在，韩愈成了吏部侍郎，后世称他为"韩吏部"。

别的地方官还好，平常都在外地，但京兆尹就在京城，和御史台官员抬头不见低头见。京兆尹路上碰到御史，一般会下道回避。

下道的起因，是过去御史中丞和洛阳令相遇，分道而行，这是为了避免滞留，影响交通。哪怕尹比御史级别高，也下道避让，表示对监察部门的尊重。时间长了，演变为不成文的规矩。正因为不成文，碰到性格强硬的人，就不认。

之前李实做京兆尹时，骑马走在路上，碰见侍御史王播，不肯下马避让，王播就质问开道的仆从，李实很生气，上奏把王播贬为三原令。这件事还是韩愈记载在《顺宗实录》里的。当年李实做京兆尹时，韩愈就是御史，上了《论天旱人饥状》，莫名其妙被贬阳山。

现在，反过来了，韩愈成了京兆尹。为表示优待，特意让他兼御史大夫。御史大夫是御史台一把手。但"兼御史大夫"，叫"宪衔"，是个虚衔，相当于"享受御史大夫待遇"。诏书明确表示，韩愈的京兆尹不需要台参，这是特例，不要按一般情况对待。台参不需要了，那下道需不需要？没有说。因为台参是成文的规矩，下道是不成文的规矩，也就没必要说。

实际上，这正是李逢吉挖的坑。当年韩愈从袁州返回长安，路过襄阳，赠李逢吉一首诗，结尾说，"知公不久归钧轴，应许闲官寄病身"。

李逢吉做了宰相，和宦官王守澄结党，王守澄因为拥立穆宗被提拔为知枢密。裴度和元稹都罢相后，李德裕和牛僧孺都有望做宰相，李德裕是故相李吉甫的儿子，做宰相的可能性更大，而李逢吉想让牛僧孺做，又怕翰林学士李绅和李德裕从中作梗，就想排抑李绅。当时，正好缺个御史中丞，李逢吉就向穆宗推荐李绅，说他清正刚直，非常适合做御史中丞。然后，又让韩愈做京兆尹，并且给了个不需要台参的"特权"。其间用意，穆宗是不太明白的。

李绅，其实我们不陌生，他写过两首《悯农》：

其一

春种一粒粟，秋收万颗子。

四海无闲田，农夫犹饿死。

其二

锄禾日当午，汗滴禾下土。

谁知盘中餐，粒粒皆辛苦。

李绅写《悯农》的时候，还没中进士。说起来，韩愈也算有恩于李绅。当年韩愈向陆傪举荐数人，李绅就在其中。但李绅元和元年中进士后，和韩愈没有太多交往。

李绅和韩愈都是强硬的人。韩愈既不台参也不下道避让，让李绅觉得很不受尊重。有一次，李绅差人把带枷锁的囚犯送到京兆府，要用京兆尹的杖子杖他。这有点儿要差使京兆府的意思，韩愈不买账，命人把囚犯卸了枷锁，放回去了。

御史台觉得韩愈欺人太甚，联名上奏。韩愈写了封《答友人书》，实际上是封公开信，信中说：

"连带御史中丞的容性观察使都不需要台参，更何况带御史大夫的京兆尹？圣上明白，专门告诉李绅不用台参。台参的规矩是怎么来的？京县县令还和御史中丞分道而行，更何况京兆尹？人们只知道眼前的事，稍微有点不一样就觉得奇怪，有什么好奇怪的？圣上下诏，说京兆尹不必台参，这本身就是过去的情况，自古哪有不变的规矩？"

这又引起轩然大波。

李逢吉就趁机对穆宗说，御史中丞和京兆尹不和，干脆把御史中丞调走吧。于是，李绅改任江西观察使，韩愈改任兵部侍郎。不过，穆宗器重李绅，又找他们谈了谈，把李绅改为兵部侍郎，韩愈改回吏部侍郎。

韩愈的京兆尹，做了三个多月。从前，六军将士常常不把府县放在眼里，在韩愈做京兆尹的三个多月里，他们很老实，韩愈从前做河南令时杖士兵的事情他们也知道，私下说："这人连佛骨都敢烧，千万别惹他。"

这三个多月里，和李实做京兆尹、韩愈在御史台那年一样，碰到了旱灾，不过并没有盗贼，米价也没有暴涨。

韩愈改回吏部侍郎是长庆三年（823）十月。第二年正月，穆宗死，敬宗即位。夏天，韩愈的身体开始有些不好了，请了百天假，假满，吏部侍郎就免去了。十二月二日，韩愈卒于靖安里宅第。

韩愈临死前不久，传出一种说法，说韩愈要烧佛骨，对佛大不敬，肯定不得好死，身上长满脓疮，痛苦不堪。

听到流言后，韩愈特地叫来一群僧人，让他们好好看看自己，说："我快死了，你们看看我的手脚和身体，都没烂疮吧？可不要到处诳人，说韩愈癞死！"僧人默默出去了。

临终前，韩愈对家人说："我伯兄，德行那么好，通晓方药，吃东西先查本草，活了四十二。我，疏阔愚钝，吃东西也没禁忌，做到侍郎，比伯兄多活了十五岁，还有什么不满足！能死在家里，一辈子幸运，总算没失掉大节，现在，去地下见先人，可以说是荣耀了。"

随即安然逝去。

韩愈没想到的是，十年后，一句看似随意的诗，在百年后演变为段子，成为千年后的悬案。

十年后，六十三岁的白居易在洛阳写了一首《思旧》：

闲日一思旧，旧游如目前。
再思今何在，零落归下泉。
退之服硫黄，一病讫不痊。
微之炼秋石，未老身溘然。
杜子得丹诀，终日断腥膻。
崔君夸药力，经冬不衣绵。
或疾或暴夭，悉不过中年。
唯予不服食，老命反迟延。
况在少壮时，亦为嗜欲牵。
但耽荤与血，不识汞与铅。
饥来吞热物，渴来饮寒泉。
诗役五藏神，酒汩三丹田。
随日合破坏，至今粗完全。
齿牙未缺落，肢体尚轻便。
已开第七秩，饱食仍安眠。
且进杯中物，其余皆付天。

其中有一句，"退之服硫黄，一病讫不痊"，说韩愈服食硫黄，一病不治。

五代时，有个叫陶谷的，在《清异录》里写了个段子：

昌黎公韩愈晚年颇亲近女色。过去，有种办法：把硫黄末搅拌在粥饭里，喂公鸡，让公鸡一千日不交配，再经过烹煮，叫"火灵库"，能壮阳。韩愈隔天吃一只，一开始很见效，吃久了，命就丢了。

这个故事，有人信，有人不信。不信的理由，主要是韩愈一生反对佛道，怎么可能服食硫黄呢？

可是，白居易的"退之服硫黄，一病讫不痊"摆在那里。

有人说，"退之"不是韩愈，是卫中立。卫中立也字退之，白居易写的是他。陈寅恪说这个解释靠不住，理由是，后面的元稹、杜元颖、崔群（注：卞孝萱认为崔君是崔玄亮），都是当时的宰相、藩镇、大臣，是文学水平很高的"第一流人物"，绝非卫中立可比，因此，"此诗中之退之，固舍昌黎莫属矣"。

陈寅恪不仅相信白居易诗中的退之是韩愈，还相信陶谷《清异录》的故事，他说：

"夫韩公病甚将死之时，尚不能全去声伎之乐……其（白居易）炼丹烧药，岂有似昌黎火灵库者耶？……但鄙意昌黎之思想信仰，足称终始一贯，独于服硫黄事，则宁信其有，以与唐代士大夫阶级风习至相符会故也。"

陈寅恪意思是，韩愈始终不信佛道，没有疑问，但服食硫黄，我信，因为唐朝好多士大夫那么干。

卞孝萱在《韩愈评传》中也受陈寅恪的影响，接受了陶谷"火灵库"的故事，说：

"陈先生的分析，是有说服力的。今以韩愈本人向周君巢'乞取刀圭救病身'为证，更无可疑。"

周君巢和白居易的诗待会儿再说，先说说"火灵库"的段子为什么太假。

首先，"火灵库"是要服硫黄的公鸡一千天不交配，也就是说，按这个吃法，想吃一只鸡，起码得等一千天，也就是三年。有谁想吃一只鸡宁愿等三年？有谁想壮阳宁愿等三年？长庆二年二月，韩愈宣抚镇州，当时离他死还不到三年，那时候连命都不准备要了，还会在家中安排"火灵库"吗？

如果说，"火灵库"不是自己养的，是从外面购买的，因此不必等三年的话，那肯定不只韩愈有需求吧？怎么没有听说别人吃"火灵库"？而且，韩愈怎么好意思去买"火灵库"，好意思让别人知道呢？韩愈同时代的人，没听谁说韩愈吃"火灵库"，一百年后的陶谷是哪里得到的传闻呢？

其次，不妨从药理学的角度想想——如果所有的公鸡吃了三年硫黄，都还能好好活着，那硫黄的剂量得多小呀？人照这个剂量每天吃，想必都至少能活三年，更何况人吃的是鸡肉呢？难道成年人的抗药性连公鸡都不如？

造谣何其容易。

不过，这种段子编排到韩愈头上，也是有理由的。一是因为韩愈名气太大，名高天下，谤亦随之。二是因为韩愈反对佛道，树敌太多。

至于说"昌黎公愈晚年颇亲脂粉"，陈寅恪似乎也相信，依据是《唐语林》"韩退之有二妾，一曰绛桃，一曰柳枝，皆能歌舞"的说法。

这个说法哪里来的呢？文人的脑洞。

韩愈死后，张籍在《祭退之》诗中说：

……

> 公因同归还，居处隔一坊。
> 中秋十六夜，魄圆天差晴。
> 公既相邀留，坐语于阶楹。
> 乃出二侍女，合弹琵琶筝。
> 临风听繁丝，忽遽闻再更。
> 顾我数来过，是夜凉难忘。

……

其中有一句，"乃出二侍女，合弹琵琶筝"，好事者看到，联想到韩愈从镇州宣抚回来路上写的诗：

别来杨柳街头树，摆弄春风只欲飞。

还有小园桃李在，留花不发待郎归。

于是突发遐想，说诗中的"杨柳"是韩愈一位侍女，见韩愈去镇州，就要走；"桃李"是另一位侍女，还留在家里等韩愈回来。

不过，"杨柳""桃李"，实在不像大文豪起的名字，就改成"风柳""倩桃"，又传成"绛桃""柳枝"。《唐语林》的说法是从这儿来的。

这真是乱扯了。镇州初归是长庆二年，"乃出二侍女"是长庆四年，总不能两年前出走的侍女又回来了？《镇州初归》只是写春天的景致抒怀，不意无行文人倒有这种联想的癖好。

当时，士大夫家中皆有侍女，不足以证明韩愈"颇亲脂粉"。

韩愈平生好"为无实驳杂之说"，张籍很早就批评过他这一点。这下倒好，死后各种段子也编排到他头上了。他虽然找来一群和尚证明自己不是癫死，但实在想不到死后还有"火灵库"的编排呀！

"火灵库"自然是子虚乌有，那么，韩愈到底有没有服食硫黄呢？

卞孝萱坚信服食过："认为退之指卫中立的人，是没有发现还是故意回避韩愈《寄随州周员外》'金丹别后知传得，乞取刀圭救病身'呢？这首诗白纸黑字，为韩愈服硫黄所作的种种回护，都是徒劳的。"

白居易《思旧》诗中的"退之"指韩愈，这完全没问题，但这和"退之"到底有没有服食硫黄，是两码事。

卞孝萱想用韩愈《寄随州周员外》和白居易《思旧》互证，表示韩愈服食硫黄，但这种互证实际上是不能成立的，因为二者暗含着矛盾。

《寄随州周员外》

陆孟丘杨久作尘，同时存者更谁人？

金丹别后知传得，乞取刀圭救病身。

这首诗写于韩愈从袁州返京途中，是元和十五年冬天。离韩愈的死还有四年，离韩愈发病还有三年多。而白居易说，"退之服硫黄，一病讫不痊"，意思明显是服食硫黄后很快发病死了。

如果韩愈真的向周员外"乞取刀圭"，难道要等三年多才服？

周员外，叫周君巢，是韩愈年轻时在董晋幕府的同事。

当时的同事还有陆长源、孟叔度、丘颖、杨凝，他们都死了好多年了，所以韩愈说，"陆孟丘杨久作尘，同时存者更谁人"，是感慨二人活到如今不容易。周君巢服食金丹，"金丹别后知传得"是韩愈顺着他说；"乞取刀圭救病身"是韩愈对老友带些恭维的安慰。

写这首诗时，韩愈已经见过周员外又离开了。如果真有"乞取刀圭"的想法，见面就乞取了，不会等到离开后再寄诗乞取。离开后又寄诗，是表达亲近和感慨，绝不是为了"乞取刀圭"。

韩愈在《故太学博士李君墓志铭》中说：

"我不知道服食是从什么时代有的，杀人不可计数，世间却常常羡慕推崇，真是太不明智！文书中记载和听到的就不说了，只说身边认识的人，我亲眼看到因为服药而死的有六七个，写出来鉴戒世人：

"工部尚书归登，殿中御史李虚中，刑部尚书李逊，李逊弟弟刑部侍郎李建，襄阳节度使、工部尚书孟简，东川节度使、御史大夫卢坦，金吾将军李道古，这些人都有名有位。工部服食水银得病，自称感觉像烧红的铁棍从头顶贯下去，又变成火……吐血十多年死了。殿中背上长毒疮死了。刑部快死的时候对我说，我被药害了。他弟弟某天无疾而终。襄阳被贬为吉州司马,我从袁州回京的路上,他和我一同在船上。他把其他人支开说:我得了秘药,不能独自长生,分你一点。分手一年后,病了,家人问,他说,吃药吃坏了,排出来就好了。病两年,死了。卢大夫死时,尿出血肉,疼痛难忍,都不想活了。金吾将军因为柳泌获罪被贬,自己还吃柳泌的药,五十岁死在海上。这些都是前车之鉴!想不死,死得还快些,明智吗?"

这篇墓志铭,写于长庆三年,是在韩愈见周君巢两年多后。韩愈见周君巢和孟简,都是在从袁州回京的路上,不仅周君巢服药,孟简也服药,孟简给韩愈的"不死药",韩愈都没吃,还在两年多后大力批判,怎么可能吃周君巢的药呢。"乞取刀圭救病身"只是顺着他说而已。拿这一句作证,相比后来《故太学博士李君墓志铭》的长篇大论,岂不太苍白无力?

还有一点需要注意,当年春天,穆宗就是死于服食金丹。韩愈前一年还在激烈批判服食,这一年又有穆宗死于服金丹,韩愈怎么可能在这时候去服食呢?

而后人竟以白居易一句"退之服硫黄",来认定韩愈言行不一,以为韩愈一边公然写文章痛批服食,一边私下偷偷服食,怎么可能呢?如果韩愈要偷偷服食,"乞取刀圭救病身"这首诗怎么可能还收进集子呢？

今天的学者又有些新的见解。胡阿祥认为，韩愈确实服食硫黄，不过不是因为"颇亲脂粉"，而是通过服硫黄来治疗"足弱"，硫黄是韩愈服药的成分之一。李浩则认为，韩愈服硫黄是为了治疗早衰，足弱则是服硫黄导致的。总之，他们都相信白居易的记载，但认为"退之服硫黄"是为了治病，不是为了"亲脂粉"；认为韩愈的"服硫黄"和求长生的"服食"不可混为一谈。

两种说法各有理由。不过，在这两种说法之外，我仍想对白居易的"退之服硫黄"保留一些存疑的空间。

韩愈和白居易是不算太熟的。

韩愈有一首《雨中寄张博士籍侯主簿喜》，是写给张籍、侯喜的，其中有"放朝还不报，半路蹋泥归"的句子。大概作于长庆元年任兵部侍郎时。这首诗并没有寄给白居易，但白居易看到后，作了首《和韩侍郎苦雨》，说"仍闻放朝夜，误出到街头"。

长庆二年春，韩愈去镇州前，写过一首《早春与张十八博士籍游杨尚书林亭寄第三阁老兼呈白冯二阁老》：

> 墙下春渠入禁沟，渠冰初破满渠浮。
> 凤池近日长先暖，流到池时更见不。

这是韩愈和张籍一起去杨尚书的林亭游玩,给杨尚书的儿子中书舍人杨嗣复寄一首诗,表达友好和谢意。冯宿、白居易当时也是中书舍人,是杨嗣复的同事,就也呈给他们看。冯宿是韩愈的老朋友,白居易作为冯宿、杨嗣复的同事,又有诗名,所以也在"兼呈"之列。

收到诗,白居易和了一首:

> 渠水暗流春冻解,风吹日炙不成凝。
> 凤池冷暖君谙在,二月因何更有冰?

"二月因何更有冰",既是回应韩愈诗中的"渠冰初破满渠浮",也是对韩愈表示惋惜和同情。

惋惜什么?惋惜韩愈要去宣抚镇州。

韩愈是二月起程的,这首诗刚好在那之前。

"凤池冷暖君谙在,二月因何更有冰?"——韩侍郎是老臣,对朝廷很熟悉了,可是,在这春天,为什么又有了这差使!

韩愈安然从镇州归来后,又和张籍同游曲江,这次专门给白居易寄了一首诗,没有杨嗣复、冯宿的事。也是因为韩、白都有很高的诗名,韩愈大概也希望往后和白居易多来往,诗曰:

> 漠漠轻阴晚自开,青天白日映楼台。
> 曲江水满花千树,有底忙时不肯来?

曲江水这么好,花这么艳,白舍人别那么忙啦,快来一起玩儿呗!

也可能因为舍人的工作确实很忙,白居易回诗表示,自己对去曲江玩兴趣不大:

> 小园新种红樱树,闲绕花行便当游。
> 何必更随鞍马队,冲泥踏雨曲江头。

我家小园新种了红樱树,闲了在自家花园转转就是游玩了,何必跟着鞍马人群,踩着泥巴冒着雨到曲江头呢?

一方面,有开玩笑的口吻;但另一方面,也透露出白居易和韩愈在生活作风上的不同。二人的生活作风,和文学取向恰恰相反,白居易更喜欢过精英阶层的生活,但他的文学创作是走大众化路线的。韩愈的生活,在士大夫中是很质朴的,但他的创作,是坚持精英路线的。

白居易写诗,求"老妪能解",但生活上,他不愿跟着老百姓成群逐队在曲江头游赏,他写诗说,"况在少壮时,亦为嗜欲牵。但耽荤与血,不识汞与铅",白居易对生活品质颇有追求。韩愈对吃穿则不太讲究。

韩愈一生最亲近的朋友,几乎都穷——孟郊、张籍、张署、柳宗元、卢仝,都很穷。孟郊、卢仝穷得一塌糊涂,张籍、张署、柳宗元也都不宽裕。而白居易钟爱有声有色的生活,这种"何必更随鞍马队,冲泥踏雨曲江头"的态度显然不会让韩愈太喜欢。

后来,韩愈就不主动找白居易了。隔了一阵儿,白居易也觉得韩愈有点疏远他,于是主动投寄一首诗:

《久不见韩侍郎戏题四韵以寄之》
近来韩阁老,疏我我心知。
户大嫌甜酒,才高笑小诗。
静吟乖月夜,闲醉旷花时。
还有愁同处,春风满鬓丝。

第一联虽不无调侃,也差不多是实情。第二联,"户大嫌甜酒",这是不会的;而"才高笑小诗",一方面是白居易的调侃;另一方面,是二人诗学取向的不同。唐朝后来就有一种说法,说韩愈的"漠漠轻阴晚自开"四句,可敌白居易一部《长庆集》。这显然是扬韩抑白了。

长庆二年秋天,白居易就去杭州了。从此到韩愈死,两年多时间里,韩愈和白居易没有在同一个地方,也没发现有书札诗文往来。

韩愈生命的最后一年,诗中频频可见张籍,却没有白居易的影子。

从张籍、李翱、皇甫湜、李汉这些和韩愈关系密切的人那里,都未听说韩愈服食硫黄的消息,独白居易提到了,而且还是十年后才提。那么,"退之服硫黄"的消息,白居易是从哪里听说的呢?

韩愈是长庆四年(824)夏天开始身体不好的,当时白居易改任太子左庶子分司东都,五月末离开杭州,秋天到了洛阳。韩愈病重到去世的日子里,白居易在洛阳。

韩愈曾在洛阳干过勒令僧尼还俗的事情,而白居易好佛,与僧人往来密切。韩愈临死前还特意找来僧人,让他们不要诳人说"韩愈癫死",这表明,在僧人中,确实是有韩愈的流言的。况且当年驾崩的穆宗就死于金丹,类似的原因安到韩愈头上,也是相当可能的。

总之,很多过去的事情无从稽考。历史的真实是一回事,每个人的理解和想象是另一回事吧。

病中的几个月,韩愈频繁给张籍写诗,就像当初他和张署那样。其中有一首《与张十八同效阮步兵一日复一夕》。

阮步兵是魏朝的阮籍,有"一日复一夕"的诗,韩愈和张籍都模仿他。韩愈的诗是这样的:

> 一日复一日,一朝复一朝。
> 祗见有不如,不见有所超。
> 食作前日味,事作前日调。

> 不知久不死，悯悯尚谁要。
> 富贵自絷拘，贫贱亦煎焦。
> 俯仰未得所，一世已解镳。
> 譬如笼中鹤，六翮无所摇。
> 譬如兔得蹄，安用东西跳。
> 还看古人书，复举前人瓢。
> 未知所究竟，且作新诗谣。

身体一天不如一天，病也不见好转，每天吃的饭，和前一天一样，做的事也没差别——这也能看出，韩愈确实朴素，没有换着花样吃——没想到这么久不死，忧伤地还在等谁吗？人生一世，富贵是系缚，贫贱也是煎熬。俯仰之间，就过去了。就像关在笼子里的鹤，想冲上九霄，又有什么办法。就像兔子被网住了，哪里还能东跑西跳。还是看看古人的书，举起先贤的箪瓢。不知道人生的尽头会怎样，且作一首歌谣。

韩愈还写了《南溪始泛》三首，第二首是：

> 南溪亦清驶，而无楫与舟。
> 山农惊见之，随我观不休。
> 不惟儿童辈，或有杖白头。
> 馈我笼中瓜，劝我此淹留。

> 我云以病归，此已颇自由。
>
> 幸有用馀俸，置居在西畴。
>
> 囷仓米谷满，未有旦夕忧。
>
> 上去无得得，下来亦悠悠。
>
> 但恐烦里闾，时有缓急投。
>
> 愿为同社人，鸡豚燕春秋。

想去南溪泛舟，可是没有船。山农见了我很惊讶，要跟着我游赏。有儿童，也有门头。拿出笼中的瓜给我吃，劝我住下。我说，自己病退了，才这么自由。用俸禄置了宅第，家里粮仓还满着，一时半会儿是不愁的。并不是特特地上去，总还是闲缓地下来。时不时来看看，只怕打扰到乡邻，真愿意和大家一起，有鸡有豚，过完剩下的岁月。

八月十六晚上，张籍和王建来到韩愈家赏月，韩愈写了首《玩月喜张十八员外以王六秘书至》：

> 前夕虽十五，月长未满规。
>
> 君来晤我时，风露渺无涯。
>
> 浮云散白石，天宇开青池。
>
> 孤质不自悼，中天为君施。
>
> 玩玩夜遂久，亭亭曙将披。
>
> 况当今夕圆，又以嘉客随。

> 惜无酒食乐,但用歌嘲为。

没有酒食,三人对着无涯的风露、孤明的皓月,坐了竟夕。

这是韩愈生命中最后一首诗。这个夜晚,不知韩愈想了些什么。那以后,身体每况愈下了。

二十五年前,是贞元十五年,三十二岁的韩愈在徐州,登第的张籍去看他,离开时,韩愈写了《此日足可惜一首赠张籍》:

> 此日足可惜,此酒不足尝。
> 舍酒去相语,共分一日光。
> 念昔未知子,孟君自南方。
> 自矜有所得,言子有文章。

在这倍足珍惜的日子,酒是不足以当得这美好的。舍弃了酒,和你说话,共同度过这一日的时光。想起当初还不认识你的时候,孟东野从南方来,他自夸收获不小,说你的文章好。

> 我名属相府,欲往不得行。
> 思之不可见,百端在中肠。
> 维时月魄死,冬日朝在房。
> 驱驰公事退,闻子适及城。

> 命车载之至,引坐于中堂。
>
> 开怀听其说,往往副所望。

那时候,我在董相公府中,想去见你又走不掉,只有日夜思念。十月初那天,刚忙完公事,忽然就听到你来的消息。于是赶紧请人用车去接,引你到中堂坐下。开怀地听你议论,每每像我期待的那样。

> 孔丘殁已远,仁义路久荒。
>
> 纷纷百家起,诡怪相披猖。
>
> 长老守所闻,后生习为常。
>
> 少知诚难得,纯粹古已亡。
>
> 譬彼植园木,有根易为长。
>
> 留之不遣去,馆置城西旁。

孔子死去很久了,仁义的大道早就荒芜。异端纷起,诡怪猖狂。老辈株守成说,后生习以为常。能稍微知道些就很难得,纯粹的古意早已没亡。就像园子里的树,有根才能长长。于是我留你不走,让你住到城西。

> 岁时未云几,浩浩观湖江。
>
> 众夫指之笑,谓我知不明。
>
> 儿童畏雷电,鱼鳖惊夜光。
>
> 州家举进士,选试谬所当。

>驰辞对我策，章句何炜煌。
>
>相公朝服立，工席歌鹿鸣。
>
>礼终乐亦阕，相拜送于庭。
>
>之子去须臾，赫赫流盛名。
>
>窃喜复窃叹，谅知有所成。

没过多久，你的学问就很可观了。他们都笑，说我识人不明。就像儿童害怕雷电，鱼鳖震惊夜光，他们哪能窥测你的境界！州家不以我为浅陋，命我选进士，你的文章何等炜煌。相公宴请后，在庭前送别。你离开不久，就赫然成名。我私下高兴又慨叹，知道你必当学有所成。

>人事安可恒，奄忽令我伤。
>
>闻子高第日，正从相公丧。
>
>哀情逢吉语，惝恍难为双。
>
>暮宿偃师西，徒展转在床。
>
>夜闻汴州乱，绕壁行徬徨。

可是，人事又哪能不变迁。不久，董相公过世了。听到你登第的喜讯时，正在董相公的丧期。又悲又喜的事赶在一起，我也恍惚了。那天晚上，在偃师西住下，我翻来覆去不能入睡。半夜听到汴州作乱的消息，我绕墙彷徨，不知所措。

> 我时留妻子，仓卒不及将。
>
> 相见不复期，零落甘所丁。
>
> 骄女未绝乳，念之不能忘。
>
> 忽如在我所，耳若闻啼声。
>
> 中途安得返，一日不可更。
>
> 俄有东来说，我家免罹殃。
>
> 乘船下汴水，东去趋彭城。

我的妻小还在汴州，仓促之间，没能带上她们。不知还能不能相见，怎么甘心她们就这样死掉。可怜的孩子还在吃奶，可怎么办！我好像听到了她在啼哭。半路上的我，怎么回去呢，可是，一天都受不了呀。不久，东边传来消息，我的家人躲过灾祸，乘船下汴水，往彭城去了。

> 从丧朝至洛，还走不及停。
>
> 假道经盟津，出入行涧冈。
>
> 日西入军门，羸马颠且僵。
>
> 主人愿少留，延入陈壶觞。
>
> 卑贱不敢辞，忽忽心如狂。
>
> 饮食岂知味，丝竹徒轰轰。
>
> 平明脱身去，决若惊凫翔。

我跟随丧车到洛阳后，马上就走，来不及逗留。经过盟津,穿过溪涧和山冈。傍晚进入军门,马已经累得不行。主人留我住下,用酒招待。我身份卑贱,不敢拒绝,心里急得发狂。嘴里的美食,没有一点滋味,<u>丝竹管弦</u>,也完全听不进去。第二天一早,我就脱身告辞,像受惊的水鸟飞走了。

> 黄昏次汜水,欲过无舟航。
> 号呼久乃至,夜济十里黄。
> 中流上滩潬,沙水不可详。
> 惊波暗合沓,星宿争翻芒。
> 辕马踢躅鸣,左右泣仆童。
> 甲午憩时门,临泉窥斗龙。

黄昏走到汜水,想渡过去,却没有舟。喊了很久,才有舟来,趁着夜色,划过十里黄沟。在中流遇见滩潬,看不清是沙是水。波涛翻滚,天上闪烁着星光。辕马徘徊不前,仆童惊吓哭泣。二十日,到了郑城休息,在泉边看见翻腾的鱼龙。

> 东南出陈许,陂泽平茫茫。
> 道边草木花,红紫相低昂。
> 百里不逢人,角角雄雉鸣。
> 行行二月暮,乃及徐南疆。
> 下马步堤岸,上船拜吾兄。

谁云经艰难，百口无夭殇。

往东南出了陈、许，就是平原了。路边的花草，红色的，紫色的，杂相高低。百里不见行人，只有雄雉叫个不停。二月底，到了徐州南疆。下马上船，拜见了兄长。好在历经艰难，家中百口都还平安。

仆射南阳公，宅我睢水阳。

箧中有馀衣，盘中有馀粮。

闭门读书史，窗户忽已凉。

日念子来游，子岂知我情。

别离未为久，辛苦多所经。

对食每不饱，共言无倦听。

连延三十日，晨坐达五更。

张建封仆射安排我在睢水北岸居住。有吃有穿，闭门读书，倏忽就到了秋天。每天想念你，希望你来，你好像知道我的心情，就突然出现了。我们分别不算太久，可是已经经历太多辛苦。你在的这些天，我们对着饭食顾不上吃，听起彼此的谈论，永远不知疲倦。连着三十天，往往坐谈到五更。

我友二三子，宦游在西京。

东野窥禹穴，李翱观涛江。

萧条千万里，会合安可逢。

> 淮之水舒舒，楚山直丛丛。
>
> 子又舍我去，我怀焉所穷。
>
> 男儿不再壮，百岁如风狂。
>
> 高爵尚可求，无为守一乡。

我的几位朋友，在西京宦游。孟东野在会稽，李翱在浙江。离得那么远，什么时候能再见。淮水舒舒，楚山丛丛，你又要走了，我的胸臆向谁倾诉！男儿的壮岁一去不返，狂风卷地间，就过了百年。既然尚有高爵可求，也不必株守一乡。

倏忽间，二十五年过去。

《南溪始泛》中，韩愈写道：

> 点点暮雨飘，梢梢新月偃。
>
> 余年懔无几，休日怆已晚。

暮雨，新月，韩愈最后的夏天。数月前，春天还在时，韩愈写下诗句：

> 天街小雨润如酥，草色遥看近却无。
>
> 最是一年春好处，绝胜烟柳满皇都。

这样的风格，是韩愈呀。是"嗷嗷鸣雁鸣且飞"的韩愈；是"弩骀谓骐骥，饿死余尔羞"的韩愈；是"山石荦确行径微，黄昏到寺蝙蝠飞"的韩愈；是"湖波翻日车，岭石圻天罅。毒雾恒熏昼，炎风每烧夏"的韩愈；是"未报恩波知死所，莫令炎瘴送生涯"的韩愈；是"自从齿牙缺，始慕舌为柔"的韩愈……

是"国家功高德且厚，天位未许庸夫干"的韩愈；是"气严当酒换，洒急听窗知"的韩愈；是"李花开时君始病，我往看君花转盛"的韩愈；是"或靡然东注，或偃然北首。或如火熺焰，或若气饙馏"的韩愈；是"欹眠听新诗，屋角月艳艳"的韩愈；是"争观云填道，助叫波翻海"的韩愈；是"空阶一片下，琤若摧琅玕"的韩愈；是"牵头曳足，先断腰膂"的韩愈；是"谬当鼎鼐间，妄使水火争"的韩愈……

是"辛勤三十年，以有此屋庐"的韩愈；是"忽见孟生题竹处，相看泪落不能收"的韩愈；是"李杜文章在，光焰万丈长"的韩愈；是"语阑壮气衰，酒醒寒砧作"的韩愈；是"云横秦岭家何在，雪拥蓝关马不前"的韩愈；是"何当迎送归，缘路高历历"的韩愈；是"来往再逢梅柳新，别离一醉绮罗春"的韩愈；是"今夕知何夕，花然锦帐中"的韩愈；是"日轮埋愈侧，坤轴压将颓"的韩愈；是"翻翻走驿马，春尽是归期"的韩愈；是"别来杨柳街头树，摆弄春风只欲飞"的韩愈……

这些,都过去了。

韩愈的诗,温婉了。小儿都能诵读,都能体会如酥润雨中的草色。

这首诗的名字,叫《早春呈水部张十八员外二首》。

张十八,就是张籍。

另一首也很好懂:

> 莫道官忙身老大,即无年少逐春心。
> 凭君先到江头看,柳色如今深未深?

张十八,别说当官忙呀,年纪大呀,去江头看看,柳色深了没有?

此日足可惜。

附 录

县斋有怀

少小尚奇伟,平生足悲咤。
犹嫌子夏儒,肯学樊迟稼。
事业窥皋稷,文章蔑曹谢。
濯缨起江湖,缀佩杂兰麝。
悠悠指长道,去去策高驾。
谁为倾国媒,自许连城价。
初随计吏贡,屡入泽宫射。
虽免十上劳,何能一战霸。
人情忌殊异,世路多权诈。
蹉跎颜遂低,摧折气愈下。

冶长信非罪，侯生或遭骂。
怀书出皇都，衔泪渡清灞。
身将老寂寞，志欲死闲暇。
朝食不盈肠，冬衣才掩骼。
军书既频召，戎马乃连跨。
大梁从相公，彭城赴仆射。
弓箭围狐兔，丝竹罗酒炙。
两府变荒凉，三年就休假。
求官去东洛，犯雪过西华。
尘埃紫陌春，风雨灵台夜。
名声荷朋友，援引乏姻娅。
虽陪彤庭臣，诅纵青冥靶。
寒空耸危阙，晓色曜修架。
捐躯辰在丁，铩翮时方褚。
投荒诚职分，领邑幸宽赦。
湖波翻日车，岭石坼天罅。
毒雾恒熏昼，炎风每烧夏。
雷威固已加，飓势仍相借。
气象杳难测，声音吁可怕。
夷言听未惯，越俗循犹乍。

指摘两憎嫌，睢盱互猜讶。

只缘恩未报，岂谓生足藉。

嗣皇新继明，率土日流化。

惟思涤瑕垢，长去事桑柘。

劚嵩开云肩，压颍抗风榭。

禾麦种满地，梨枣栽绕舍。

儿童稍长成，雀鼠得驱吓。

官租日输纳，村酒时邀迓。

闲爱老农愚，归弄小女姹。

如今便可尔，何用毕婚嫁。

秋怀十一首

其一

窗前两好树，众叶光蘙蘙。

秋风一披拂，策策鸣不已。

微灯照空床，夜半偏入耳。

愁忧无端来，感叹成坐起。

天明视颜色，与故不相似。

羲和驱日月，疾急不可恃。

浮生虽多涂,趋死惟一轨。

胡为浪自苦,得酒且欢喜。

其二

白露下百草,萧兰共雕悴。

青青四墙下,已复生满地。

寒蝉暂寂寞,蟋蟀鸣自恣。

运行无穷期,禀受气苦异。

适时各得所,松柏不必贵。

其三

彼时何卒卒,我志何曼曼。

犀首空好饮,廉颇尚能饭。

学堂日无事,驱马适所愿。

茫茫出门路,欲去聊自劝。

归还阅书史,文字浩千万。

陈迹竟谁寻,贱嗜非贵献。

丈夫意有在,女子乃多怨。

其四

秋气日恻恻,秋空日凌凌。

上无枝上蜩,下无盘中蝇。

岂不感时节,耳目去所憎。

清晓卷书坐，南山见高稜。

其下澄湫水，有蛟寒可罾。

惜哉不得往，岂谓吾无能。

其五

离离挂空悲，戚戚抱虚警。

露泫秋树高，虫吊寒夜永。

敛退就新懦，趋营悼前猛。

归愚识夷涂，汲古得修绠。

名浮犹有耻，味薄真自幸。

庶几遗悔尤，即此是幽屏。

其六

今晨不成起，端坐尽日景。

虫鸣室幽幽，月吐窗冏冏。

丧怀若迷方，浮念剧含梗。

尘埃慵伺候，文字浪驰骋。

尚须勉其顽，王事有朝请。

其七

秋夜不可晨，秋日苦易暗。

我无汲汲志，何以有此憾。

寒鸡空在栖，缺月烦屡瞰。

有琴具徽弦，再鼓听愈淡。

古声久埋灭，无由见真滥。

低心逐时趋，苦勉只能暂。

有如乘风船，一纵不可缆。

不如觑文字，丹铅事点勘。

岂必求赢馀，所要石与甔。

其八

卷卷落地叶，随风走前轩。

鸣声若有意，颠倒相追奔。

空堂黄昏暮，我坐默不言。

童子自外至，吹灯当我前。

问我我不应，馈我我不餐。

退坐西壁下，读诗尽数编。

作者非今士，相去时已千。

其言有感触，使我复凄酸。

顾谓汝童子，置书且安眠。

丈夫属有念，事业无穷年。

其九

霜风侵梧桐，众叶著树干。

空阶一片下，琤若摧琅玕。

谓是夜气灭，望舒翳其团。
青冥无依倚，飞辙危难安。
惊起出户视，倚楹久汍澜。
忧愁费晷景，日月如跳丸。
迷复不计远，为君驻尘鞍。

其十

暮暗来客去，群嚣各收声。
悠悠偃宵寂，亶亶抱秋明。
世累忽进虑，外忧遂侵诚。
强怀张不满，弱念缺已盈。
诘屈避语阱，冥茫触心兵。
败虞千金弃，得比寸草荣。
知耻足为勇，晏然谁汝令。

其十一

鲜鲜霜中菊，既晚何用好。
扬扬弄芳蝶，尔生还不早。
运穷两值遇，婉娈死相保。
西风蛰龙蛇，众木日凋槁。
由来命分尔，泯灭岂足道。

参 考 文 献

[1] 刘昫，等.旧唐书[M].北京：中华书局，1975.

[2] 欧阳修，宋祁.新唐书[M].北京：中华书局，1975.

[3] 司马光.资治通鉴[M].北京：中华书局，2011.

[4] 方世举.韩愈诗集编年笺注[M].北京：中华书局，2019.

[5] 马其昶，马茂元.韩昌黎文集校注[M].上海：上海古籍出版社，2014.

[6] 吕大防，等.韩愈年谱[M].北京：中华书局，1991.

[7] 卞孝萱，张清华，阎琦.韩愈评传[M].南京：南京大学出版社，1998.

[8] 钱仲联.韩昌黎诗系年集释[M].上海：上海古籍出版社，1994.

[9] 吴文治.韩愈资料汇编[M].北京：中华书局，1983.

[10] 林云铭.韩文起[M].上海：华东师范大学出版社，

2015.

[11] 钱基博. 韩愈志 韩愈文读[M]. 武汉：华中师范大学出版社，2012.

[12] 陈寅恪. 元白诗笺证稿[M]. 北京：生活·读书·新知三联书店，2015.

[13] 汤用彤. 隋唐佛教史稿[M]. 南京：江苏教育出版社，2007.

[14] 孙昌武. 柳宗元评传[M]. 南京：南京大学出版社，1988.

[15] 华忱之，喻学才. 孟郊诗集校注[M]. 北京：人民文学出版社，1995.

[16] 李长之. 韩愈传[M]. 北京：北京联合出版公司，2019.

[17] 张清华，韩存仁. 韩愈大传[M]. 郑州：中州古籍出版社，2003.

官来泷吏休相诮,
天要潮人识孟轲。